LEGADO FEMENINO

SANAR EL PASADO, RECONECTAR CON TU ESENCIA Y TRANSFORMAR GENERACIONES

Alexander Vásquez

ISBN: 9798313256818

Todos los derechos reservados

Queda prohibido copiar, reproducir, distribuir, publicar, transmitir, difundir, o en cualquier modo explotar cualquier parte de este contenido sin la autorización previa por escrito de Alexander Vásquez, o de cualquier representante legal por su parte.

"Cuando una mujer sana, transforma no solo su vida, sino la de las generaciones que vienen después de ella. Este libro es tu guía para romper patrones, reconectar con tu esencia y dejar un legado de amor y luz."

Alexander Vásquez

Dedicatoria

Dedico este libro a todas las mujeres del mundo, porque en cada una de ustedes habita una historia de valentía, amor y resiliencia. Este libro es un homenaje a su fortaleza, a su capacidad de sanar las heridas del pasado, reconectar con su esencia y transformar no solo su vida, sino la de las generaciones que vienen detrás. Cada palabra aquí escrita es un recordatorio de que son poderosas, merecedoras y capaces de escribir su propio destino.

A mi abuela, porque en su sabiduría encontré raíces firmes y el eco de una fortaleza inquebrantable. Sus palabras, sus silencios y su amor fueron la primera lección de vida que moldeó mi camino. A mi madre, porque con su amor incondicional me enseñó que la verdadera grandeza radica en la entrega y el coraje. Su ejemplo fue la luz que iluminó mis pasos, mostrándome que ser mujer es sinónimo de determinación y ternura en perfecta armonía.

A mis tías y primas, por su fortaleza e inspiración.

A las dos mujeres que me han dado la dicha de ser padre, motivándome cada día a ser el padre que ellas hubieran soñado para sus hijas. Que la vida les brinde siempre amor y bendiciones.

A mis hijas, porque en sus ojos veo el reflejo de un futuro lleno de posibilidades y en sus corazones la pureza del amor genuino. Ellas son mi motor, mi inspiración y mi más grande legado. Que sus vidas estén siempre guiadas por la autenticidad y el amor propio. A mis amigas de vida, porque con su presencia han sido refugio en días oscuros y celebración en tiempos de alegría. Juntos hemos aprendido que la hermandad entre mujeres y hombres es un lazo irrompible que nos sostiene, nos impulsa y nos recuerda que no estamos solos.

A mis compañeras de labores, porque cada una ha dejado en mí una huella de aprendizaje y crecimiento. Con ustedes he descubierto que el trabajo compartido es más que un deber; es un espacio donde se tejen sueños, se construyen puentes y se forja el verdadero significado de la solidaridad.

Gracias a cada una de ustedes por ser parte de mi historia y de este libro, que es, en esencia, un homenaje a todas ustedes.

Alexander Vásquez

Índice

Prólogo 15

Introducción 17

Parte 1: Rompiendo las cadenas del pasado 23

Capítulo 1. La desconexión de lo femenino: Un problema global 25

    El impacto del patriarcado histórico 27

    La desconexión moderna: La trampa de la "superheroína" 30

    Redes sociales: Un desgaste invisible 32

    Testimonios reales: La historia de Oprah Winfrey 36

Capítulo 2. ¿Qué es la energía femenina y por qué es tan importante? 41

    El peso del pasado en la energía femenina 43

    La energía femenina no busca controlar, sino adaptarse y fluir 45

    Sentir profundamente y construir relaciones genuinas 48

    La energía femenina: El poder que lleva a un hombre a la cima 51

Capítulo 3: ¿Por qué pierdes energía femenina? 55

    Los principales enemigos de la energía femenina en la vida diaria ... 56

    Liberar el legado de los traumas generacionales 59

    Relaciones sentimentales inestables 61

    El tabú del sexo y su impacto en la energía femenina 64

    La pérdida de la energía femenina y como afecta a la mujer internamente 66

    Aprender la lección de vida 69

Capítulo 4. Señales de una energía femenina bloqueada 71

    Como es la falta de energía femenina 73

Vivir sin energía femenina 76

El exceso de energía femenina: Cómo afecta a tu bienestar y la importancia del equilibrio 79

Ejercicio práctico: Identifica tu desconexión 82

Capítulo 5. El duelo y la sombra sobre tu energía femenina .. 85

Duelo por la pérdida de un ser querido 86

Duelo por el fin de una relación sentimental 89

Cuando la energía femenina se ve afectada de otras maneras inesperadas 94

Parte 2: Recuperando tu energía femenina 101

Capítulo 6. Entendiendo la dualidad: Energía femenina y masculina 103

El poder de lo femenino: Reconectar con tu esencia 105

Ejercicio práctico: Equilibrando las energías masculina y femenina 109

Capítulo 7. Reconectando con tu cuerpo 113

El cuerpo como refugio de sabiduría 114

El poder de los ciclos: Reconectar con tu naturaleza 118

Prácticas para reconectar con tu cuerpo: Liberación y armonía interior 122

Capítulo 8. El arte del autocuidado ritualizado 127

Convertir el autocuidado en un ritual sagrado 128

Reconociendo tus necesidades emocionales 132

Ejercicio práctico: Diseña un día de autocuidado semanal............. 136

Capítulo 9. Cultivando la intuición: El poder de lo invisible 139

¿Qué es la intuición? 140

Una mirada al lado femenino 142

Ejercicios para activar tu intuición: Conectando con tu sabiduría interior 148

Capítulo 10. Relaciones sanas: Reconectando desde el amor propio 151

Limpiando relaciones tóxicas: Recuperando tu poder personal 151

Construyendo relaciones conscientes 155

Capítulo 11. El renacer de la mujer creadora 159

Tu refugio personal para conectar contigo misma 159

Palabras que sanan: El poder de las afirmaciones positivas 163

Reconexión y sanación en el mundo natural 166

La transformación en acción: Historias inspiradoras 170

Ejercicio: Reconectando contigo misma 175

Parte 3: Relaciones conscientes y la pareja ideal 179

Capítulo 12. Reescribiendo el significado del amor 181

Desmitificando el amor 182

El mito de la media naranja: Por qué una pareja no te completa, sino que te complementa 185

Tres historias de mujeres que complementaron a hombres icónicos 187

Ejercicio práctico 189

Capítulo 13. ¿Qué es una relación consciente? 197

Evolucionar juntos: El compromiso con el crecimiento en pareja ... 200

El arte de fortalecer el vínculo desde la libertad 203

Claves para cultivar una relación consciente 206

Capítulo 14. Identificando a la pareja ideal 209

El mito del alma gemela 210

¿Qué buscar en una pareja ideal? 214

Reflexiones para construir una relación consciente y equilibrada .. 218

Capítulo 15. Rompiendo patrones negativos en las relaciones 223

Identificando los patrones heredados 225

El impacto del apego emocional.. 229

Ejercicios de autoconocimiento en tus relaciones........................ 232

Capítulo 16. Amar lo imperfecto en el otro y en ti misma 237

La imperfección como base del amor real....................................... 239

Ejercicio práctico: Escribe una carta de amor a ti misma 245

Capítulo 17. Construyendo relaciones que evolucionan........ 249

El puente hacia un amor profundo y duradero 251

Crea rituales compartidos 254

Capítulo 18. Eliminando el pasado, construyendo relaciones conscientes 259

Historias de mujeres que construyeron relaciones conscientes...... 260

Rompiendo patrones de apego 262

La comunicación como puente de sanación.................................. 264

El amor como camino de crecimiento 266

Transformando el amor en una danza consciente 270

Parte 4: Un legado de amor y luz 275

Capítulo 19. ¿Qué es un legado emocional? 277

Las emociones y el poder de entenderlas 280

¿Qué estás transmitiendo a tus hijos?... 282

Mujer emocionalmente fuerte, hijos emocionalmente libres 286

Capítulo 20. Sanando para transformar generaciones.......... 289

La cadena generacional de patrones negativos............................ 290

Cómo romper la cadena 294

Ejercicio práctico: Crea tu "Mapa Emocional Familiar" 298

Capítulo 21. Criando hijos conscientes y libres 303

Validación emocional: Permitirles sentir y expresar sus emociones 305

Evitando proyectar tus miedos y expectativas 308

Rituales familiares para fortalecer el vínculo 312

Capítulo 22. Cómo dejar un legado de energía femenina 317

Vivir como ejemplo 318

Transmitir valores esenciales 320

Herramientas prácticas para transformar tu legado 323

Capítulo 23. El impacto en el mundo: Tu transformación es global 329

Ser una líder femenina consciente: Enseñar a otras a vivir con autenticidad 330

El efecto dominó del cambio personal 332

El día en que Carmen decidió romper la cadena 334

El renacer de Elena 336

El camino de Julia: Sanar para sanar a otras 338

Capítulo 24. Convertirte en un faro de luz 341

El secreto de un verdadero hombre 342

Levantarse de las cenizas: La historia de Stephanie 345

El poder de una mujer consciente: Un legado que transforma comunidades 346

El legado femenino y su impacto global: Un llamado a la grandeza 350

Conclusiones 355

Alexander Vásquez 359

Prólogo

Existen libros que informan, otros que inspiran, pero hay algunos que transforman. Legado Femenino: Sanar el pasado, reconectar con tu esencia y transformar generaciones es uno de esos libros que llegan en el momento preciso, con la verdad necesaria para iluminar nuestra historia personal y familiar.

A lo largo de mi trayectoria como terapeuta, he tenido el privilegio de acompañar a cientos de mujeres y hombres en su proceso de sanación emocional. He sido testigo de cómo las heridas del pasado moldean nuestras decisiones, relaciones y la manera en que nos percibimos a nosotros mismos. Muchas veces, los patrones de dolor y sufrimiento que enfrentamos no son únicamente nuestros, sino el eco de generaciones anteriores que no tuvieron las herramientas para sanar. Lo he visto en mujeres que crecieron creyendo que el amor significaba sacrificio, en hombres que aprendieron a reprimir sus emociones por miedo a parecer vulnerables, en familias enteras atrapadas en dinámicas de culpa, abandono y silencios heredados.

La necesidad de literatura como esta es urgente. No basta con reconocer el dolor; es imprescindible contar con herramientas para transformarlo. Y este libro nos ofrece precisamente eso: un camino claro para comprender de dónde venimos emocionalmente, sanar lo que nos ha marcado y decidir conscientemente qué legado queremos dejar a quienes nos rodean.

A través de estas páginas, el autor nos lleva a una profunda exploración del legado emocional que heredamos y transmitimos, muchas veces sin darnos cuenta. Nos invita a cuestionarnos qué patrones estamos perpetuando, qué heridas aún nos afectan y, sobre todo, cómo podemos sanarlas para dejar un legado consciente y amoroso a las siguientes generaciones.

Cada capítulo de este libro es un mapa hacia la sanación y la reconexión con nuestra esencia. Desde el entendimiento del impacto emocional de nuestras experiencias hasta herramientas prácticas para transformar viejas creencias, el lector encontrará una guía poderosa para romper ciclos y crear una historia propia, libre de cargas del pasado.

Aquí se nos recuerda que una mujer emocionalmente fuerte no solo transforma su propia vida, sino también la de sus hijos, su entorno y su comunidad. Que sanar nuestras heridas no es un acto egoísta, sino un regalo que ofrecemos a quienes amamos. Y que cada paso consciente que damos hacia la autenticidad es una puerta que abrimos para quienes vendrán después.

Este libro no es solo una lectura, es un acto de amor y valentía. Como profesional de la salud mental, puedo afirmar que la sanación no es un camino lineal ni sencillo, pero sí profundamente liberador. He visto cómo, al sanar, las personas logran establecer relaciones más sanas, liberar la culpa y recuperar su derecho a vivir con plenitud. Necesitamos más obras como esta, que ayuden a visibilizar la importancia de la sanación emocional y brinden herramientas prácticas para lograrlo.

Si sostienes este libro en tus manos, es porque, de alguna manera, sientes el llamado a transformar tu historia. Te invito a recorrerlo con el corazón abierto y la certeza de que, en cada página, hay una oportunidad para cambiar tu vida y la de quienes te rodean.

Con gratitud y admiración,

Dra. Mariulis Rodríguez

PhD Clinical Counseling

Estratega de vida y alto impacto

Introducción

Hay una historia que corre por las venas de todas las mujeres, una de amor, sacrificio, dolor y esperanza. Es una historia que no empieza contigo, pero que vive en ti. Tal vez no lo notes, pero la llevas en tus gestos, en tus palabras, en tus silencios. Es el eco de generaciones pasadas: de abuelas que amaron en silencio, de madres que dieron todo y se olvidaron de sí mismas, de mujeres que aprendieron a sobrevivir, pero no siempre a vivir.

Y aquí estás tú, con sus historias tatuadas en tu alma, tratando de descubrir quién eres en medio del peso de todo lo que heredaste. Tal vez te has preguntado por qué amas como amas, por qué callas cuando quieres gritar o por qué repites los mismos patrones que juraste romper.

Déjame decirte algo: no estás sola. Todas cargan con ese tipo de historias. Pero hay una verdad que quizás nadie te dijo antes: tú no tienes que seguir escribiendo esas páginas de tu vida con la misma tinta del pasado.

Por esta razón hoy estoy acá contigo; este libro no es una solución rápida ni una fórmula mágica. Es un espejo; es un abrazo. Es un llamado para que tomes las riendas de tu vida y conviertas lo que te dieron en algo hermoso, auténtico y tuyo. Porque tú no eres solo el producto de las mujeres que vinieron detrás de ti; tú eres su esperanza. Tú eres la oportunidad que ellas no tuvieron.

Ahora déjame decirte porque escribí este libro. Soy hijo, esposo y padre de dos hermosas niñas. No soy mujer, pero el amor más grande que he conocido viene de las mujeres de mi vida. Mi madre, mi esposa, y ahora mis hijas, me han mostrado lo profundo, incondicional y transformador que puede ser el amor femenino. Sin embargo, también he sido testigo de sus luchas, sus silencios y sus cargas.

Durante mucho tiempo, como muchos hombres, pensé que las mujeres peleaban sin necesidad, que sus reclamos eran excesivos. No entendía por qué parecía haber tanto dolor detrás de sus palabras. Pero fue el amor hacia las mujeres de mi familia lo que me llevó a mirar más allá. Me adentré en esa fosa oscura donde están guardadas las heridas invisibles que han cargado por generaciones, y lo que encontré ahí cambió mi vida.

Aprendí que sus verdaderos reclamos no están en lo que dicen, sino en lo que callan. Descubrí que muchas mujeres han vivido en silencio, adaptándose, sobreviviendo y olvidando lo que significa ser ellas mismas. Me di cuenta de que, como hombres, no solo debemos protegerlas. Debemos ayudarlas a recuperar su esencia, su luz y su poder. No me considero un libertador de mujeres, pero este libro es mi forma de contribuir a ese despertar, desde el respeto, el amor y la humildad.

Escribo estas páginas porque creo que la transformación no es solo responsabilidad de las mujeres; es un camino que también nos involucra a nosotros, los hombres. Estoy aquí como un testigo, como alguien que decidió aprender de su dolor, de sus carencias, de sus reclamos silenciosos, para ayudar a construir un puente hacia la sanación y la reconexión.

¿Cuál es el legado que quiero compartir contigo?, pues es este contenido. Este libro es el resultado de estudios profundos, conversaciones y una inmersión emocional en el corazón de lo que significa ser mujer. No tengo todas las respuestas, pero lo que encontré en ese proceso de exploración es tan poderoso que no podía guardarlo solo para mí.

Imagina por un momento a las mujeres que te precedieron: tu madre, tu abuela, tus tatarabuelas. Piensa en sus luchas, sus sueños truncados, sus miedos y sus sacrificios. Ahora imagina que ellas pueden verte. Imagina que te observan desde un lugar donde el tiempo no existe y que te susurran:

"Sana por nosotras. Vive por nosotras. Rompe las cadenas que no pudimos romper. Enséñanos cómo luce la libertad."

Es posible que en este momento sientas un nudo en la garganta, porque sabes que es verdad. Sabes que hay cosas en tu vida que no elegiste, pero que aún así están ahí. Tal vez son heridas, patrones, relaciones o creencias que se te entregaron sin que las pidieras. Pero también sabes que dentro de ti hay algo más grande. Algo más fuerte. Una chispa que no se ha apagado.

Es el poder que corre por tus venas, el que no puede ser destruido, solo dormido. Es la voz de tu intuición, la fuerza de tu amor, la magia de tu creatividad. Este libro está diseñado para ayudarte a encender esa chispa, para reconectar con la mujer que siempre has sido, la que está debajo de todas las capas de miedo, culpa y expectativas.

Cuando sanas, no solo sanas por ti. Sanas por todas las que vinieron antes de ti y por todas las que vendrán después. Sanas por tu madre, aunque no la entiendas. Sanas por tu abuela, aunque ya no esté. Sanas por tus hijas, aunque aún no hayan nacido. Y lo más importante, sanas por ti.

Este es el momento de reclamar tu poder. Este es el momento de construir tu legado. Prepárate, porque este libro no será fácil. Te hará cuestionarte, llorar y confrontarte con partes de ti misma que quizás has evitado. Pero también te hará reír, soñar y reencontrarte con la versión más auténtica y poderosa de ti. Date la oportunidad, que te aseguro valdrá la pena.

¡Tú eres la mujer que tus ancestros soñaron! ¡Tú eres la mujer que puede cambiarlo todo! El legado comienza contigo. Bienvenida a tu transformación. Bienvenida a *Legado femenino*.

ROMPIENDO LAS CADENAS DEL PASADO

Parte 1: Rompiendo las cadenas del pasado

La feminidad ha sido moldeada y restringida a lo largo de la historia, generando una desconexión con su verdadera esencia. Muchas mujeres han crecido bajo expectativas impuestas, sintiendo la presión de equilibrar su fortaleza con su sensibilidad y de cumplir con exigencias externas que las alejan de su autenticidad. En esta primera parte, exploraremos cómo esa desconexión ha ocurrido y de qué manera puede ser revertida.

Se analizará el impacto que han tenido siglos de estructuras sociales que limitaron las oportunidades y la expresión femenina, dejando secuelas en la identidad y la energía de las mujeres. Hoy, esta desconexión persiste bajo nuevas formas, como la exigencia de ser la "superheroína" moderna, capaz de hacerlo todo sin descanso. A través de ejemplos reales, se ilustrará cómo este modelo afecta la vida cotidiana y el bienestar emocional.

También se abordará la importancia de la energía femenina y su papel en la vida de cada mujer. Lejos de ser debilidad o sumisión, esta energía es una fuente de adaptabilidad, intuición y creación. Se explorará cómo influye en las relaciones, en la toma de decisiones y en la conexión con el propio cuerpo y las emociones.

Otro aspecto clave será entender por qué muchas mujeres han perdido el acceso a su energía femenina. Factores como los traumas generacionales, la represión emocional y la desconexión con la propia identidad han contribuido a este proceso. Sin embargo, recuperar esa energía es posible mediante el reconocimiento de bloqueos internos y la apertura a un proceso de transformación.

Además, se identificarán señales que indican una energía femenina bloqueada, desde la dificultad para expresar emociones hasta la repetición de relaciones tóxicas. A través de herramientas prácticas, se brindarán pasos concretos para sanar y reconstruir el vínculo con la propia esencia.

Finalmente, se explorará el duelo como un factor que puede impactar profundamente la energía femenina. Se hablará de la pérdida de seres queridos, el fin de relaciones sentimentales y otras experiencias inesperadas que pueden generar un quiebre interno. Se analizará cómo estos procesos afectan la identidad femenina y cómo es posible atravesarlos sin perder la conexión con la propia fuerza.

Esta sección es una invitación a mirar hacia adentro, a cuestionar creencias arraigadas y a comenzar un proceso de reconexión con lo femenino. Porque recuperar la esencia no es cargar con más responsabilidades, sino aprender a fluir con la propia naturaleza y vivir desde la autenticidad.

Capítulo 1. La desconexión de lo femenino: Un problema global

En un mundo que celebra los avances de las mujeres en todos los ámbitos de la vida, desde la ciencia y los negocios hasta la política y el arte, resulta paradójico que muchas aún sientan una desconexión profunda de su esencia más natural. Esta sensación no se trata simplemente de un problema individual, sino de una experiencia colectiva que se ha gestado a lo largo de generaciones.

La desconexión de lo femenino no es un tema nuevo; es una herida antigua que ha evolucionado con el tiempo. Por siglos, las mujeres han sido moldeadas por expectativas externas que las han encasillado en roles, sofocando una parte esencial de quienes son. Este fenómeno no surge por falta de capacidad, sino por la forma en que las estructuras sociales, históricas y culturales han definido el papel de la mujer.

En el núcleo de esta desconexión encontramos los efectos de un legado patriarcal que, durante siglos, relegó a las mujeres a funciones limitadas, privándolas de explorar su potencial completo. A través de generaciones, esta dinámica fue normalizada, impregnando no solo la sociedad, sino también las creencias internas de las propias mujeres sobre su valor y su propósito.

Sin embargo, en la era moderna, esta desconexión ha adoptado una nueva forma. Las mujeres se enfrentan a un ideal de "perfección" casi imposible, que las insta a hacerlo todo: ser madres perfectas, profesionales exitosas, parejas ideales y seres humanos inquebrantables. Esta presión por cumplir con múltiples roles al mismo tiempo ha generado un agotamiento emocional y físico que, a menudo, las lleva a sentirse vacías y distantes de sí mismas.

¿Qué significa estar desconectada de lo femenino? Es la pérdida de contacto con una parte vital del ser: la intuición, la creatividad, la receptividad y la capacidad de nutrir, no solo a los demás, sino a sí mismas. Es el agotamiento que surge de dar continuamente sin permitirse recibir, de cuidar a otros sin cuidar su propio bienestar. Es el olvido de su vulnerabilidad como una fortaleza y no como una debilidad.

Las mujeres que comparten estas experiencias no lo hacen desde una posición de derrota, sino como un grito silencioso de ayuda. Muchas han expresado sentirse atrapadas en un ciclo de exigencias externas, sin espacio para respirar, reflexionar o simplemente ser. Sus testimonios son una evidencia contundente de un problema global, pero también un recordatorio de la necesidad urgente de redescubrir y reconectar con lo esencial.

Este capítulo es una invitación a explorar cómo llegamos aquí y qué significa esta desconexión. Es un espacio para reflexionar sobre las historias que hemos heredado y las que aún podemos reescribir. No se trata de culpar al pasado ni a las estructuras sociales, sino de entender cómo estos factores han influido en nuestras vidas para que, desde esa comprensión, se puedan tomar pasos hacia una transformación real.

Reconocer esta desconexión es un acto de valentía. Es mirar de frente las heridas, no para revivir el dolor, sino para encontrar el camino de regreso a casa. En este camino, muchas mujeres han compartido sus relatos de lucha, perseverancia y autodescubrimiento, y en ellos encontramos inspiración y esperanza.

Este capítulo no ofrece respuestas inmediatas ni soluciones mágicas. Lo que plantea es un espejo, un momento de pausa para observar y reconocer lo que ha sido y lo que aún puede ser. En este viaje de reconexión, cada mujer descubrirá que dentro de ella existe una fuente inagotable de poder, amor y autenticidad, esperando ser liberada.

Es hora de mirar más allá de las expectativas externas y comenzar a sanar desde adentro. Porque en la esencia de lo femenino reside una fuerza transformadora capaz de no solo sanar vidas individuales, sino también transformar generaciones enteras. Este capítulo marca el inicio de ese camino, un recorrido hacia la reconexión con la esencia más auténtica de ser mujer.

El impacto del patriarcado histórico

A lo largo de la historia, las mujeres han desempeñado un papel fundamental en la evolución de las sociedades. Desde las primeras civilizaciones, sus aportes han sido vitales para la supervivencia, el desarrollo cultural y la estabilidad comunitaria. Sin embargo, con el tiempo, el sistema patriarcal se arraigó, reduciendo su presencia y voz a un rol secundario, encapsulándolas en expectativas rígidas que sofocaron su energía creadora y transformadora.

Para comprender el impacto del patriarcado en esta desconexión, es esencial mirar hacia atrás, a las sociedades antiguas donde las mujeres eran veneradas como símbolos de vida y fertilidad. En culturas como las de Mesopotamia, Egipto y las civilizaciones indígenas, la mujer era representada como una figura poderosa a través de diosas asociadas con la creación, la sabiduría y la naturaleza. Estas deidades, como Isis en Egipto o Gaia en la mitología griega, reflejaban el respeto hacia lo femenino como fuente de vida y equilibrio.

Sin embargo, con el advenimiento de sistemas sociales más estructurados y jerarquizados, este reconocimiento comenzó a desvanecerse. Las civilizaciones dominadas por la expansión territorial y militar, como la de Grecia clásica y el Imperio Romano, introdujeron un modelo donde la fuerza física y el control se convirtieron en los valores predominantes. Bajo este paradigma, lo masculino fue exaltado como símbolo de poder y liderazgo, mientras que lo femenino quedó relegado al ámbito doméstico.

El impacto de esta transición fue devastador para la conexión de las mujeres con su energía creadora. La invención de roles específicos; madres, esposas, cuidadoras; limitó su participación en la vida pública y redujo sus oportunidades de explorar y expresar su potencial transformador. Este cambio no solo afectó su posición en la sociedad, sino también su percepción interna, ya que la narrativa patriarcal impuso la idea de que el valor de una mujer estaba directamente vinculado a su capacidad de cuidar y servir.

En la Edad Media, estas dinámicas se intensificaron con la influencia de instituciones religiosas que reforzaron los roles de género a través de interpretaciones dogmáticas. La mujer fue idealizada como símbolo de pureza y devoción, pero también condenada por ser una posible amenaza al orden moral establecido. Figuras como Juana de Arco, que desafiaron estas limitaciones, fueron vistas como excepciones y, a menudo, perseguidas por sus propios actos de valentía y liderazgo.

El Renacimiento, aunque trajo un florecimiento cultural y científico, no liberó completamente a las mujeres de estas estructuras. A pesar de que algunas lograron destacar como artistas, pensadoras y mecenas, lo hicieron en un sistema que seguía viéndolas como una anomalía. Las mujeres no eran consideradas iguales en términos intelectuales ni tenían acceso pleno a la educación, lo que perpetuó la desconexión con su capacidad creadora.

El impacto del patriarcado no solo se manifestó en las esferas sociales y culturales, sino también en cómo las mujeres interactuaban consigo mismas. Al reducirlas a roles de cuidado, se les negó la oportunidad de explorar su vulnerabilidad, su intuición y su capacidad de transformación personal. Esta desconexión con lo femenino interno tuvo consecuencias duraderas, creando una brecha entre lo que eran y lo que podían llegar a ser.

La Revolución Industrial marcó otro punto crítico en esta narrativa. Aunque permitió a muchas mujeres ingresar al mundo laboral, lo hizo bajo condiciones que seguían siendo opresivas y explotadoras. En lugar de liberar su energía creadora, las mujeres fueron vistas como una fuerza de trabajo económica, pero no como individuos con el poder de transformar su entorno.

Fue solo con los movimientos feministas de los siglos XIX y XX que comenzó a cuestionarse esta dinámica. Las mujeres lucharon por el derecho al voto, la educación y la igualdad de oportunidades, abriendo el camino hacia un reconocimiento más amplio de su capacidad creativa y transformadora. Sin embargo, a pesar de estos avances, las raíces del patriarcado siguen presentes en muchas estructuras contemporáneas.

Hoy, las mujeres enfrentan un reto distinto pero igualmente complejo: la expectativa de ser "todo". Madres ejemplares, profesionales destacadas, parejas ideales y miembros activos de la comunidad. Esta presión, aunque aparentemente emancipadora, puede perpetuar la desconexión al imponer un modelo de perfección inalcanzable. En lugar de celebrar su humanidad, se les exige un estándar que las aleja de su capacidad de crear y transformar desde un lugar de autenticidad.

El legado del patriarcado no es solo una historia de opresión, sino también de resistencia. Las mujeres han demostrado, una y otra vez, que su energía creadora no puede ser sofocada por completo. A pesar de las limitaciones, han transformado sus entornos, han inspirado revoluciones culturales y han liderado cambios sociales fundamentales.

Reconocer esta enseñanza de la historia, no se trata de revivir un pasado de dolor, sino de comprender cómo esas dinámicas han influido en el presente. Es una oportunidad para identificar las narrativas que aún nos limitan y comenzar a desmantelarlas. Porque en cada mujer existe una fuente inagotable de creatividad y transformación, esperando ser liberada.

La desconexión moderna: La trampa de la "superheroína"

Actualmente, muchas mujeres enfrentan una presión que, aunque disfrazada de elogio, puede ser profundamente destructiva. La figura de la "superheroína"; una mujer capaz de hacerlo todo, de serlo todo y de lograrlo todo sin fallar ni descansar; se ha convertido en un estándar inalcanzable. Este modelo, aunque aparentemente empoderador, en realidad perpetúa una desconexión con algo esencial: su capacidad de recibir, de mostrarse vulnerables y de vivir en equilibrio.

Desde mi perspectiva como hombre, veo cómo la sociedad exige a las mujeres desempeñar múltiples roles simultáneamente: madres perfectas, profesionales exitosas, amigas incondicionales y líderes admirables. Todo esto mientras mantienen una apariencia de fortaleza inquebrantable. Sin embargo, ¿a qué precio? Este esfuerzo constante no solo agota las energías, sino que las aleja de su verdadera esencia, esa parte que florece cuando se permite ser sostenida y cuidada.

Es evidente que la narrativa de la "superheroína" no deja espacio para la vulnerabilidad, un aspecto que considero no solo humano, sino poderoso. La idea de que mostrar necesidades o pedir ayuda es una señal de debilidad es una mentira profundamente arraigada. Al contrario, reconocer los propios límites y aceptar apoyo requiere un nivel de valentía y autenticidad que pocas veces se celebra, pero que es crucial para vivir una vida plena.

La desconexión que muchas mujeres sienten hoy no es únicamente emocional; también afecta su bienestar físico y espiritual. En esta búsqueda por cumplir con expectativas externas, muchas terminan sintiéndose agotadas, vacías y desconectadas. La sociedad les ha enseñado que su valor radica en lo que pueden hacer y en lo que pueden dar, pero rara vez en lo que son y en lo que merecen recibir.

Desde mi experiencia observando y aprendiendo de mujeres excepcionales, he entendido que el acto de recibir no es pasivo ni egoísta. Es un acto de equilibrio. Es permitir que otros contribuyan a su bienestar, aceptar amor y cuidado sin culpa, y reconocer que no están solas en esta travesía.

El problema es que vivimos en una cultura que glorifica la autosuficiencia, especialmente en las mujeres. Se les enseña que depender de alguien más o admitir que necesitan un respiro es sinónimo de fracaso. Pero nada podría estar más lejos de la verdad. En mi opinión, la verdadera fortaleza no está en cargar con todo, sino en saber cuándo y cómo compartir esa carga.

Pienso que es hora de replantear el concepto de fortaleza femenina. No como la capacidad de soportar todo sin quebrarse, sino como la habilidad de ser auténticas, de mostrarse tal cual son, con todas sus necesidades, sueños y desafíos. Una mujer no necesita ser invencible para ser poderosa. Su poder reside en su humanidad, en su capacidad de dar y recibir, en su disposición para ser tanto líder como aprendiz, tanto cuidadora como receptora.

La desconexión moderna no es algo que las mujeres hayan elegido conscientemente. Es el resultado de generaciones de condicionamiento social que ha puesto el hacer por encima del ser, la productividad por encima del descanso y la autosuficiencia por encima de la comunidad. Pero, como hombre, creo firmemente que este ciclo puede romperse.

El primer paso es que las mujeres se permitan reconocer esta desconexión. Que entiendan que no tienen que cumplir con estándares inalcanzables para ser valiosas, que su vulnerabilidad no las hace menos, sino más humanas. También es vital que los hombres y la sociedad en general cambien la narrativa, apoyando a las mujeres no solo como pilares de fortaleza, sino como seres humanos que merecen descanso, apoyo y cuidado.

Recibir no es una debilidad, sino una necesidad universal. Es el equilibrio que permite dar desde un lugar de plenitud. Invito a las mujeres a desafiar la idea de que deben hacerlo todo solas. Permítanse soltar, delegar, pedir ayuda y, sobre todo, aceptar que ser cuidadas es tan importante como cuidar a los demás.

Este no es un llamado a abandonar la ambición o la responsabilidad, sino a recordar que la vida no se trata de cuántas cosas se pueden lograr, sino de cómo se vive cada día. Una mujer conectada consigo misma, que se permite recibir y descansar, no solo es más feliz, sino que también tiene un impacto más profundo y auténtico en quienes la rodean.

La desconexión moderna es real, pero también es reversible. Las mujeres tienen dentro de sí mismas la capacidad de redescubrir su centro, de recordar su valor inherente y de reclamar su derecho a vivir con equilibrio y propósito. Y nosotros, como hombres, tenemos la responsabilidad de apoyarlas en este camino, no como salvadores, sino como aliados que valoran y honran su esencia.

No se trata de ser "superheroínas". Se trata de ser humanas. Y en esa humanidad, en esa autenticidad, radica la verdadera fortaleza que el mundo necesita.

Redes sociales: Un desgaste invisible

Ahora quiero tocar el aspecto relacionado con parte de la tecnología actual, las redes sociales, estás se han convertido en una parte central de nuestras vidas. Nos conectan, nos informan y, en muchos casos, nos permiten compartir lo mejor de nosotros mismos con el mundo. Sin embargo, detrás de todo lo positivo que nos ofrecen, también se esconde un enemigo silencioso que afecta directamente la energía femenina en la mujer.

Las redes sociales pueden convertirse en una fuente de agotamiento emocional y físico, especialmente para las féminas, ya que la presión que ejercen sobre ti puede ser mucho más intensa de lo que imaginas.

El efecto de la comparación constante

Uno de los mayores efectos negativos de las redes sociales es la constante comparación. Las mujeres, en particular, se ven bombardeadas con imágenes perfectas de cuerpos, vidas, relaciones y logros ajenos. Y lo que puede parecer inofensivo o incluso inspirador para algunos, es un desgaste profundo para otras. Cada vez que te comparas con lo que ves en una publicación, en lugar de sentirte inspirada, puedes empezar a sentirte insuficiente, insegura y desconectada de tu esencia.

Esa presión por cumplir con ciertos estándares de belleza, éxito y perfección puede hacer que te alejes de ti misma. En lugar de celebrarte tal como eres, empiezas a desear ser otra persona. Y esto es un desgaste directo de tu energía femenina, porque tu energía depende de tu autenticidad, de cómo te percibes a ti misma sin necesidad de la validación externa.

La búsqueda incesante de validación externa

Las redes sociales funcionan como una especie de termómetro emocional, donde los "me gusta" y los comentarios actúan como una validación constante de nuestra imagen o estado de ánimo. Esta necesidad de validación externa puede convertirse en un círculo vicioso, donde tu bienestar se ve determinado por la cantidad de interacciones que recibes.

Para las mujeres, esto es aún más fuerte debido a la forma en que se ha condicionado su autoestima a la aprobación de los demás, especialmente en lo que respecta a la imagen corporal y al éxito personal. Cada vez que publicas algo y no obtienes la cantidad de atención que esperas, tu energía femenina se ve afectada. En lugar de enfocarte en lo que te hace sentir bien a ti, te dejas llevar por los estándares sociales impuestos por las redes, lo que crea una desconexión emocional que termina disminuyendo tu vitalidad.

El estrés de la perfección digital

Las redes sociales nos han creado un nuevo tipo de presión: la de mostrar una vida perfecta. Ya no solo se trata de cómo te ves, sino también de lo que haces. Las publicaciones llenas de viajes exóticos, cenas de lujo, logros profesionales o familiares pueden hacerte sentir que estás quedándote atrás, incluso si tu vida está lejos de ser menos valiosa o exitosa que las que ves en tu feed.

Este estrés por mantener una imagen perfecta no solo afecta tu estado emocional, sino que también interrumpe la conexión profunda que tienes contigo misma. Cada vez que sientes la necesidad de mostrar lo mejor de ti, estás gastando tu energía femenina en tratar de cumplir con un ideal externo que no siempre refleja quién eres realmente. Esta falta de autenticidad te aleja de tu ser verdadero, lo que termina por minimizar tu energía emocional y mental.

La sobrecarga de información y la fatiga mental

El constante flujo de información que circula en las redes sociales también puede ser una causa importante de la pérdida de energía femenina. La cantidad de estímulos, noticias, opiniones y tendencias a las que las mujeres están expuestas todos los días puede resultar abrumadora, y la mayoría de las veces no tienen tiempo para procesar todo lo que reciben. Este bombardeo informativo, sumado a la necesidad de estar al tanto de todo lo que ocurre, aumenta el estrés y la ansiedad.

La fatiga mental derivada de la sobreexposición a las redes sociales puede afectar negativamente tu capacidad de concentración y de conectar contigo misma. Estar siempre "conectada" te impide desconectar de los ruidos del mundo exterior y, lo que es más importante, desconectar de tu propio mundo interior. La energía femenina necesita calma, introspección y espacio para nutrirse; pero las redes sociales crean un ruido constante que impide ese descanso necesario para recargar tu vitalidad.

El efecto de la negatividad y la toxicidad

A lo largo del día, las redes sociales no solo nos bombardean con imágenes de éxito y perfección, sino también con una gran cantidad de negatividad. Ya sean comentarios de odio, noticias impactantes o situaciones que nos causan angustia, todo esto afecta profundamente tu energía femenina. El constante enfrentamiento con la negatividad puede hacer que pierdas el enfoque en lo que es verdaderamente importante para ti y, en cambio, te concentras en lo que te desgasta emocionalmente.

Para las mujeres, que a menudo tienen una alta sensibilidad emocional, estos estímulos negativos afectan directamente a su bienestar. La energía femenina se nutre de la calma, el amor y la conexión genuina. La exposición constante a un ambiente tóxico puede hacer que te sientas emocionalmente agotada, lo que te aleja de tu centro y disminuye tu capacidad de recibir y dar amor.

La falta de tiempo para la conexión real

Finalmente, las redes sociales pueden robarte algo que es fundamental para mantener tu energía femenina: el tiempo para conectar de manera profunda con los demás en la vida real. Si bien las redes permiten la comunicación instantánea, esta interacción muchas veces no tiene la misma profundidad emocional que una conversación cara a cara o una interacción que realmente nutra tu alma.

El tiempo que pasas frente a la pantalla en lugar de estar presente con tus seres queridos, con la naturaleza o contigo misma es un tiempo que estás invirtiendo en algo que no necesariamente recarga tu energía. Las conexiones reales son las que realmente alimentan tu ser, mientras que las conexiones virtuales, aunque útiles, no siempre pueden brindarte la misma satisfacción emocional.

Las redes sociales y su uso responsable

Estimada mujer, las redes sociales tienen el poder de brindarte grandes beneficios, pero también pueden ser una fuente de agotamiento emocional y mental, especialmente para ti, que eres tan consciente de tu energía femenina. El constante bombardeo de comparaciones, la búsqueda de validación, la perfección digital y la fatiga mental pueden agotarte sin que te des cuenta.

Para mantener tu energía femenina viva, es importante que te tomes un respiro de todo lo digital de vez en cuando, que priorices tus necesidades emocionales y que encuentres tiempo para reconectarte contigo misma. Recuerda que tu bienestar no depende de las imágenes de los demás, sino de tu propia autenticidad y equilibrio interno.

Testimonios reales: La historia de Oprah Winfrey

En el ámbito de los grandes referentes de éxito, pocos nombres resuenan tan fuerte como el de Oprah Winfrey. Conocida por su carisma, empatía y su capacidad de transformar vidas, Oprah es un símbolo de superación personal y poder femenino. Sin embargo, detrás de la imagen de éxito y fortaleza, se encuentra una historia de lucha constante contra la desconexión, el agotamiento y la búsqueda de su verdadera esencia.

Creció en un entorno marcado por la pobreza y la adversidad. Criada en el sur de Estados Unidos, en un hogar donde el acceso a las oportunidades era casi inexistente, enfrentó una infancia llena de desafíos. Fue víctima de abuso sexual, un trauma que la marcó profundamente y que, por mucho tiempo, la hizo sentir desconectada de su valor como ser humano. Estas experiencias tempranas la empujaron a vivir en un estado de supervivencia constante, creyendo que tenía que demostrar su valía a través del esfuerzo y la perfección.

A medida que Oprah fue construyendo su carrera, el éxito profesional llegó en avalancha. Se convirtió en una de las mujeres más influyentes de la televisión, con un imperio mediático que abarcaba programas, libros, revistas y producciones cinematográficas. Desde fuera, parecía que lo tenía todo: fama, fortuna y reconocimiento global. Pero, como ella misma ha confesado en diversas ocasiones, había una parte de ella que seguía sintiéndose vacía y desconectada.

El ritmo de vida que llevaba no le daba espacio para detenerse, reflexionar o reconectar con su esencia. En un esfuerzo por cumplir con las expectativas de otros, y quizás también las propias, se encontraba atrapada en el ciclo de "hacer" sin "ser". Era la personificación del ideal moderno de la mujer multitarea: capaz de manejar un imperio, inspirar a millones y mantener una imagen impecable, pero a costa de ignorar sus propias necesidades emocionales y espirituales.

Oprah describe un momento clave en su vida cuando, tras años de agotamiento, se dio cuenta de que había estado viviendo para los demás. Había pasado tanto tiempo tratando de cumplir con las demandas de su audiencia, su equipo y sus socios comerciales, que había perdido de vista quién era ella realmente. Esto la llevó a un punto de quiebre, donde tuvo que confrontar la realidad de que no podía seguir adelante sin hacer un cambio profundo.

Este momento de crisis no fue el fin, sino el inicio de un proceso transformador. Allí entendió que debía priorizar su conexión consigo misma, escuchar su voz interior y atender sus propias necesidades. Fue entonces cuando empezó a hablar abiertamente sobre temas como la espiritualidad, el propósito y la importancia de la introspección. Estos temas, que más tarde se convertirían en el núcleo de su mensaje, surgieron de su propia lucha por reencontrarse con su esencia.

Un punto clave en su camino fue aprender a decir "no". Como muchas mujeres, ella había internalizado la idea de que debía estar disponible para todos y cumplir con todas las expectativas, incluso a costa de su bienestar. Pero al darse cuenta de que esto solo alimentaba su desconexión, comenzó a establecer límites claros. Aprendió que no podía ser todo para todos y que priorizar su paz mental no era egoísta, sino necesario.

Otro aspecto relevante en su transformación fue aceptar su vulnerabilidad. Para una mujer que había construido su carrera en gran parte sobre la base de su fortaleza y resiliencia, admitir que se sentía agotada y vacía fue un acto de valentía. Pero fue a través de esa honestidad que encontró la libertad de ser ella misma, sin máscaras ni pretensiones.

Oprah también buscó formas de reconectar con su esencia a través de prácticas que nutrieran su espíritu. La meditación, el tiempo en la naturaleza y las conversaciones profundas con personas de confianza se convirtieron en pilares fundamentales de su rutina. Estas prácticas no solo la ayudaron a sanar, sino que también la empoderaron para continuar su trabajo desde un lugar de autenticidad y equilibrio.

Hoy, esta gran mujer es un ejemplo vivo de lo que significa superar la desconexión moderna. Su historia nos recuerda que incluso las mujeres más exitosas y admiradas pueden enfrentarse a momentos de agotamiento y vacío. Pero también nos muestra que es posible reencontrar el camino hacia la esencia, siempre y cuando estemos dispuestas a detenernos, escucharnos y priorizar lo que realmente importa.

Desde mi perspectiva, la historia de Oprah no solo es inspiradora, sino también aleccionadora. Nos enseña la importancia de reconocer las presiones que enfrentan las mujeres en nuestra sociedad, y cómo esas expectativas, aunque bien intencionadas, pueden llevar a la desconexión y el agotamiento. También es un recordatorio de que el verdadero poder no reside en la perfección, sino en la capacidad de ser auténticos, vulnerables y humanos.

Si algo podemos aprender de este caso, es que el éxito externo no significa nada si viene acompañado de un vacío interno. Es fundamental que tanto hombres como mujeres trabajemos juntos para crear una cultura donde el valor de una mujer no se mida únicamente por lo que logra, sino por lo que es. La historia de Oprah es un llamado a regresar a lo esencial, a reconocer la importancia del equilibrio y a valorar la conexión con uno mismo como el fundamento de una vida plena y significativa.

Capítulo 2. ¿Qué es la energía femenina y por qué es tan importante?

La energía femenina es un conjunto de cualidades y aspectos asociados a la intuición, la sensibilidad, la creatividad, la receptividad y la conexión emocional. Representa la fluidez, la capacidad de nutrir, la empatía y el equilibrio interno. No se trata de género, sino de una expresión de energía presente en todas las personas, aunque suele manifestarse con mayor fuerza en las mujeres.

En la permanente actividad de la humanidad, la energía femenina ha sido una fuerza constante, una fuente de vida que nutre, crea y transforma. A lo largo de la historia, ha sido incomprendida, subestimada y, en muchos casos, suprimida. Sin embargo, su importancia trasciende cualquier noción de género o rol. La energía femenina es un pilar fundamental de la existencia, una manifestación intrínseca que se refleja en cómo sentimos, nos relacionamos y vivimos.

Este apartado se adentra en lo que realmente significa la energía femenina. Más allá de un concepto abstracto o espiritual, esta energía es algo tangible, presente en nuestra manera de movernos por el mundo, en cómo enfrentamos los desafíos y en nuestra capacidad para conectarnos con nosotros mismos y con los demás. Es una fuerza que no busca controlar, sino que encuentra poder en la fluidez, en la adaptabilidad, en la capacidad de navegar los cambios con gracia y fortaleza.

A lo largo de estas páginas, exploraremos cómo dicha energía representa un equilibrio natural. Es un recordatorio de que no siempre es necesario forzar las cosas para que sucedan, que hay sabiduría en el acto de permitir, en la paciencia y en la confianza de que el proceso tiene un propósito. En un mundo que a menudo premia la rapidez, la lógica y la acción constante, la energía femenina nos enseña la importancia de detenernos, de escuchar esa voz interna que no necesita palabras para comunicar su mensaje.

También hablaremos de la conexión emocional, ese hilo invisible que une a las personas y que nos permite construir relaciones profundas y significativas. La energía femenina se refleja en nuestra capacidad para sentir, para empatizar, para abrir nuestro corazón sin temor. Es una fuerza que no debilita, sino que enriquece, porque permite abrazar la vulnerabilidad como parte esencial del ser humano.

La intuición, otro aspecto crucial, será explorada en detalle. Muchas veces, la sociedad nos ha enseñado a desconfiar de lo que no puede explicarse con lógica. Pero hay un tipo de conocimiento que trasciende lo racional, un "saber" interno que guía nuestras decisiones más importantes. Esta sabiduría interna no es un misterio, sino una herramienta poderosa que todos poseemos, y que, con el tiempo y la práctica, podemos aprender a escuchar y a confiar.

Más allá de las palabras, este capítulo es una invitación a reflexionar sobre el papel que la energía femenina juega en la vida de cada mujer. ¿Cómo se manifiesta? ¿Cómo se siente cuando está en armonía? ¿Y qué ocurre cuando esta energía es ignorada o reprimida? Estas son preguntas que no tienen respuestas universales, pero sí personales, y que invitan a cada lectora a mirar dentro de sí misma para encontrar su verdad.

Es importante señalar que esta energía no tiene que ver con ser fuerte o débil, sino con ser auténtica. Con honrar la naturaleza de cada una y aceptar que hay belleza en cada faceta del ser. No se trata de encajar en moldes predefinidos ni de seguir expectativas ajenas, sino de abrazar lo que realmente somos.

En estas páginas también encontrarás perspectivas de expertos que nos recuerdan cómo emociones como el amor y la gratitud no solo elevan nuestro estado emocional, sino que también son manifestaciones claras de la energía femenina en acción. Estas emociones tienen un impacto profundo en nuestra mente, nuestro cuerpo y nuestras relaciones, activando una vibración alta que genera bienestar y conexión.

Este apartado no busca imponer un camino, sino abrir una puerta hacia la posibilidad de redescubrir una parte esencial de ti misma. Es una oportunidad para cuestionar el ritmo frenético que a veces nos desvía de lo importante y para reconectar con ese espacio interior donde reside la calma, la creatividad y el propósito.

A medida que avancemos, espero que estas reflexiones y ejemplos te sirvan como un espejo para observar tu propia vida. Quizás encuentres momentos en los que has sentido esa energía fluir libremente, y otros en los que parece haberse desvanecido. Ambas experiencias son válidas y forman parte del viaje. Lo importante es reconocerlas, aceptarlas y permitirte avanzar desde un lugar de autenticidad.

La energía femenina no es algo que deba buscarse fuera, porque ya está dentro de ti. Solo necesita espacio, tiempo y atención para manifestarse plenamente. Este capítulo es un recordatorio de que ese poder siempre ha estado ahí, esperando el momento en que decidas abrazarlo por completo.

El peso del pasado en la energía femenina

Dicen que el tiempo lo cura todo, pero hay heridas que no sanan simplemente con el paso de los años. Se quedan ahí, como sombras silenciosas, filtrándose en la forma en que una mujer se ve a sí misma, en cómo se relaciona con los demás y en la manera en que expresa su esencia. El pasado no es solo un conjunto de recuerdos; es una influencia constante que puede moldear –o distorsionar– la energía femenina.

La energía femenina es la esencia de la intuición, la sensibilidad y la creatividad. Es esa fuerza que permite a una mujer fluir con la vida en lugar de resistirse a ella. Sin embargo, cuando una mujer ha acumulado heridas emocionales, esa energía comienza a fragmentarse. No desaparece, pero sí se minimiza, se bloquea o se transforma en una versión restringida de lo que podría ser.

Muchas de estas heridas tienen su origen en la infancia o en experiencias pasadas que han dejado cicatrices profundas. Puede ser el rechazo de una figura paterna, el abandono emocional de la madre, las críticas constantes sobre su cuerpo o su valor. También pueden provenir de relaciones amorosas donde se sintió traicionada, manipulada o reducida a un papel que no la representaba. Cada una de estas experiencias va erosionando su confianza en sí misma y, con ello, su capacidad de conectar con su naturaleza más auténtica.

Cuando estas heridas quedan sin resolver, la energía femenina empieza a contraerse. En lugar de la fluidez, aparece la rigidez. En lugar de la intuición, surge la duda constante. En lugar de la expresión libre, se instala el miedo al juicio. Las emociones reprimidas se traducen en una desconexión con su propio cuerpo, en una dificultad para disfrutar del placer y en una tendencia a sentirse insatisfecha o vacía, incluso cuando todo parece estar en orden en su vida externa.

Otro efecto del pasado en la energía femenina es la necesidad de protección extrema. Cuando una mujer ha sido herida repetidamente, su instinto es cerrarse, crear una barrera, mostrarse fuerte e independiente hasta el punto de negar su vulnerabilidad. Pero esa coraza no la protege realmente; solo la aleja de su propia esencia. La energía femenina no puede florecer en un terreno endurecido por el miedo y la desconfianza.

El pasado también puede manifestarse en una relación compleja con el autocuidado y la autoimagen. Una mujer que ha crecido sintiendo que no era suficiente –ya sea por comentarios directos o por la ausencia de reconocimiento– puede llegar a ver su propio valor a través de la mirada de los demás. Esto la lleva a buscar validación externa, a complacer, a adaptarse a expectativas que no son suyas, y, con ello, a perder el contacto con su propia voz interna.

Incluso cuando una mujer no es consciente de cuánto la ha marcado el pasado, su cuerpo lo recuerda. Se refleja en su postura, en la tensión en sus hombros, en la forma en que respira o en cómo se mueve. Las memorias emocionales no solo afectan la mente, sino que también dejan huella en el cuerpo, bloqueando la energía femenina de una manera sutil pero persistente.

En última instancia, el pasado puede convertirse en un freno para el presente. Cuando una mujer se aferra a lo que fue, a lo que perdió o a lo que le hicieron, su energía se dispersa en aquello que ya no puede cambiar. Su capacidad de vivir con plenitud se ve limitada porque su esencia sigue atada a recuerdos que siguen dictando cómo se siente consigo misma y con el mundo.

El impacto de las heridas emocionales en la energía femenina es profundo. No es una cuestión de voluntad ni de simplemente "dejar ir" lo que dolió. Es un proceso complejo donde el pasado sigue resonando en el presente, influyendo en la forma en que una mujer se percibe y en la energía que proyecta. Mientras esas memorias sigan pesando, la energía femenina no podrá expandirse en todo su potencial.

La energía femenina no busca controlar, sino adaptarse y fluir

La energía femenina es como un río: siempre en movimiento, cambiando de forma, fluyendo a través de lo que encuentra a su paso. Es una fuerza que no intenta dominar, sino que se adapta, transforma y se encuentra a sí misma en el proceso. La fluidez y la creatividad son sus manifestaciones más claras, y entenderlas es esencial para conectarse con esta energía en su forma más pura.

En un mundo que a menudo privilegia la estructura rígida y el control absoluto, la energía femenina nos ofrece otra perspectiva: la de soltar el deseo de dominarlo todo y confiar en la sabiduría innata del fluir. A veces, esta idea puede ser difícil de asimilar, especialmente en una sociedad que constantemente nos recuerda que debemos planificar, anticiparnos y asegurarnos de cada resultado. Sin embargo, al observar la naturaleza, vemos que el caos aparente del flujo no es desorden, sino un equilibrio dinámico que da vida a todo lo que existe.

La creatividad es una parte intrínseca de esta fluidez. Mientras que el control tiende a imponer límites y buscar respuestas definidas, la creatividad florece en la incertidumbre, en los espacios donde no hay garantías, pero sí infinitas posibilidades. Es en ese terreno fértil de lo desconocido donde la energía femenina prospera, invitando a explorar, a experimentar y a crear algo nuevo.

Considera el proceso creativo en sí mismo. Ya sea escribir una historia, pintar un cuadro, diseñar una solución a un problema o criar a un hijo, la creatividad rara vez sigue una línea recta. Está llena de curvas, de momentos en los que parece que todo está a punto de colapsar, y de otros en los que todo se alinea mágicamente. Este proceso es un reflejo directo de la fluidez de la energía femenina: no es algo que se pueda controlar, sino algo que se debe permitir.

Esto no significa que la energía femenina sea pasiva. De hecho, es todo lo contrario. Fluir no es lo mismo que rendirse. Es una forma activa de enfrentarse al mundo, pero desde un lugar de confianza y adaptabilidad, en lugar de rigidez y resistencia. Es la fuerza que permite que una mujer, frente a un cambio inesperado, encuentre la manera de redirigir su energía hacia nuevas oportunidades en lugar de quedarse estancada en lo que podría haber sido.

Uno de los mayores desafíos para muchas mujeres hoy en día es reconciliar esta fluidez con las exigencias de un mundo que parece recompensar solo la productividad medible. Nos han enseñado que el éxito se encuentra en listas de tareas completadas, en objetivos alcanzados y en la acumulación de logros. Pero la energía femenina nos recuerda que el éxito también se encuentra en el proceso, en la conexión emocional que surge al crear algo que realmente importa, y en la capacidad de adaptarse y crecer a través de los cambios.

La creatividad no es un lujo; es una necesidad fundamental. Cuando se reprime o se ignora, las consecuencias son profundas. La vida pierde color, las emociones se estancan, y surge un sentimiento de desconexión que es difícil de articular, pero imposible de ignorar. Por otro lado, cuando se permite que la creatividad fluya, no importa cuán pequeña sea la expresión, todo el ser se siente renovado.

He escuchado historias de mujeres que redescubrieron esta energía en los momentos más simples: una tarde dedicada a dibujar con sus hijos, el descubrimiento de una nueva receta que las llevó a experimentar en la cocina, o incluso un paseo sin rumbo fijo que se convirtió en una oportunidad para reflexionar y encontrar respuestas que habían estado buscando. En cada uno de estos casos, lo que las transformó no fue el resultado, sino el proceso.

El fluir también tiene que ver con la capacidad de soltar el perfeccionismo. La energía femenina no busca la perfección, porque comprende que esta es una ilusión. En cambio, valora la autenticidad, el esfuerzo honesto y la belleza de lo imperfecto. En el acto de permitir que las cosas sean como son, sin intentar forzarlas a encajar en un molde predefinido, encontramos una libertad que es profundamente restauradora.

Esto no significa que debas abandonar tus responsabilidades o metas. Más bien, se trata de un cambio en la forma en que las abordas. Fluir no es abandonar el control por completo, sino confiar en que incluso cuando las cosas no salen como se esperaba, hay un camino que puede llevarte hacia algo significativo. La energía femenina nos enseña que no todo tiene que ser resuelto de inmediato, que a veces las mejores ideas surgen en el espacio entre la acción y la reflexión.

En última instancia, la fluidez y la creatividad son una invitación a vivir plenamente. No se trata de renunciar a la lógica o la planificación, sino de equilibrarlas con la intuición y la capacidad de adaptarse. Es un recordatorio de que no siempre tenemos que tener todas las respuestas, y que está bien dejarnos llevar por el curso natural de las cosas.

La energía femenina no teme al cambio; lo abraza. Sabe que la vida no es una línea recta, sino una serie de curvas, vueltas y sorpresas. Y en ese constante movimiento, encuentra su fortaleza, su inspiración y su propósito. Al reconectarte con esta parte de ti, no solo recuperarás una sensación de equilibrio, sino que también abrirás la puerta a una creatividad infinita que puede transformar no solo tu vida, sino también la de quienes te rodean.

Sentir profundamente y construir relaciones genuinas

La conexión emocional es uno de los elementos más poderosos y transformadores de la experiencia humana. No solo permite entender y relacionarte con los demás, sino que también te lleva a descubrir las profundidades de tu propia alma. Para las mujeres, esta conexión es una manifestación de la energía femenina, una fuerza que nutre, crea y transforma desde lo más profundo del ser.

La conexión emocional no se limita a una capacidad biológica o psicológica; es un lenguaje que trasciende las palabras. Es esa energía que se activa cuando miras a los ojos de alguien y sientes que, en un instante, puedes comprender su mundo. Según estudios como los del Dr. Joe Dispenza, las emociones como el amor y la gratitud no son solo estados de ánimo, sino vibraciones poderosas que afectan tanto al cuerpo como a la mente. Estas emociones tienen el potencial de activar la energía femenina, permitiendo que una mujer no solo se sienta más plena, sino también más en sintonía con su entorno y consigo misma.

En la vorágine de la vida moderna, esta conexión emocional a menudo se pierde. Las mujeres enfrentan presiones constantes para cumplir con múltiples roles: ser exitosas en sus carreras, mantener hogares funcionales, cuidar a sus familias y, en el proceso, no perder de vista sus propios sueños. En esta lucha, muchas veces sacrifican su capacidad de sentir profundamente. Pero la conexión emocional no es un lujo ni un adorno; es una necesidad fundamental para la realización personal y la construcción de relaciones genuinas.

Una conexión emocional profunda comienza por mirar hacia adentro. No puedes construir un puente hacia los demás si no has reconocido primero las aguas que corren dentro de ti. Esto implica ser honesta con tus emociones, incluso con aquellas que te resultan incómodas o difíciles de aceptar. La energía femenina nos enseña que no hay emociones "buenas" o "malas"; todas son parte de un espectro que, si se permite fluir, puede llevarnos hacia una mayor comprensión de quienes somos.

El amor y la gratitud son estados emocionales que ejemplifican esta conexión. Cuando una mujer elige practicar la gratitud, no solo reconoce lo que tiene, sino que también se abre a recibir más. La gratitud no es conformismo; es un acto de alineación con la abundancia. Del mismo modo, el amor auténtico no es una transacción o una obligación, sino un estado de ser que expande la energía femenina, permitiendo una conexión más profunda con los demás.

Imagina, por un momento, cómo sería vivir en un estado constante de amor y gratitud. Este no es un ideal inalcanzable; es un hábito que puede desarrollarse con intención. Estudios científicos han demostrado que cuando una persona experimenta emociones positivas como el amor, su cerebro libera hormonas que generan bienestar, mientras que su corazón entra en un estado de coherencia, armonizando sus ritmos internos. Esta coherencia no solo beneficia a quien la experimenta, sino que también tiene un efecto contagioso en quienes están a su alrededor.

En términos de relaciones, la conexión emocional es el puente que transforma interacciones superficiales en vínculos significativos. Muchas veces, las relaciones carecen de profundidad porque te has desconectado de tu capacidad de sentir plenamente. Te has acostumbrado a relacionarte desde la mente, intercambiando datos y opiniones, pero olvidas hablar desde el corazón. Reconectar con esa energía femenina significa dar el paso hacia esa vulnerabilidad que permite construir relaciones genuinas.

Es en esa vulnerabilidad donde reside la verdadera fuerza. Contrario a lo que podría pensarse, no se trata de exponerse a riesgos innecesarios, sino de mostrarse auténtica, sin máscaras ni defensas. Esta autenticidad abre la puerta para que otros también se muestren tal como son. Es ahí donde las relaciones se profundizan, donde las conexiones se convierten en espacios seguros de crecimiento mutuo.

Un aspecto importante de la conexión emocional es que no depende únicamente de las interacciones con otros. También implica cultivar una relación genuina contigo misma. ¿Cuántas veces has ignorado tus propios sentimientos por priorizar las necesidades de los demás? ¿Cuántas veces te has dicho que "no es el momento" para lidiar con tus emociones? La conexión emocional comienza cuando te permites ser honesta contigo misma, cuando escuchas lo que tu corazón te está diciendo y eliges actuar en consecuencia.

La práctica de la conexión emocional puede ser tan simple como dedicar unos minutos al día para reflexionar sobre tus emociones. Pregúntate: ¿Cómo me siento en este momento? ¿Qué me está tratando de decir mi cuerpo? ¿Qué necesito realmente? Este acto de introspección no solo fortalece tu relación contigo misma, sino que también te prepara para conectarte más profundamente con los demás.

La energía femenina, al ser activada a través del amor y la gratitud, también tiene un impacto transformador en cómo experimentas el mundo. Las mujeres que están en sintonía con esta energía descubren que sus relaciones, su trabajo y su vida en general adquieren un nuevo sentido de propósito y vitalidad. No es que los problemas desaparezcan, pero hay una fuerza renovada para enfrentarlos desde un lugar de confianza y serenidad.

En el fondo, la conexión emocional es un recordatorio de que no estás destinada a vivir aislada o desconectada. Son seres relacionales, creadas para sentir, para amar, para construir puentes. Al reconectar con tu energía femenina, te das permiso para experimentar plenamente esta parte esencial de quienes son como mujer.

La energía femenina: El poder que lleva a un hombre a la cima

La energía femenina, cuando es bien canalizada, tiene el poder de transformar no solo la vida de una mujer, sino también la de quienes la rodean. Esta energía, que se caracteriza por la intuición, la sensibilidad, la creatividad, el amor y la conexión profunda con el entorno, puede ser una fuerza poderosa que eleva a los demás, especialmente a los hombres que se rodean de mujeres que saben cómo usarla de manera constructiva.

La mujer, al estar en armonía con su energía femenina, puede inspirar, motivar y, sobre todo, dar el apoyo necesario para que un hombre alcance su máximo potencial.

El poder de la energía femenina

La energía femenina no es solo un concepto abstracto; es una fuerza real que se percibe en el entorno, en la manera en que una mujer se comporta, se comunica y, sobre todo, se conecta con los demás. Para entender cómo esta energía puede elevar a un hombre, basta observar cómo actúa sobre su entorno. La energía femenina bien canalizada tiene la capacidad de crear un espacio seguro, donde el hombre puede ser su mejor versión, sin presiones externas que lo limiten.

Cuando una mujer es consciente de su poder interno, no lo usa de manera manipulativa o destructiva. En lugar de eso, lo canaliza hacia la creatividad, el apoyo emocional y la sabiduría. Esta energía no exige nada a cambio, sino que da sin condiciones, creando un ambiente en el cual la otra persona se siente valorada, comprendida y motivada. Es aquí donde la mujer se convierte en un pilar fundamental para que el hombre logre sus objetivos, y esto, por supuesto, tiene un impacto directo en el éxito de él.

La influencia de Josefina en Napoleón Bonaparte

Cuando pienso en la historia de Napoleón Bonaparte y su relación con Josefina, no puedo evitar ver una conexión profunda entre su éxito y la energía femenina que ella representaba. Napoleón, el hombre que conquistó gran parte de Europa, llegó a ser considerado invencible en su época, y gran parte de esa invencibilidad fue alimentada por el apoyo incondicional y el amor de su primera esposa, Josefina de Beauharnais. Ella, con su energía femenina, no solo fue una esposa para él, sino también una influencia crucial en su vida y en la carrera militar de Napoleón.

Napoleón y Josefina se conocieron en 1795, cuando Napoleón era un joven oficial en el ejército francés. En ese momento, él ya era un hombre ambicioso, determinado a ascender en el mundo militar y político. Josefina, por su parte, era una mujer carismática y sofisticada, una viuda con dos hijos, que había vivido una vida llena de altibajos. Se conocieron en un contexto social y político de cambios radicales, y su atracción mutua fue inmediata. Josefina no solo era hermosa, sino también inteligente y capaz de ofrecer a Napoleón el tipo de apoyo emocional que él necesitaba en esos años de incertidumbre.

Josefina fue la mujer que comprendió a Napoleón en sus momentos más vulnerables. Era capaz de calmar sus ansiedades, ofrecerle refugio emocional y, lo más importante, confiar plenamente en él. Ella sabía cómo motivarlo y cómo hacer que sus inseguridades se disiparan con solo una palabra o una mirada. Esta conexión emocional entre ellos era más que un simple amor romántico; era una alianza poderosa que le permitió a Napoleón sentirse invencible.

Aunque ella no era una figura pública dominante como otras mujeres de la corte, su influencia sobre Napoleón era innegable. Su apoyo emocional lo fortaleció, permitiéndole concentrarse en lo que mejor sabía hacer: tomar decisiones estratégicas y liderar el ejército francés con una visión clara y decidida.

Napoleón, un hombre conocido por su firmeza y determinación, no era ajeno a los momentos de duda y desesperación. Durante las difíciles campañas militares, cuando las tensiones alcanzaban su punto máximo, era el consuelo y las palabras de ánimo de Josefina lo que le daba el empuje necesario para seguir adelante. Sabía que, al final del día, ella sería su refugio. En muchas de sus cartas, Napoleón expresa cómo el amor de Josefina lo mantenía centrado y fortalecido. Incluso en sus momentos más oscuros, ella fue su fuente de luz.

Sin embargo, como suele ocurrir en las historias de los grandes hombres, la fuerza que los impulsa también puede ser la que los derrumba si no se cuida. En 1809, Napoleón y Josefina se separaron. El motivo fue la falta de un heredero varón, lo cual Napoleón consideraba crucial para la estabilidad de su imperio. Aunque su relación fue turbulenta en los últimos años debido a las infidelidades de Napoleón y las presiones políticas, su separación fue un golpe profundo para ambos. Para Napoleón, dejar a Josefina significaba también perder la fuente emocional que lo había mantenido tan fuerte.

A partir de ese momento, este joven militar comenzó a tomar decisiones más erráticas. La falta del apoyo emocional constante que le brindaba su amada afectó su juicio. Fue en estos años que comenzaron a fallar algunas de sus estrategias militares, y las derrotas se volvieron cada vez más frecuentes. Su obsesión por la conquista de Europa, sumada a la ausencia de su fuente de inspiración, hizo que su imperio comenzara a desmoronarse. La invasión a Rusia en 1812, por ejemplo, es un claro ejemplo de cómo su juicio estaba afectado, ya que tomó decisiones arriesgadas y mal fundamentadas que terminaron siendo fatales para su ejército.

Lo que más llama la atención de la relación entre Napoleón y Josefina es cómo, cuando ella estaba a su lado, él parecía imparable. La energía femenina de esta mujer no solo lo apoyaba, sino que también lo inspiraba a ser más audaz, más creativo y más sabio en sus decisiones. Sabía cómo nutrir su confianza y cómo ayudarle a recuperar su enfoque en los momentos de duda.

El fracaso de su imperio no fue solo el resultado de sus decisiones políticas y militares, sino también de la desconexión emocional que sufrió al separarse de Josefina. La historia de su relación demuestra lo importante que es para un hombre contar con una mujer que, con su energía femenina, lo apoye, lo inspire y lo mantenga enfocado en sus metas.

Capítulo 3: ¿Por qué pierdes energía femenina?

En este capítulo, nos adentraremos en las causas profundas de la desconexión que muchas mujeres experimentan con su energía femenina. Esta desconexión no es una ocurrencia aislada, sino un fenómeno complejo influenciado por factores históricos, culturales y psicológicos. A lo largo del tiempo, las mujeres han sido sometidas a presiones externas que han ido erosionando su conexión con lo más profundo de su ser, ese poder innato que las conecta con su creatividad, intuición y sabiduría interna.

Mi enfoque principal busca desentrañar cómo estas fuerzas, históricas, culturales y personales, contribuyen a que muchas mujeres pierdan contacto con su energía femenina. A través de la exploración de estos temas, espero proporcionar un espacio para que cada mujer reconozca las raíces de su desconexión y pueda comenzar a sanar y reconectar con su verdadero poder. El viaje hacia la recuperación de la energía femenina no es solo una cuestión de volver a lo que una vez se conoció, sino de integrar y transformar las experiencias del pasado para crear un futuro más auténtico y empoderado.

En las páginas que siguen, exploraremos cómo estos patrones se han arraigado en nuestras vidas y cómo podemos comenzar a liberarnos de ellos. Con este conocimiento, las mujeres podrán reconocer los bloqueos que impiden el flujo natural de su energía y, poco a poco, restaurar una conexión más profunda con su esencia femenina.

Los principales enemigos de la energía femenina en la vida diaria

Querida, la vida diaria está llena de desafíos y demandas constantes que pueden afectar profundamente tu bienestar y, por ende, tu energía femenina. Esta energía, que está conectada con tu capacidad de sentir, cuidar, crear y relacionarte, es vital para mantener tu equilibrio y armonía interna. Sin embargo, los ajetreos de la vida moderna y las expectativas externas pueden ser grandes enemigos que drenan esa energía, dejándote exhausta y desconectada de tu esencia. A continuación, te hablaré de los principales enemigos de tu energía femenina en la vida cotidiana y cómo reconocerlos para evitar que te quiten esa fuerza interna tan poderosa.

1. La sobrecarga de responsabilidades. Uno de los mayores enemigos de la energía femenina es la sobrecarga de responsabilidades. Las mujeres, a menudo, se ven abrumadas por el peso de tener que cumplir con múltiples roles en su vida: ser madres, esposas, trabajadoras, hijas, amigas y muchas veces hasta cuidadoras. Este desgaste de intentar serlo todo para todos puede hacer que te desconectes de ti misma.

El problema con esta sobrecarga es que, en muchos casos, la mujer prioriza las necesidades de los demás sobre las propias. Esto lleva a la fatiga crónica, la ansiedad y la sensación de estar perdiendo el control. Esta constante lucha por cumplir con expectativas ajenas hace que tu energía femenina se vea drenada, ya que olvidamos tomarnos el tiempo necesario para cuidarnos y nutrirnos.

2. La falta de tiempo para ti misma. Vivir en un ritmo acelerado, donde parece que no hay espacio para nada que no sea cumplir con tus obligaciones, es otro enemigo de la energía femenina. La falta de tiempo personal para ti misma significa que no tienes espacio para recargar tus baterías emocionales, mentales y físicas. Cuando

una mujer no tiene tiempo para conectarse con su interior, para relajarse o para hacer actividades que le gusten, su energía femenina se ve gravemente afectada.

Este "agobio del tiempo" se convierte en un ciclo negativo: te sientes cansada, estresada y poco inspirada, lo que, a su vez, reduce tu capacidad para ser creativa y emocionalmente abierta. El tiempo de calidad para ti misma es esencial para recobrar fuerzas y mantener viva esa energía femenina que te hace ser quien eres.

3. El estrés constante. El estrés es uno de los principales factores que drenan la energía femenina. Vivir bajo presión constante, ya sea por cuestiones laborales, familiares o sociales, hace que tu cuerpo se encuentre en un estado de alerta permanente. Este estrés sostenido libera cortisol, la hormona del estrés, que no solo desgasta tu energía física, sino que también afecta tu capacidad para conectar emocionalmente contigo misma y con los demás.

El estrés crónico altera el equilibrio hormonal, lo que puede resultar en problemas de salud, como insomnio, dolores musculares, desequilibrio hormonal, e incluso problemas reproductivos. A medida que el estrés se acumula, tu energía femenina se ve opacada, ya que esta energía depende en gran medida de la calma, la receptividad y el cuidado personal. Vivir constantemente en "modo lucha o huida" puede hacerte sentir desconectada de tu esencia más profunda.

4. La autoexigencia y el perfeccionismo. El perfeccionismo, especialmente el que las mujeres a menudo se imponen a sí mismas, es otro gran enemigo de la energía femenina. La necesidad de ser perfectas en todo lo que haces puede ser abrumadora. Ya sea en el trabajo, en las relaciones o en tu imagen personal, el deseo de cumplir con estándares imposibles consume una gran cantidad de energía.

Esta constante presión interna para estar a la altura de las expectativas propias y ajenas puede llevarte a un agotamiento emocional y físico. Además, el perfeccionismo se asocia con una falta de autoaceptación, lo que debilita tu capacidad para conectar con tu ser interno. La energía femenina requiere de autocompasión, aceptación y flexibilidad, y cuando no hay espacio para eso, tu esencia se ve sofocada por la necesidad de cumplir con ideales inalcanzables.

5. Las relaciones desbalanceadas. Las relaciones desbalanceadas, ya sean de pareja, familiares o de amistad, son otro factor importante que puede drenar la energía femenina. Si te encuentras en una relación donde no hay reciprocidad, donde siempre estás dando más de lo que recibes, o donde tus necesidades emocionales son ignoradas, tu energía femenina comienza a desvanecerse.

La energía femenina se nutre de la conexión emocional, de la receptividad, de ser escuchada y cuidada. Si te sientes constantemente en el rol de cuidadora o de persona que resuelve todo, es probable que te des cuenta de que tu energía se agota rápidamente. Las relaciones tóxicas o desbalanceadas te alejan de tu esencia, ya que en ellas la mujer se convierte en un "dador constante" sin espacio para nutrirse a sí misma.

6. La falta de autocuidado y conexión con el cuerpo. El autocuidado es fundamental para mantener viva tu energía femenina. No solo se trata de hacerte un masaje o tomarte un baño de vez en cuando, sino de integrar prácticas diarias que te conecten con tu cuerpo y tu bienestar emocional. La falta de autocuidado, como dormir poco, no comer adecuadamente o no hacer ejercicio, puede afectar profundamente tu energía.

El cuerpo es el vehículo que sostiene tu energía femenina, y cuando no lo cuidas, pierdes esa conexión. Hacer ejercicio, dormir lo suficiente, alimentarte bien y darte tiempo para descansar son acciones que nutren tu cuerpo y, por ende, tu energía femenina. Cuando te olvidas de ti misma, tu energía se disipa y te sientes agotada, tanto física como emocionalmente.

7. La desconexión de la intuición y la creatividad. Finalmente, la desconexión de tu intuición y creatividad es uno de los enemigos más sutiles, pero poderosos, de la energía femenina. La intuición es esa guía interna que te permite tomar decisiones alineadas con tu esencia, mientras que la creatividad es el motor que te permite expresarte, innovar y conectar con lo que realmente te apasiona.

Cuando te dejas llevar por las expectativas externas y dejas de confiar en tu voz interior, tu energía femenina comienza a desvanecerse. La rutina diaria, la falta de tiempo para explorar nuevas ideas o el no hacer espacio para actividades que nutran tu creatividad pueden llevarte a perder esa conexión con tu verdadera esencia.

Como reflexión final

Querida lectora, en la vida diaria existen muchos factores que pueden drenar tu energía femenina, desde las responsabilidades abrumadoras hasta la falta de autocuidado y la desconexión emocional. Reconocer estos enemigos es el primer paso para comenzar a restaurar y mantener esa energía vital que te hace ser única. No olvides que tu bienestar depende de tu capacidad para cuidarte, escuchar tus necesidades y encontrar el equilibrio en medio del caos. La energía femenina es tu poder más grande, y es tu responsabilidad protegerla y nutrirla cada día.

Liberar el legado de los traumas generacionales

Las mujeres cargan con una herencia mucho más compleja que la genética. A menudo, el verdadero peso de ese legado radica en las heridas invisibles que atraviesan las generaciones. Estas heridas, conocidas como traumas generacionales, no son solo historias del pasado: son patrones emocionales, psicológicos y conductuales que moldean la forma en que las mujeres viven, se relacionan y se ven a sí mismas.

En este apartado, exploraremos cómo estas marcas del pasado afectan el presente y cómo es posible liberarse de ellas para recuperar la conexión con la propia esencia.

El árbol genealógico como herida colectiva

Es importante que sepas que los traumas no resueltos en una generación no desaparecen, sino que se transmiten como una especie de "herencia emocional". Estas heridas se entretejen en el árbol genealógico, configurando una red invisible de miedos, culpas y patrones limitantes que pasan de madres a hijas, y de abuelas a nietas.

Imagina un árbol, sus raíces no solo nutren su crecimiento, también contienen la memoria de su existencia. Si esas raíces están dañadas, el árbol entero se ve afectado. De manera similar, en las familias, los eventos traumáticos no procesados, como el abuso, la represión o las pérdidas, se convierten en un peso que afecta a las generaciones futuras. Estos traumas no siempre se manifiestan como eventos concretos, sino como sentimientos persistentes: miedo a hablar en voz alta, necesidad de agradar a los demás, o una profunda sensación de no ser suficiente.

Por ejemplo, una abuela que vivió en un entorno represivo, donde las mujeres no podían alzar la voz ni expresar sus emociones, puede transmitir inconscientemente a sus hijas y nietas un mensaje silencioso: "Es más seguro callar que ser escuchada". Así, aunque las generaciones posteriores no hayan experimentado directamente ese entorno, cargan con el mismo miedo a expresarse, perpetuando un patrón de silencio autoimpuesto.

Cómo se manifiestan los traumas generacionales

Los traumas heredados no siempre son fáciles de identificar. A menudo, las mujeres simplemente sienten que algo no está bien, que llevan un peso que no pueden explicar. Este legado puede presentarse de muchas maneras:

- Patrones emocionales recurrentes: Ansiedad, culpa o vergüenza sin una causa aparente.
- Bloqueos en la expresión personal: Temor a hablar, a ser juzgada o a ocupar espacios.
- Relaciones disfuncionales: Repetición de dinámicas dañinas, como la dependencia emocional o la dificultad para poner límites.

Es importante reconocer que estos patrones no son una sentencia. Identificarlos es el primer paso para liberarse de ellos.

El papel de la empatía y el entendimiento

Uno de los aspectos más poderosos de explorar los traumas generacionales es la posibilidad de transformarlos en herramientas de conexión y sanación. Cuando una mujer se da el tiempo para reflexionar sobre su árbol genealógico y comprender las luchas de sus antepasadas, puede encontrar una nueva perspectiva. No se trata de culpar a las generaciones anteriores, sino de reconocer que hicieron lo mejor que pudieron con lo que tenían.

Al comprender que esos patrones no comenzaron contigo, puedes empezar a tratarlos con amabilidad y no con juicio. Este cambio de perspectiva es clave para romper el ciclo.

Relaciones sentimentales inestables

Las relaciones sentimentales pueden convertirse en un reflejo de la relación que una mujer tiene consigo misma. A veces, sin darse cuenta, se adentra en vínculos que desgastan, que confunden, que terminan por apagar algo dentro de ella. No siempre hay una señal de alerta inmediata. De hecho, muchas de estas relaciones comienzan con promesas, intensidad y momentos que parecen llenar vacíos profundos. Pero, con el tiempo, lo que parecía conexión se convierte en desgaste, lo que parecía amor se vuelve desequilibrio, y lo que en un inicio encendía su energía, ahora la drena.

La energía femenina, que es por naturaleza intuitiva, creativa y receptiva, empieza a apagarse cuando se encuentra atrapada en un ciclo de entrega incondicional sin reciprocidad. Una mujer que constantemente da, comprende, perdona y se adapta a la inestabilidad emocional de otro, va perdiendo poco a poco el acceso a su propia esencia. Su intuición se nubla, su vitalidad disminuye y su capacidad de disfrutar la vida desde su naturaleza auténtica se ve comprometida.

Cuando una relación es inestable, la mujer se encuentra en un estado de incertidumbre emocional constante. Un día se siente amada y valorada, al siguiente se cuestiona si es suficiente. Vive entre momentos de ternura y afecto, seguidos de distanciamiento y frialdad. Este vaivén emocional la mantiene en un estado de alerta permanente, agotando su energía y despojándola de la tranquilidad que necesita para florecer en su feminidad.

Uno de los efectos más profundos de estas relaciones es la desconexión interna. La mujer empieza a dudar de sus propios sentimientos, justificando actitudes hirientes o minimizando su propio dolor. Su voz interna, esa que alguna vez le dijo lo que era correcto para ella, se vuelve más tenue. El deseo de ser comprendida y de encontrar estabilidad la lleva a pasar por alto señales que en otro momento habría reconocido con claridad.

El agotamiento emocional y mental que surge de estas relaciones no solo afecta su estado de ánimo, sino que tiene un impacto en su cuerpo. La energía femenina está profundamente vinculada con el bienestar físico: cuando se encuentra en armonía, una mujer se siente ligera, vibrante, con deseos de crear, de expresarse, de conectar. Pero cuando la relación se convierte en una fuente de ansiedad y desgaste, su cuerpo lo resiente. El insomnio, la tensión muscular, la fatiga constante y la sensación de pesadez son manifestaciones de un agotamiento más profundo: el de su propia esencia.

El miedo a soltar también juega un papel crucial en la pérdida de energía. Muchas mujeres permanecen en relaciones inestables porque en algún nivel creen que el amor requiere sacrificio, que si aguantan lo suficiente, las cosas cambiarán, que si se esfuerzan más, la otra persona finalmente responderá de la manera que ellas esperan. Pero en esta espera, en este intento de sostener lo insostenible, van dejando partes de sí mismas en el camino.

La presión social también contribuye a que muchas mujeres permanezcan en relaciones que las desgastan. Desde pequeñas, muchas han recibido mensajes sobre lo que significa ser una "buena mujer" en una relación: comprensiva, paciente, dispuesta a dar segundas y terceras oportunidades. Se les ha enseñado que el amor implica lucha y que dejar ir es sinónimo de fracaso. Pero este tipo de creencias solo refuerzan la desconexión con su propia energía, haciéndolas sentir que su valor depende de cuánto pueden soportar en una relación.

Cuando una mujer ha pasado demasiado tiempo en una relación que no la nutre, su energía femenina se ve afectada en múltiples niveles. Su creatividad se apaga, su intuición se vuelve confusa, su alegría se transforma en cansancio. Puede notar que ya no disfruta las cosas que antes le daban placer, que su cuerpo no responde con la misma vitalidad, que su mente está constantemente en un estado de preocupación.

Las relaciones sentimentales inestables no solo desgastan emocionalmente, sino que tienen un impacto profundo en la identidad de la mujer. Con el tiempo, puede empezar a perder de vista quién es realmente, qué la hace feliz, qué desea en su vida. Se acostumbra a priorizar las necesidades del otro por encima de las suyas, a medir su valor en función de la atención que recibe, a creer que su felicidad depende de factores externos. Y en ese proceso, su esencia femenina se va apagando poco a poco, como una llama que ya no recibe oxígeno.

El tabú del sexo y su impacto en la energía femenina

Es curioso cómo algo tan natural y esencial como la sexualidad puede convertirse en un peso que muchas mujeres cargan sin darse cuenta. No se trata solo de reglas impuestas por la sociedad, sino de mensajes sutiles que han ido calando hondo, limitando la manera en que una mujer se percibe a sí misma y vive su cuerpo. Desde pequeñas, muchas han crecido con la idea de que hay algo "peligroso" o "prohibido" en su placer, como si disfrutar fuera motivo de vergüenza o culpa.

El problema de estos tabúes es que no solo afectan la vida sexual, sino que erosionan algo mucho más profundo: la energía femenina. Esa fuerza que permite a la mujer sentirse plena, creativa y conectada con su esencia se ve bloqueada cuando el deseo se convierte en algo que hay que ocultar o reprimir.

La sensualidad y el placer son parte de la naturaleza femenina, pero muchas mujeres han aprendido a distanciarse de ello. Ya sea por miedo al juicio, por una educación restrictiva o por creencias heredadas, han aprendido a negar su propio cuerpo, a minimizar sus deseos o a poner barreras entre lo que sienten y lo que expresan. Esto crea una desconexión interna que no solo afecta la intimidad, sino también la confianza, la autoimagen y la capacidad de disfrutar de la vida en general.

Cuando la sexualidad se ve como un deber en lugar de un derecho, cuando se reduce a una función y no a una experiencia, la mujer pierde algo esencial: la libertad de sentir. Y sin esa libertad, la energía femenina se apaga poco a poco. No se trata de convertir el sexo en una obligación o en una rebelión, sino de recuperar el derecho a vivirlo sin culpa, sin miedo y sin las cadenas impuestas por ideas que ni siquiera fueron elegidas de manera consciente.

El placer no es frívolo ni superficial; es una fuente de vitalidad. Una mujer que se permite sentir, desear y disfrutar sin culpa es una mujer que está en contacto con su esencia, con su poder y con su energía. Pero cuando el miedo, la vergüenza o la represión toman el control, esa energía se va apagando, dejando espacio a la insatisfacción, la frustración y la desconexión.

No es cuestión de desafiar normas solo por desafiar, sino de preguntarse: ¿De dónde vienen estas ideas? ¿Son realmente mías o simplemente las aprendí sin cuestionarlas? Una mujer que empieza a cuestionar lo que le han enseñado sobre su cuerpo y su placer es una mujer que está recuperando su espacio. Es una mujer que deja de vivir según las expectativas de otros y empieza a explorar qué es lo que realmente le hace bien.

El tabú del sexo no es solo un problema de pareja o de educación, es un problema de identidad. Es una barrera invisible que impide a muchas mujeres sentirse plenas en todos los aspectos de su vida. Porque la energía femenina no es solo seducción o deseo, es creatividad, es intuición, es la capacidad de recibir, de nutrir y de disfrutar del mundo con una sensibilidad propia. Y cuando esa energía se bloquea en un área, afecta a todo lo demás.

La clave no está en forzarse a nada, sino en darse permiso. Permiso para escuchar el propio cuerpo, para entender los propios deseos sin culpa, para sentir sin miedo. La libertad empieza en la mente, en la forma en que una mujer se habla a sí misma y en la manera en que decide relacionarse con su propio placer.

No hay una sola forma correcta de vivir la sexualidad, pero sí hay una gran verdad: cuando una mujer se permite sentir sin miedo, se enciende algo dentro de ella. Y esa luz, esa energía, lo transforma todo.

La pérdida de la energía femenina y como afecta a la mujer internamente

La energía femenina no es un concepto místico, sino un equilibrio interno que influye en la mente, las emociones y hasta en el funcionamiento hormonal del organismo de toda mujer. Sin embargo, eventos externos pueden desgastar esta energía poco a poco, afectando la calidad de vida y la salud de esa persona.

A continuación, exploraremos cómo esta pérdida ocurre en distintos niveles y cómo se manifiesta en la mujer.

1. Nivel mental y emocional: La sobrecarga y el autoexigencia

El cerebro femenino está diseñado para procesar múltiples estímulos a la vez, lo que le permite ser altamente empático y receptivo. Sin embargo, cuando la mujer se ve atrapada en una espiral de responsabilidades, presiones laborales y emocionales, su mente se sobrecarga.

Desde la neurociencia, se sabe que el estrés crónico activa la amígdala, la región del cerebro encargada de procesar el miedo y la ansiedad. Esta sobreactivación genera un estado de alerta constante que bloquea la creatividad y la capacidad de relajación, dos aspectos fundamentales de la energía femenina.

Además, la dopamina y la serotonina, neurotransmisores asociados con la motivación y el bienestar, comienzan a disminuir, generando estados de apatía, tristeza y desconexión con el placer. La mujer, en lugar de sentirse libre y en armonía con su entorno, empieza a experimentar insatisfacción y agotamiento mental.

2. Nivel hormonal: El impacto del estrés y la falta de equilibrio

El sistema hormonal femenino es altamente sensible a los cambios emocionales y ambientales. Cuando la mujer vive en un estado constante de tensión, su cuerpo comienza a producir más cortisol, la hormona del estrés. Este aumento de cortisol tiene efectos negativos en varias áreas:

- Disminución de estrógenos y progesterona: Estas hormonas son clave en la regulación del ciclo menstrual y la estabilidad emocional. Cuando se alteran, pueden aparecer síntomas como cambios de humor, insomnio, fatiga crónica y disminución del deseo sexual.
- Desajustes en la oxitocina: Conocida como la hormona del amor y el vínculo, la oxitocina se reduce cuando la mujer se desconecta de sus emociones y relaciones cercanas. Esto puede generar una sensación de aislamiento y falta de conexión con los demás.
- Impacto en la tiroides: El estrés prolongado afecta la función tiroidea, ralentizando el metabolismo y provocando síntomas como aumento de peso, fatiga extrema y caída del cabello.

3. Nivel físico: Las señales del cuerpo

El cuerpo de la mujer refleja de manera evidente la pérdida de su energía femenina. Entre las señales más comunes se encuentran:

- Tensión muscular y postura rígida: Cuando la mujer deja de fluir con su energía, su cuerpo adopta una postura más tensa, con hombros elevados y una respiración superficial.
- Problemas menstruales: Ciclos irregulares, dolor intenso o incluso la desaparición de la menstruación pueden indicar que el equilibrio hormonal ha sido alterado.
- Piel opaca y envejecimiento acelerado: La falta de estrógenos y el aumento de cortisol afectan la producción de colágeno, provocando que la piel pierda luminosidad y elasticidad.
- Fatiga persistente: La sensación de agotamiento sin una razón médica clara suele estar vinculada a un desgaste energético profundo.

4. Nivel espiritual: La desconexión con la intuición y la creatividad

La energía femenina está estrechamente relacionada con la intuición y la capacidad de crear. Cuando una mujer se aleja de estas cualidades, comienza a experimentar una sensación de vacío. Puede sentir que ha perdido su propósito o que su vida se ha vuelto monótona y predecible.

Desde la psicología transpersonal, se menciona que la falta de conexión con uno mismo genera una pérdida de significado en la vida. La mujer puede sentir que está cumpliendo con sus deberes, pero sin encontrar verdadera satisfacción en lo que hace.

Caso de Yenny, la ejecutiva que perdió su energía femenina

Yenny tenía 38 años y una carrera exitosa en el mundo corporativo. Desde fuera, su vida parecía envidiable: un puesto de liderazgo, estabilidad financiera y una rutina bien estructurada. Sin embargo, todo cambió cuando perdió a su madre inesperadamente. En lugar de permitirse sentir su dolor, ella se refugió en el trabajo, llenando su agenda de reuniones y responsabilidades.

Poco a poco, comenzó a experimentar cambios en su cuerpo y en su estado de ánimo. Su ciclo menstrual se volvió irregular, el insomnio se hizo parte de su rutina y su apetito disminuyó drásticamente. En el trabajo, su rendimiento bajó, ya que su mente estaba constantemente agotada. Sus relaciones personales también se vieron afectadas; dejó de socializar y evitaba cualquier situación que pudiera hacerla sentir vulnerable.

Con el tiempo, Yenny se dio cuenta de que se había convertido en una versión apagada de sí misma. Su vitalidad y su alegría parecían haberse esfumado. Fue entonces cuando comenzó a cuestionarse qué había cambiado en su vida y comprendió que, al negar su proceso emocional, había perdido su conexión con su energía femenina.

Aprender la lección de vida

La energía femenina no es un lujo ni un capricho; es una parte esencial del bienestar integral de la mujer. Cuando esta energía se ve afectada, el impacto se siente en todos los niveles: mental, emocional, hormonal y físico. Reconocer estas señales es el primer paso para entender qué está ocurriendo en el interior y comenzar a tomar decisiones que permitan recuperar la armonía perdida.

Capítulo 4. Señales de una energía femenina bloqueada

En el ajetreo de la vida cotidiana, muchas mujeres enfrentan una desconexión que se filtra en diferentes aspectos de su existencia, a menudo sin darse cuenta. Este capítulo te invita a detenerte, respirar profundamente y observar. Observarte a ti misma, tus emociones, tu cuerpo y tus relaciones, para identificar señales sutiles, o no tan sutiles, de que tu energía femenina, esa fuerza vital que te impulsa hacia la autenticidad y el equilibrio, está bloqueada.

A lo largo de estas líneas, exploraremos los signos de esta desconexión, ofreciendo una mirada compasiva a las áreas donde puede manifestarse y cómo estas influencias silenciosas moldean la manera en que vives, sientes y te relacionas con el mundo que te rodea. Esta sección no busca ofrecer soluciones inmediatas ni recetas mágicas; en cambio, te invita a la reflexión, al autodescubrimiento y al reconocimiento de los patrones que, tal vez, hayan permanecido en la sombra durante demasiado tiempo.

Reconocer que algo no está fluyendo como debería es, en sí mismo, un acto de valentía. Muchas veces, te acostumbras a vivir en desconexión, atrapada en el "hacer" constante, ignorando las señales de alarma que tu cuerpo, tu mente y tu corazón te envían. Este capítulo subraya que no hay vergüenza en admitir que algo se siente fuera de lugar. Al contrario, esa admisión es el primer paso hacia la sanación y la transformación.

Aquí encontrarás una guía para identificar las formas en que tu energía puede estar siendo reprimida o desviada. No se trata de juzgar ni de criticar, sino de observar con curiosidad y compasión. Porque solo cuando vemos las cosas con claridad podemos empezar a cambiarlas.

Este apartado explora cómo los bloqueos en tu energía femenina pueden manifestarse en tres dimensiones principales: emocional, física y relacional. En cada una de estas áreas, serás guiada para reflexionar sobre cómo estos bloqueos podrían estar limitándote.

A menudo, las emociones que no se expresan quedan atrapadas en tu interior, creando una sensación de vacío o de desconexión con lo que verdaderamente importa. Tu cuerpo, por su parte, puede reflejar ese peso emocional en forma de dolencias físicas, mientras que tus relaciones; ya sean de pareja, familiares o amistades; pueden mostrar desequilibrios que revelan algo sobre tu propia relación contigo misma.

Cada una de estas dimensiones será abordada con la intención de iluminar caminos hacia el entendimiento. No se trata de analizar en exceso ni de encontrar culpables, sino de escuchar las historias que tu cuerpo, tus emociones y tus relaciones te están contando.

Aquí se ofrece un ejercicio práctico que, aunque sencillo, tiene el potencial de abrir puertas hacia una mayor conciencia. A través de la escritura reflexiva, tendrás la oportunidad de explorar las áreas de tu vida donde sientes mayor resistencia o desconexión. Este ejercicio no es una tarea para resolver, sino una invitación a explorar, a ser honesta contigo misma y a empezar a trazar un mapa de las partes de tu vida que claman por atención y cuidado.

El acto de escribir, de poner en palabras lo que a menudo queda atrapado en tu mente, es una forma poderosa de liberar bloqueos y dar sentido a lo que sientes. Este capítulo te anima a no temer lo que puedas descubrir, porque cada palabra escrita es un paso hacia el empoderamiento y la sanación.

Al leer estas páginas, te encontrarás con recordatorios amorosos de que no estás sola en este viaje. Cada mujer, en algún momento, ha sentido esa desconexión, esa falta de propósito, esa sensación de estar atrapada. Pero también, cada mujer tiene el poder de reconectar con su esencia, de liberar lo que ya no le sirve y de caminar hacia una vida más plena y auténtica.

A medida que avanzas en este capítulo, recuerda que cada bloqueo es una señal, no un castigo. Es un mensaje de que algo dentro de ti quiere ser escuchado, reconocido y sanado. No importa cuán profundo o antiguo sea ese bloqueo, siempre hay un camino de regreso. Y ese camino comienza con la simple, pero poderosa, decisión de mirar hacia adentro.

"Señales de una energía femenina bloqueada" es una invitación a la autocompasión, a dejar de lado las expectativas externas y a escuchar la voz interna que te guía hacia tu verdad. Es un recordatorio de que tu energía, tu poder y tu esencia están ahí, esperando a ser liberados. Con cada palabra, este capítulo te acompañará en ese proceso, porque mereces vivir en plenitud, conexión y armonía contigo misma.

Como es la falta de energía femenina

A veces, sin darte cuenta, algo dentro de ti cambia. No pasa de la noche a la mañana, pero un día te das cuenta de que algo falta, que algo no encaja. Sigues con tu vida, cumpliendo con lo que se espera de ti, pero hay una sensación de vacío que no puedes explicar. Es como si estuvieras desconectada de ti misma.

1. Un vacío que nada llena. Has logrado lo que se supone que debería hacerte feliz: estudios, trabajo, estabilidad. Tal vez tienes una pareja, amigos, una rutina organizada. Y sin embargo, hay una soledad que no se va. Es una sensación sutil, pero constante, como un eco que te recuerda que algo no está bien. Puedes rodearte de personas, tener planes todos los días, pero en el fondo sientes que falta algo, como si estuvieras incompleta.

2. Siempre para los demás, nunca para ti. Eres la que siempre está ahí. La que escucha, la que apoya, la que resuelve. Siempre te

aseguras de que los demás estén bien, que nada falte, que todo funcione. Pero, ¿y tú? Te has acostumbrado a poner a los demás primero, a ignorar tus propias necesidades porque "no hay tiempo para eso". Cuando por fin tienes un momento para ti, ya estás agotada. Sientes que si no estás haciendo algo útil para los demás, no estás haciendo nada en absoluto.

3. No puedes soltar el control. Te cuesta confiar en los demás. Piensas que si no lo haces tú, no se hará bien. Te has acostumbrado a hacerlo todo sola, a llevar el peso del mundo sobre tus hombros. Pedir ayuda te hace sentir débil, como si estuvieras fallando. Y cuando alguien te ofrece apoyo, lo rechazas o te sientes culpable por aceptarlo. Siempre estás buscando la perfección, como si el más mínimo error significara que no eres suficiente.

4. Desconectada de ti misma. Hace tiempo que no sientes verdadera pasión por nada. Te distraes con el teléfono, con el trabajo, con cualquier cosa que te mantenga ocupada. Cuando tienes un momento de calma, en lugar de disfrutarlo, sientes ansiedad. No sabes qué hacer con el silencio, con la pausa. Te has desconectado de tu cuerpo y de lo que realmente deseas.

5. Mides tu valor por lo que haces, no por lo que eres. Si no estás produciendo, si no estás logrando algo concreto, sientes que no vales. Te cuesta disfrutar sin sentir que deberías estar haciendo algo más productivo. Te sientes culpable cuando descansas o cuando te das un gusto. Has aprendido a medir tu valor a través del reconocimiento externo, de los logros, del "éxito". Pero por dentro, sigues sintiendo que nunca es suficiente.

6. Relaciones complicadas con otras mujeres. Te cuesta conectar con otras mujeres. A veces las ves como competencia, otras veces sientes que simplemente no encajas con ellas. Tal vez siempre has preferido rodearte de hombres, porque las relaciones con otras mujeres te resultan incómodas o conflictivas. Quizás hay una

tensión con tu madre que nunca se resolvió, o una sensación de que lo "femenino" es algo ajeno a ti.

7. Te esfuerzas por diferenciarte de lo femenino. No es que esté mal que no te guste el rosa, que prefieras ropa cómoda o que no te interese el maquillaje. Pero a veces ese rechazo hacia lo femenino va más allá. Puede que en el fondo sientas que lo femenino es débil, superficial o innecesario. Que prefieras distanciarte de ello porque has aprendido que lo masculino es lo fuerte, lo válido.

8. Te cuesta recibir. Cuando alguien te da un cumplido, te incomodas. Si alguien quiere ayudarte, te apresuras a decir que no es necesario. Te sientes más cómoda dando que recibiendo. Has aprendido a ser autosuficiente, a no depender de nadie. Pero eso también significa que te privas de la posibilidad de ser cuidada, de ser mimada, de sentir que puedes descansar en otros sin sentirte culpable.

9. No te permites disfrutar. Siempre hay algo más importante que hacer. Siempre hay una tarea pendiente, una responsabilidad que atender. Te cuesta tomarte un respiro sin sentir que estás perdiendo el tiempo. Has aprendido a valorar el esfuerzo, el sacrificio, la productividad. Pero el placer, el descanso, el disfrute... eso queda en segundo plano. No porque no lo desees, sino porque te han hecho creer que no es una prioridad.

10. La intimidad emocional te incomoda. Expresar tus emociones te resulta difícil. Cuando algo te duele, lo guardas. Cuando algo te preocupa, lo minimizas. No quieres ser una carga, no quieres sentirte vulnerable. Y cuando alguien se abre contigo, te cuesta sostenerlo. No sabes muy bien qué hacer con la intensidad emocional de los demás, así que prefieres alejarte o cambiar de tema.

11. Eres demasiado rígida y competitiva. Siempre tienes que ser la mejor. No te permites fallar, no te permites flaquear. En lugar de fluir, luchas. En lugar de confiar, controlas. Siempre estás en modo

competencia, siempre buscando la manera de demostrar que puedes con todo. Pero en esa exigencia constante, en esa dureza contigo misma, terminas agotada.

¿Por qué pasa esto?

A lo largo de la vida, muchas mujeres han aprendido a desconectarse de su energía femenina sin siquiera darse cuenta. La sociedad premia la independencia, la fortaleza, la capacidad de resolver. Y si bien estas son cualidades valiosas, cuando se llevan al extremo, pueden terminar aislándote de tu propia esencia.

La energía femenina no es debilidad, no es pasividad. Es la capacidad de recibir, de disfrutar, de conectar. Es la intuición, la creatividad, la fluidez. Es la capacidad de nutrir, no solo a otros, sino a ti misma. Cuando esta energía se bloquea, la vida se vuelve más rígida, más solitaria, más agotadora.

Si te identificas con estas señales, no significa que estés rota, ni que hayas hecho algo mal. Solo significa que, en algún punto del camino, aprendiste a protegerte de una manera que terminó alejándote de una parte importante de ti misma.

Reconocerlo es el primer paso para volver a conectar con lo que realmente eres. Porque no tienes que hacerlo todo sola. No tienes que demostrar nada. No tienes que luchar siempre. Puedes permitirte ser, sin más.

Y en ese permiso, en esa aceptación, hay una libertad que tal vez hace mucho que no sientes.

Vivir sin energía femenina

Cuando una mujer ha perdido su energía femenina, su vida comienza a mostrar signos evidentes de desgaste en diversas áreas. Lo que alguna vez pudo ser un equilibrio natural entre dar y recibir, entre conectar y liderar, se convierte en una lucha constante por mantener el control, la estabilidad y la aparente fortaleza que ha construido a su alrededor. A continuación, exploraremos cómo se ve afectada en distintos ámbitos de su vida:

1. Vida espiritual. Como sabemos, una mujer desconectada de su energía femenina suele experimentar un vacío interior que no puede llenar con nada externo. Aunque pueda verse a sí misma como una persona pragmática y fuerte, en lo más profundo hay una sensación de soledad y desconexión. Puede que haya abandonado la introspección, la meditación o cualquier práctica espiritual que alguna vez le brindó calma y sentido. La fe en sí misma también se ve afectada; duda constantemente de sus decisiones y se siente incapaz de confiar en el fluir natural de la vida. En este estado, la espiritualidad deja de ser una guía y se convierte en una idea lejana que ya no encuentra cabida en su mundo estructurado y racionalizado.

2. Vida financiera. El dinero y el trabajo se convierten en su centro de gravedad. Ve el éxito económico como su principal fuente de validación. Se obsesiona con la estabilidad financiera, con la autosuficiencia extrema y con la acumulación de logros materiales, creyendo que esto le dará seguridad y felicidad. Sin embargo, en el proceso, puede descuidar su bienestar, ignorando el descanso y la alegría que proviene del disfrute simple de la vida. Las relaciones laborales se tornan competitivas y frías, y si tiene un negocio propio, lo maneja con rigidez, sintiéndose siempre presionada por el tiempo y la eficiencia. Su relación con el dinero deja de ser de abundancia y confianza para convertirse en una lucha de control y ansiedad.

3. Como madre. Si tiene hijos, esta mujer, la relación con ellos se vuelve una extensión de su necesidad de control. No se permite mostrar vulnerabilidad frente a ellos, creyendo que su fortaleza es la mejor manera de educarlos. Puede volverse exigente, distante o poco expresiva emocionalmente, enfocándose en la disciplina y la

estructura, pero olvidando la importancia de la calidez y la cercanía. A veces, los hijos pueden sentir que su madre está presente físicamente, pero ausente emocionalmente. Si, por el contrario, se siente desbordada, puede experimentar culpa constante, creyendo que nunca hace lo suficiente. La maternidad deja de ser una experiencia enriquecedora y se convierte en una carga o en una misión que debe cumplir con perfección.

4. Como esposa. En su matrimonio o relación de pareja, la falta de energía femenina se manifiesta en la dinámica diaria. Puede que adopte un rol controlador y dominante, creyendo que debe tomar las riendas en todo momento. La compenetración emocional con su pareja se debilita, y la comunicación se vuelve más funcional que afectiva. Si su pareja trata de acercarse a ella, puede percibirlo como una amenaza a su independencia, evitando momentos de vulnerabilidad y conexión profunda. La intimidad también puede verse afectada; al no sentirse conectada con su esencia femenina, el deseo disminuye y el contacto físico pierde su significado emocional. En algunos casos, su pareja puede sentirse desplazada, sin saber cómo recuperar el vínculo que alguna vez compartieron.

5. Como compañera de trabajo. En el ámbito laboral, suele destacar por su eficiencia y determinación, pero también puede ser percibida como distante o inaccesible. Sus relaciones con colegas suelen basarse en la competencia más que en la colaboración, y le cuesta delegar responsabilidades porque siente que nadie puede hacer las cosas tan bien como ella. Esta actitud puede llevarla al agotamiento, ya que asume demasiadas tareas y rara vez pide ayuda. Además, la falta de energía femenina puede dificultarle la creación de lazos laborales significativos, haciendo que su entorno se vuelva más solitario y menos satisfactorio.

6. En sus actividades recreacionales. Cuando la energía femenina está bloqueada, las actividades recreacionales pasan a un segundo plano o se convierten en algo práctico en lugar de placentero. Puede

que haya dejado de lado hobbies que solía disfrutar, como la pintura, la música o la danza, porque ahora los percibe como una pérdida de tiempo o una distracción innecesaria. Si hace ejercicio, es probable que lo haga con un enfoque disciplinado y orientado a objetivos, en lugar de disfrutar del movimiento y la sensación de bienestar. Las reuniones sociales también pueden verse afectadas; si asiste a eventos, lo hace por compromiso y no porque genuinamente disfrute la compañía de los demás.

7. Metas futuras. El futuro de esta mujer suele estar lleno de planes y estrategias, pero sin un propósito claro. Puede estar constantemente enfocada en "el siguiente paso" sin detenerse a disfrutar el presente. Se presiona para alcanzar nuevos logros, establecer nuevos objetivos y mantener un ritmo de vida acelerado, sin darse cuenta de que está construyendo una vida basada en la exigencia y no en el equilibrio. Si bien puede parecer que tiene todo bajo control, en el fondo hay una sensación de insatisfacción y una pregunta recurrente: "¿Esto es todo?"

En definitiva, la vida de una mujer que ha perdido su energía femenina está marcada por el esfuerzo constante, la sobrecarga emocional y una desconexión profunda con su esencia. Desde afuera, puede parecer que lo tiene todo bajo control, pero en su interior, la sensación de vacío y la falta de plenitud son un recordatorio de que hay algo que se ha perdido en el camino.

El exceso de energía femenina: Cómo afecta a tu bienestar y la importancia del equilibrio

Querida, si alguna vez has sentido que tu energía te desborda, que es como si estuvieras a punto de estallar por dentro o que te cuesta encontrar un punto de calma, lo que estás experimentando podría ser un exceso de energía femenina. Y no, no estoy hablando de algo místico ni de esoterismo, sino de un fenómeno que tiene que ver con el balance hormonal y emocional, y cómo todo eso puede influir en tu vida diaria.

Lo primero que quiero aclararte es que la energía femenina no es algo que debas reprimir, al contrario, es una parte esencial de tu ser. El problema surge cuando esta energía se encuentra fuera de balance. Para entender esto, tenemos que recordar que la energía femenina está vinculada a la intuición, la receptividad, la empatía y la conexión emocional. Sin embargo, cuando se vuelve excesiva, puede volverse más desbordante que nutritiva.

¿Cómo se manifiesta un exceso de energía femenina?

Cuando hablamos de un exceso de energía femenina, no nos referimos solo a sentirte emocionalmente intensa o sobrecargada, sino a cómo esa intensidad puede reflejarse en tu comportamiento y en tu bienestar físico y mental. Puede que experimentes altibajos emocionales sin razón aparente. Como si un día pudieras estar en la cima del mundo y al siguiente te sintieras completamente abrumada por todo.

Los estudios científicos muestran que el exceso de energía femenina puede estar relacionado con una sobreactivación de la parte emocional del cerebro, especialmente en situaciones estresantes. Esto puede generar un círculo vicioso: el exceso de energía emocional se combina con altos niveles de cortisol (la hormona del estrés), lo que a su vez hace que te sientas más vulnerable y menos capaz de manejar el día a día. Así, la ansiedad y el estrés pueden volverse tus compañeros más frecuentes.

Efectos físicos y mentales

Este exceso de energía femenina también se traduce en síntomas físicos. Las mujeres con una sobrecarga emocional constante pueden experimentar fatiga crónica, dolores musculares o incluso trastornos del sueño. Piensa en esos días en los que sientes que tu mente está a mil por hora, pero tu cuerpo no puede seguirle el ritmo. Esto puede ser el resultado de una energía femenina mal gestionada que termina por agotarte.

Por otro lado, hay quienes tienden a experimentar un exceso de "deseo de complacer" a los demás. Esto es muy común en mujeres con una energía femenina desbordada. Quieren dar, cuidar, escuchar y ayudar a todo el mundo, pero se olvidan de cuidarse a sí mismas. Se convierten en una especie de "dadores sin freno", lo que las deja sin reservas emocionales o físicas.

La importancia del equilibrio

Ahora, quiero ser muy claro en algo: no se trata de que debas eliminar esa energía femenina o hacerla desaparecer. Al contrario, como mujer, tu energía femenina es poderosa y esencial para tu vida. El objetivo no es reprimirla, sino aprender a gestionarla adecuadamente. Y aquí es donde entra el equilibrio.

La energía femenina, cuando está en equilibrio, se traduce en una capacidad increíble para conectar emocionalmente con los demás, para escuchar tu intuición y para ser sensible a las necesidades de las personas a tu alrededor. Sin embargo, cuando está fuera de balance, puede convertirte en alguien sobrecargada emocionalmente, lo que puede llevar a la ansiedad, el agotamiento y, en muchos casos, a una sensación de "desconexión" contigo misma.

El truco está en saber cuándo dar y cuándo parar. El equilibrio implica saber cuándo se necesita espacio para ti misma, para regenerar tu energía, y cuándo es el momento de abrirte a los demás. La clave está en aprender a decir no cuando lo necesitas, a poner límites saludables y a hacer espacio para tu propia paz y descanso.

¿Cómo encontrar ese equilibrio?

Hay varias formas de restablecer este balance. Primero, es esencial que reconozcas cuando estás dejando que tu energía femenina te sobrepase. La meditación, el yoga y las prácticas de respiración son fundamentales para ayudarte a volver al centro. Estos métodos no solo te permiten calmar tu mente, sino también restablecer la conexión con tu cuerpo y tus emociones de manera saludable.

Otra forma de manejar tu energía femenina de manera equilibrada es practicar el autocuidado. No solo se trata de hacerte un masaje o ir al spa (aunque esas cosas son geniales), sino de dedicar tiempo a lo que realmente te nutre: ya sea leer un buen libro, pasear por la naturaleza, o simplemente tener un momento de silencio en medio de un día ajetreado. El autocuidado no es egoísta, es una necesidad para mantener el equilibrio.

Y, por supuesto, es importante que rodees tu vida de relaciones que te permitan ser tú misma, sin sentirte sobrecargada por las expectativas de los demás. Las relaciones saludables son aquellas donde ambos, tanto tú como tu pareja o amigos, se nutren mutuamente, sin agotarse.

Así que no te preocupes si a veces te sientes emocionalmente abrumada. Es completamente natural experimentar picos de energía femenina. Lo importante es aprender a gestionar esos picos y devolverle la armonía a tu vida. La energía femenina es un regalo poderoso, y cuando está equilibrada, te permite ser la mejor versión de ti misma: auténtica, empática y llena de vida.

Ejercicio práctico: Identifica tu desconexión

A veces, la vida parece transcurrir en un estado de desconexión. Te sientes atrapada en rutinas, alejada de tus emociones y desbordada por un vacío difícil de explicar. Estas señales no son fallas ni defectos, sino invitaciones para detenerte y observar dónde has perdido la conexión contigo misma.

Reconocer esas áreas de resistencia o desconexión no es solo un acto de valentía; es un paso crucial hacia el bienestar y la plenitud. Este ejercicio práctico está diseñado para ayudarte a identificar esas zonas ocultas y darte el impulso necesario para empezar a transformarlas.

Ahora veamos el ejercicio práctico:

1. Toma un espacio tranquilo: Busca un lugar donde puedas reflexionar sin interrupciones. Mantén a la mano una hoja de papel o un cuaderno.

2. Haz una lista: Escribe las áreas de tu vida donde sientes resistencia, descontento o desconexión. No te apresures; deja que las respuestas fluyan con honestidad. Pueden incluir aspectos como tu salud, tus relaciones, tu trabajo o tu vida espiritual.

3. Clasifica la desconexión:

- Pregúntate si lo que sientes es una desconexión física, como falta de energía, dolores recurrentes o descuido de tu bienestar corporal.
- Reflexiona si podría ser emocional, como dificultad para expresar tus sentimientos o una sensación de vacío interior.
- Considera si es espiritual, como perder de vista tu propósito o sentirte desconectada de algo más grande que tú.

4. Identifica un área clave: Elige la desconexión que más te afecta y reflexiona sobre cómo podrías comenzar a trabajar en ella. Escribe una acción concreta que puedas implementar en los próximos días.

Capítulo 5. El duelo y la sombra sobre tu energía femenina

La vida, con su constante flujo de momentos hermosos y difíciles, nos enseña que las pérdidas son inevitables. Sin embargo, hay una verdad profunda en el sufrimiento: el dolor que acompaña a cada duelo tiene el poder de transformar, aunque, al principio, puede parecer que la energía que solías sentir fluye hacia un vacío oscuro. En el caso de las mujeres, este proceso de duelo puede ser especialmente exigente, ya que las pérdidas no solo afectan el cuerpo o la mente, sino que también impactan profundamente la energía femenina, esa fuerza vital que es tan esencial para el bienestar y el empoderamiento personal.

Cuando como seres humanos atravesamos la muerte de un ser querido, el fin de una relación significativa, o incluso una enfermedad grave, esa energía que antes parecía inagotable se ve drenada. La conexión contigo misma, tus relaciones y tu visión de futuro pueden verse alteradas. En este capítulo, exploraremos cómo estos duelos – tan universales y personales al mismo tiempo – afectan el equilibrio de tu energía femenina, y cómo la pérdida puede, paradójicamente, ser el punto de partida para una nueva comprensión de tu fuerza interior.

El duelo por la pérdida de salud, empleo, estatus, o incluso por la transformación de tu etapa de vida, puede hacer que pierdas contacto con esa energía vital que te impulsa a seguir adelante. El paso del tiempo, la migración, los cambios de casa o país, también son golpes emocionales que erosionan, pero no destruyen. Y es precisamente en esa capacidad femenina de renovarse y encontrar el camino de regreso a sí misma donde reside el verdadero poder. A lo largo de este capítulo, te invitaré a reflexionar sobre cada uno de estos duelos, con la esperanza de que encuentres las herramientas necesarias para sanar, crecer y restablecer la vitalidad que te define como mujer.

Duelo por la pérdida de un ser querido

La muerte de un ser querido es uno de los dolores más profundos y complejos que una persona puede experimentar. No solo es la tristeza de no poder abrazar más a esa persona, sino que la pérdida de su presencia provoca un vacío emocional y energético que, en muchos casos, se siente como una sombra que oscurece cada rincón de tu vida. Este vacío no es solo emocional, también puede arrastrar tu vitalidad, tu energía femenina, esa que te permite conectar con el mundo, con los demás y contigo misma.

Para ti, como mujer, esta pérdida puede sentirse aún más intensa. La conexión emocional que tienes con tus seres queridos, tu capacidad para dar amor, cuidar y compartir tu energía con los demás, es una parte fundamental de tu identidad. Pero cuando esa persona se va, no solo te enfrentas a la tristeza de su ausencia, sino que también sufres un golpe directo a esa energía que te ha acompañado toda la vida. El dolor no es solo mental; se siente en el cuerpo, en los pensamientos, en las emociones, y, lo peor de todo, puede interferir en tu capacidad de seguir adelante.

La desconexión contigo misma y con los demás

La muerte de un ser querido, especialmente si se trata de alguien cercano como un esposo, una madre, un padre o un amigo entrañable, provoca una desconexión inmediata con la persona. La energía femenina, tan ligada a la conexión emocional, pierde su rumbo. Si no estás preparada, esa desconexión se puede profundizar. Comienzas a perderte en la tristeza, en el dolor de la ausencia, y es fácil dejar que ese dolor te consuma. Te sientes vacía, sin ganas de levantarte de la cama, sin energía para hacer lo que antes disfrutabas. El mundo puede parecer gris, desolado y frío.

Además, tus relaciones con los demás también se ven afectadas. Las interacciones con tu pareja, hijos, amigos o familiares cercanos pueden volverse tensas o distantes. No es raro que, en medio del dolor, esa mujer se convierta en alguien más irritable, distante o incluso cerrada emocionalmente. Tu capacidad de compartir, de ofrecer apoyo a los demás, puede disminuir considerablemente, pues la energía que antes fluía generosamente ahora se ve drenada por el sufrimiento. Esto puede crear malentendidos con tus seres cercanos, que tal vez no entiendan lo que estás viviendo y se alejen, sin saber cómo ayudarte. Esto solo alimenta aún más la sensación de soledad y de desconexión.

Los caminos oscuros del duelo

Si no eres consciente de la necesidad de tomar un paso hacia la sanación, hay muchos caminos oscuros que podrías recorrer. Uno de ellos es quedarte atrapada en el dolor, haciendo de él tu identidad. Al principio, es normal sentir un dolor intenso, pero cuando te quedas pegada a esa sensación de pérdida durante demasiado tiempo, tu vida comienza a girar alrededor del sufrimiento. Puedes convertirte en una persona amargada, resentida, que vive en el pasado y no puede ver un futuro. En vez de permitirte vivir el duelo de forma sana, te conviertes en una víctima de él, perdiendo tu capacidad de disfrutar de las cosas simples de la vida.

Otro camino peligroso es el de la evasión. En lugar de enfrentar el dolor, puedes tratar de ahogarlo en actividades destructivas. Ya sea el consumo excesivo de alcohol, drogas, comida o incluso un exceso de trabajo. Esto te puede hacer sentir mejor temporalmente, pero a largo plazo solo agrava el vacío interior. Te vas alejando más y más de tus emociones reales, y de las personas que te rodean. Este enfoque de evadir la realidad solo prolonga el proceso de sanación, y puede convertir el dolor en una herida crónica.

El impacto en la vida laboral

En el plano laboral, el duelo por la muerte de un ser querido también puede manifestarse de manera compleja. Al principio, puedes sentir que el trabajo es una distracción necesaria para evitar enfrentarte al dolor. Sin embargo, conforme pasa el tiempo, la falta de concentración, la tristeza constante y la fatiga emocional se apoderan de ti. Las tareas que antes realizabas con facilidad pueden parecer abrumadoras. Puedes empezar a descuidar tus responsabilidades, lo que afectará tu desempeño laboral y, eventualmente, tu autoestima.

Además, si no buscas ayuda, puedes caer en un ciclo de baja productividad y frustración. La falta de energía mental y emocional puede reducir tu capacidad de tomar decisiones acertadas, y esto puede repercutir en tu rendimiento y relaciones en el trabajo. Incluso puedes sentir que tu vida profesional pierde sentido, como si la muerte de esa persona te hubiera robado también tu motivación y tus sueños.

La visión del mundo y la importancia de buscar apoyo

Lo más importante que debes recordar es que no tienes que atravesar este proceso sola. Si no buscas apoyo, ya sea a través de terapia, grupos de apoyo o incluso tus seres cercanos que pueden ofrecerte un hombro en el cual apoyarte, el dolor puede tornarse más difícil de manejar. La visión que tengas del mundo también puede oscurecerse. Puedes comenzar a sentir que todo está perdido, que la vida no tiene sentido sin esa persona, y que nunca más podrás ser la misma. Pero la verdad es que la vida continúa, y aunque el dolor no desaparezca por completo, con el tiempo, se vuelve más manejable.

El duelo por la muerte de un ser querido no es un proceso lineal, pero aprender a conectar con tus emociones, pedir ayuda y aceptar que el dolor es una parte del proceso de sanación es clave para recuperar tu energía femenina. Con el tiempo, podrás aprender a honrar la memoria de esa persona amada sin que su ausencia te consuma por completo. Recuperar tu vitalidad te permitirá volver a conectar con tu esencia, con la capacidad de dar amor y energía, y con la mujer fuerte que siempre has sido, a pesar de la pérdida.

Recuerda, el dolor puede ser profundo, pero la vida puede ofrecerte de nuevo momentos de alegría y paz, siempre y cuando busques la ayuda necesaria para sanar.

Duelo por el fin de una relación sentimental

Terminar una relación sentimental es una de las experiencias más dolorosas y desgastantes que una mujer puede enfrentar. No solo implica la pérdida de una pareja, sino también de un proyecto de vida, de planes en común y, muchas veces, de una parte fundamental de su identidad. El fin de una relación no solo trae tristeza, sino que también puede minimizar la energía femenina, esa fuerza vital que permite conectar con la vida, con los demás y contigo misma.

Cuando una mujer se involucra en una relación, lo hace con todo su ser. La conexión emocional que establece con su pareja es profunda, y muchas veces su energía se entrelaza con la de la otra persona. Esto no es algo negativo, es una parte natural de la entrega en el amor. Sin embargo, cuando la relación termina, ese vínculo se rompe de golpe y el impacto puede ser devastador.

El desgaste emocional y la pérdida de identidad

Durante una relación, la identidad de una mujer puede volverse una fusión entre "ella misma" y "ella en pareja". No es raro que sus hábitos, sus rutinas e incluso sus emociones estén influenciadas por su compañero. Cuando la relación llega a su fin, se encuentra con un vacío difícil de llenar. La sensación de pérdida no es solo por la ausencia de la otra persona, sino por la confusión de no saber quién es sin esa relación.

Este desgaste emocional se intensifica si la relación fue larga, intensa o significativa. Es normal sentir tristeza, desesperanza, ansiedad o incluso miedo al futuro. Y es que, al terminar una relación, muchas mujeres sienten que han perdido su rumbo, su estabilidad y su conexión con el mundo.

Además, el dolor se puede manifestar físicamente: fatiga constante, insomnio, falta de apetito o, por el contrario, comer de forma descontrolada. La energía femenina, que es la fuente de creatividad, amor y sensibilidad, se agota. Aparecen el desánimo, la desconexión consigo misma y una profunda sensación de vacío.

Los caminos más destructivos después de una ruptura

Cuando el dolor no se maneja adecuadamente, es fácil caer en caminos oscuros que prolongan el sufrimiento:

- Apego a la relación terminada: La resistencia a aceptar el fin es uno de los errores más comunes. Muchas mujeres se aferran a la idea de que pueden recuperar lo que tuvieron, y esto las lleva a desgastarse emocionalmente en intentos fallidos por reconstruir algo que ya está roto.
- Autoculpa y falta de autoestima: Preguntas como "¿En qué fallé?" o "¿Por qué no fui suficiente?" pueden convertirse en una tortura mental. La mente comienza a fabricar historias donde la culpa recae enteramente en ella misma, minando la seguridad personal.
- Idealización de la relación pasada: Es común recordar solo lo bueno y olvidar por qué las cosas terminaron. Esto hace que el duelo se prolongue y que la mujer se quede atrapada en una fantasía que ya no existe.
- Búsqueda desesperada de distracciones: Algunas mujeres intentan llenar el vacío con relaciones superficiales, excesos o sumergiéndose en el trabajo de manera descontrolada. Sin embargo, esto no sana el dolor, solo lo aplaza.

- Venganza o resentimiento: Guardar rencor o buscar represalias solo consume más energía. Pensar constantemente en lo que el otro hizo mal, en cómo podría "pagar" por el daño, impide cerrar el ciclo y seguir adelante.

Cómo identificar el fin de una relación y qué hacer

Cuando una relación sentimental empieza a desgastarse, muchas mujeres se aferran con todas sus fuerzas a salvar lo que aún queda. Es natural, porque el amor no es desechable y porque se han construido recuerdos, planes y un vínculo profundo. Sin embargo, no todo puede salvarse, y hay momentos en los que seguir luchando solo significa prolongar el sufrimiento.

La energía femenina, fuente de vida, amor y creatividad, se desgasta cuando una relación está en crisis. No es solo tristeza o estrés: es sentir que te pierdes a ti misma en un intento desesperado por sostener algo que quizás ya no tiene remedio. Entonces, ¿cómo saber cuándo una relación tiene problemas graves? ¿Cuáles son las señales de que las cosas están llegando a un punto de no retorno? ¿Y qué hacer cuando ya has intentado todo?

Ahora te diré cuales son las señales que indican que la relación tiene problemas graves. No todas las discusiones significan el fin. No todas las crisis indican que todo está perdido. Pero hay signos que revelan que la relación está en un punto crítico y que es momento de preguntarte si vale la pena seguir luchando o si es mejor aceptar la realidad:

- La comunicación está rota. Si hablar con tu pareja se ha vuelto una batalla constante, si ya no hay interés por comprenderse o si sientes que cada conversación es una pelea disfrazada, es una alerta roja. Una relación sin comunicación está destinada a fracturarse.
- Sientes que estás sola, incluso en pareja. Hay un tipo de soledad que duele más que estar soltera: la soledad dentro de

una relación. Si notas que ya no puedes compartir tus emociones, que tu pareja parece distante o que hay un muro invisible entre los dos, es señal de que la conexión se está perdiendo.
- El respeto se ha ido deteriorando. El amor sin respeto no es amor, es una carga emocional. Si hay desprecio, indiferencia, burlas o incluso agresiones, la relación ha dejado de ser un refugio para convertirse en un campo de batalla.
- No hay un proyecto en común. Cuando los planes de vida ya no coinciden y cada uno está mirando en direcciones opuestas, es difícil encontrar puntos de encuentro. Si uno sueña con una vida en familia y el otro con libertad total, si las prioridades son opuestas o si ya no hay entusiasmo por construir juntos, la relación está tambaleando.
- Te sientes drenada, agotada y sin energía. Si en vez de sentirte plena, segura y en armonía, la relación te deja cansada, desgastada y desconectada de tu esencia, es un síntoma claro de que algo no está bien. El amor debe dar vida, no quitártela.

Últimos intentos para rescatar la relación

Antes de tomar una decisión drástica, es importante asegurarte de que has hecho todo lo posible para salvar la relación. Aquí algunas estrategias que pueden ayudar:

- Conversaciones profundas y sinceras. Si aún existe el amor, es vital tener una conversación real, sin reproches ni ataques. Habla desde el corazón, expresa cómo te sientes y escucha a tu pareja con la misma apertura.
- Reconocer los errores de ambas partes. A veces, las crisis surgen porque uno de los dos (o ambos) ha dejado de poner esfuerzo en la relación. Analiza en qué han fallado y si hay algo que puedan cambiar sin traicionarse a sí mismos.

- Terapia de pareja. Si los dos están dispuestos, buscar ayuda profesional puede ser un último recurso antes de tirar la toalla. Un terapeuta puede ayudar a identificar problemas ocultos y brindar herramientas para reconstruir el vínculo.
- Espacio y tiempo para reflexionar. A veces, una pausa ayuda a ver con claridad lo que realmente se quiere. No se trata de un juego de manipulación, sino de un tiempo genuino para evaluar si aún hay amor o si solo queda la costumbre.
- Recuperar lo que los unió. Recordar lo que los hizo enamorarse, retomar actividades juntos y reavivar la conexión puede ser un último intento por rescatar lo que una vez los hizo felices.

Cuando ya se ha intentado todo: Soltar con dignidad

Hay un punto en el que insistir en algo que ya está roto solo prolonga el sufrimiento. Cuando has intentado todo lo que estaba en tus manos y la relación sigue desgastándote, es momento de aceptar que el amor no es suficiente cuando el desgaste es mayor que la felicidad.

Que hacer:

1. Dejar ir sin resentimientos. Si bien el dolor es inevitable, es importante no alimentar el rencor. Buscar culpables solo impide cerrar el ciclo de manera saludable. Acepta que algunas historias terminan sin villanos, simplemente porque la conexión se perdió.

2. Evitar las despedidas eternas. El peor error es aferrarse con la esperanza de que el otro cambie o que, con el tiempo, las cosas se arreglen solas. Prolongar la despedida solo hace más difícil la recuperación. Si la decisión está tomada, sé firme.

3. Cortar lazos de manera clara. Seguir en contacto solo por costumbre, revisar sus redes sociales o buscar excusas para verlo solo prolongará el duelo. Si la relación terminó, es importante

establecer límites claros para que ambas partes puedan seguir adelante.

4. No buscar "un cierre perfecto". Muchas mujeres se quedan atrapadas esperando una última conversación que les brinde paz. Pero a veces, ese cierre nunca llega. Aceptar que no siempre se obtiene la explicación que se desea es parte del proceso.

5. No caer en juegos emocionales. Las idas y venidas solo desgastan más. Si después de una ruptura hay intentos de manipulación, mensajes ambiguos o promesas vacías, es señal de que la relación no tiene un cierre sano.

Saber cuándo soltar una relación es un acto de amor propio. No se trata de rendirse a la primera, pero tampoco de quedarse en un lugar donde el amor ya no existe o donde la energía femenina se apaga. Si una relación te hace sentir agotada, triste y desconectada de ti misma, es una señal de alerta. Y si después de intentar todo, las cosas no cambian, la mejor decisión es dejar ir.

No todas las historias de amor están destinadas a durar para siempre, y eso no significa que hayan sido un error. A veces, el verdadero acto de amor es cerrar una etapa con gratitud y permitirte avanzar hacia algo mejor.

Cuando la energía femenina se ve afectada de otras maneras inesperadas

Existen pérdidas que, aunque no sean tan evidentes como el fin de una relación amorosa o la muerte de un ser querido, impactan profundamente en la vida de una mujer. Son duelos que muchas veces se sobrellevan en silencio porque la sociedad no los reconoce con la misma intensidad, o porque la mujer misma ha aprendido a procesarlos con mayor resiliencia. Sin embargo, esto no significa que no dejen huella.

Estos tipos de duelo afectan la energía femenina de manera sutil pero profunda, minando la confianza, la seguridad y el sentido de identidad. La clave para superarlos no está en negarlos o minimizarlos, sino en enfrentarlos con valentía y consciencia, comprendiendo que cada pérdida también puede ser el inicio de una nueva etapa.

Duelo por pérdida de salud

Recibir un diagnóstico de enfermedad grave o enfrentar una discapacidad es una de las pruebas más difíciles para cualquier persona. En el caso de la mujer, puede ser aún más desafiante, ya que la salud y la vitalidad están íntimamente ligadas a su energía femenina. La enfermedad puede traer consigo una sensación de vulnerabilidad extrema, miedo a la pérdida de autonomía y, en muchos casos, una crisis de identidad.

El cuerpo cambia, las rutinas se ven alteradas y, en ocasiones, el futuro se torna incierto. Pero incluso en medio de la adversidad, la energía femenina no tiene por qué desaparecer. La resiliencia no se trata de negar la enfermedad, sino de aprender a convivir con ella sin perder la esencia. Aceptar los cambios físicos y emocionales, encontrar nuevas formas de autocuidado y rodearse de apoyo son pasos esenciales para recuperar el equilibrio.

La clave aquí es la adaptación: descubrir que la feminidad no está en un estado de salud perfecto, sino en la capacidad de encontrar belleza y fortaleza incluso en medio del dolor.

Duelo por pérdida de empleo o estatus

Para muchas mujeres, su identidad está fuertemente ligada a su carrera profesional o a su posición social. Perder un empleo, cambiar de rumbo forzadamente o enfrentarse a la pérdida de estatus puede provocar una crisis interna que va más allá de lo económico. No se trata solo de la incertidumbre financiera, sino del sentimiento de haber perdido un propósito, un lugar en el mundo.

Este tipo de duelo, aunque menos visible, puede disminuir la energía femenina al generar inseguridad y desconexión con la propia valía. La mente se llena de dudas: ¿Soy suficiente sin mi trabajo? ¿Quién soy si ya no ocupo este puesto? ¿Cómo reconstruyo mi vida desde aquí?

La respuesta está en reencontrarse con la propia esencia más allá de los títulos o reconocimientos externos. Descubrir nuevas pasiones, reinventarse profesionalmente y recordar que la valía de una persona no se mide por un cargo, sino por su capacidad de crear, inspirar y transformar. La pérdida de un empleo no es el fin de la historia, sino el inicio de una nueva posibilidad.

Duelo por pérdida de una etapa de vida

El envejecimiento, la jubilación o el llamado "nido vacío" pueden traer consigo un sentimiento de pérdida difícil de explicar. No es la ausencia de algo tangible, sino la sensación de que una etapa importante ha llegado a su fin. Muchas mujeres, especialmente aquellas que han dedicado gran parte de su vida a la maternidad, experimentan una sensación de vacío cuando sus hijos dejan el hogar. Otras sienten que, al retirarse, pierden su relevancia en la sociedad.

Este tipo de duelo afecta la energía femenina porque toca directamente la identidad. Si por años una mujer se ha definido por su rol como madre, como profesional o como cuidadora, la transición hacia una nueva etapa puede ser desconcertante.

Sin embargo, este momento de la vida también puede ser una oportunidad para redescubrirse. En lugar de verlo como una pérdida, puede ser el inicio de una etapa donde la mujer se prioriza a sí misma, explora nuevas pasiones y se permite disfrutar sin las responsabilidades que antes la ataban. La energía femenina se renueva cuando se abraza el cambio con aceptación y entusiasmo.

Duelo por pérdida de un hogar o país

Perder el hogar, ya sea por una mudanza forzada, una crisis económica, un desastre natural o la necesidad de emigrar, es una experiencia profundamente transformadora. La mujer, cuya energía femenina suele estar conectada con la estabilidad y el arraigo, puede sentirse desorientada y perdida cuando se ve obligada a dejar atrás un lugar que considera parte de su identidad.

No se trata solo de un cambio de dirección, sino de la ruptura con un entorno, una comunidad y una rutina que daban seguridad. En el caso de la migración, la sensación de pérdida se agudiza al enfrentarse a una nueva cultura, un idioma diferente y la distancia de seres queridos.

Aun así, la energía femenina tiene la capacidad de adaptarse y reconstruirse en cualquier lugar. Crear un nuevo hogar no significa olvidar el pasado, sino integrar los recuerdos y las experiencias en la nueva realidad. Buscar conexiones, establecer nuevos rituales y aceptar que el sentido de pertenencia no está ligado a un espacio físico, sino a la capacidad de sentirse en paz dentro de uno mismo, es la clave para superar este duelo.

Para culminar este apartado, es importante saber que cada pérdida, por dolorosa que sea, puede ser el inicio de un nuevo capítulo de vida. La energía femenina no desaparece cuando la vida cambia drásticamente; al contrario, tiene la capacidad de transformarse, reinventarse y fortalecerse en cada desafío. Porque al final, la verdadera esencia de la mujer no está en lo que ha perdido, sino en su capacidad de seguir adelante, más sabia y más fuerte que nunca.

RECUPERANDO TU ENERGÍA FEMENINA

Parte 2: Recuperando tu energía femenina

Hace unos días, pude ver una conferencia de TED que me impactó profundamente. Mercè Brey, escritora y conferencista, relató una historia, que me llevó a reflexionar sobre cómo hemos llegado a desconectarnos de una parte esencial de nuestra humanidad y cómo esta desconexión afecta, en especial, a las mujeres.

Mercè narró la triste historia de René Robert, un reconocido fotógrafo suizo que inmortalizó a grandes figuras del flamenco contemporáneo. Una noche de enero, en las calles de París, René salió como de costumbre a dar un paseo. Por razones desconocidas, cayó al suelo y permaneció ahí, tendido entre una óptica y una tienda de vinos. La calle estaba concurrida; había bares y restaurantes llenos de gente. Sin embargo, nadie se detuvo. Pasaron las horas y, cuando finalmente alguien llamó a emergencias, ya era demasiado tarde. René murió de hipotermia severa tras haber pasado nueve horas en el frío.

Esta historia nos golpea porque nos obliga a preguntarnos: ¿Qué hubiéramos hecho si hubiéramos pasado junto a René? ¿Lo habríamos ayudado o simplemente habríamos seguido adelante, como si su presencia en el suelo fuera algo natural? Esta indiferencia no es solo un problema de acción, sino también de cómo nuestra sociedad ha priorizado ciertos valores y ha dejado de lado otros, como la empatía y la conexión emocional.

Mercè Brey hizo una conexión profunda entre esta historia y el funcionamiento de nuestro cerebro. Explicó cómo tenemos dos hemisferios: el izquierdo, que es racional, analítico, y orientado al "hacer", y el derecho, que es holístico, emocional y enfocado en el "ser". Curiosamente, estos hemisferios también reflejan energías que, tradicionalmente, hemos asociado con lo masculino y lo femenino.

En nuestra sociedad patriarcal, los atributos relacionados con la energía masculina; como la firmeza, la racionalidad y la acción; han sido exaltados como herramientas de éxito, mientras que las cualidades asociadas con la energía femenina; como la empatía, la intuición y la colaboración; han sido subestimadas. Esta jerarquización no solo ha dañado a las mujeres, sino también a los hombres, al limitar nuestra capacidad de integrar ambas energías y vivir de manera plena y equilibrada.

El exceso de energía masculina; como dijo Mercè; puede transformarse en rigidez, imposición o frialdad. Necesitamos redescubrir y valorar la energía femenina, esa parte de nosotros mismos que se conecta con el cuidado, la intuición y el ser. La doctora Shinoda Bolen, una psiquiatra de renombre, lo resume perfectamente: "El mundo está enfermo y necesita los cuidados de la madre". Esta frase no significa que el mundo necesite más mujeres, sino más de esa energía femenina que todos, sin importar nuestro género, llevamos dentro.

Recuperar esta energía no es una tarea sencilla, especialmente en un mundo que nos empuja constantemente a "hacer" y acumular logros. Pero es posible. Como compartió Mercè, podemos empezar reservando un momento para simplemente ser. Apagar el piloto automático, detenernos y conectarnos con esa esencia. Puede ser algo tan simple como quedarnos en silencio, concentrarnos en nuestra respiración o reflexionar sobre lo que realmente importa en nuestra vida.

Este capítulo está dedicado a explorar cómo las mujeres pueden recuperar esa energía femenina, no como una oposición a la masculina, sino como un complemento esencial para vivir de manera más plena y auténtica.

Capítulo 6. Entendiendo la dualidad: Energía femenina y masculina

En el andar hacia tu verdadero ser, hay un aspecto fundamental que no podemos ignorar: la dualidad inherente de la energía femenina y masculina que coexiste en cada uno de nosotros. Aunque este libro está dedicado a ti, mujer, y a la importancia de reconectar con tu energía femenina, es fundamental comprender que esta no opera en aislamiento. La energía femenina encuentra su equilibrio, su pleno potencial y su armonía cuando reconoce y coexiste con la masculina.

La energía femenina, que reside en lo profundo de ti, es receptiva, intuitiva, creativa y conectada con el flujo natural de la vida. Es la esencia de la adaptabilidad, del sentir y del nutrir. Es como el agua, fluyendo suavemente a través de los retos y abrazando cada curva del camino con gracia y fortaleza. Sin embargo, al igual que el agua necesita un cauce para no desbordarse, la energía femenina también requiere de la estructura que aporta la energía masculina.

Por otro lado, la energía masculina es activa, lógica, estructurada y orientada hacia objetivos. Es la chispa que inicia el movimiento, la fuerza que organiza y da forma a las ideas y los sueños que nacen del caudal creativo de la energía femenina. Si la femenina es el agua, la masculina es el fuego: directo, concentrado y transformador. Ambas energías no son opuestas, sino complementarias.

La sociedad moderna, sin embargo, nos ha llevado a desequilibrar esta dualidad. En un mundo que a menudo celebra la acción, la productividad y el control; aspectos dominados por la energía masculina; muchas mujeres han sentido la necesidad de reprimir su energía femenina para adaptarse y prosperar. Esto puede manifestarse en una vida centrada exclusivamente en el trabajo, las responsabilidades o el cumplimiento de expectativas externas, dejando de lado la intuición, la creatividad y el disfrute que son esenciales para el bienestar emocional y espiritual. Este desequilibrio, lejos de fortalecerte, puede agotarte, desvinculándote de tu esencia.

Sin embargo, el equilibrio es posible; no se trata de renunciar a la energía masculina ni de rechazar sus cualidades. Se trata de integrarla con sabiduría, permitiendo que ambas energías fluyan en armonía. En este capítulo exploraremos cómo reconocer estas energías en tu vida y cómo cultivarlas de manera consciente. No se trata de un concepto abstracto, sino de algo profundamente práctico que puedes aplicar a tu día a día.

Más adelante, encontrarás un ejercicio específico que te invitará a reflexionar sobre las áreas de tu vida donde predomina la energía masculina, como el trabajo, las responsabilidades o el control, y aquellas donde permites que fluya la energía femenina, como la creatividad, las emociones o el disfrute. Este ejercicio te ayudará a identificar cómo equilibrar ambas energías para construir una vida más plena y armónica.

Entender esta dualidad no es solo un paso hacia el equilibrio; es también un acto de reconciliación contigo misma. Es reconocer que ambas energías son necesarias y valiosas, que una no es más importante que la otra, y que juntas crean la armonía que necesitas para vivir con autenticidad y poder. Este equilibrio no es un destino final, sino un viaje constante de autodescubrimiento y ajuste.

A medida que avances en este capítulo, te invito a abrir tu corazón y tu mente a esta dualidad. Observa cómo cada energía se manifiesta en ti y en tu vida. Reflexiona sobre cómo puedes honrar ambas partes de tu ser, permitiendo que la energía femenina fluya con confianza y que la energía masculina le proporcione la estructura que necesita para florecer. Este entendimiento no solo enriquecerá tu relación contigo misma, sino también con quienes te rodean.

Recuerda: no hay equilibrio sin dualidad, ni plenitud sin integración. Al comprender y abrazar estas energías en su totalidad, estarás dando un paso más hacia la vida en armonía que mereces vivir.

El poder de lo femenino: Reconectar con tu esencia

La energía femenina es un flujo vital que trasciende las estructuras sociales y se conecta profundamente con nuestra biología, psicología y esencia humana. Esta energía no se limita a un género; es una fuerza inherente a todos, pero encuentra su máxima expresión en las mujeres. Es un campo que se activa a través de la creatividad, la intuición y la conexión emocional. Reconocer su importancia no solo enriquece la vida individual, sino que transforma comunidades y culturas enteras.

Desde el punto de vista genético, la energía femenina está entrelazada con las bases mismas de la vida. Estudios científicos han explorado cómo las mujeres poseen una sensibilidad biológica a los entornos sociales y emocionales.

Psicológicamente, la energía femenina se asocia con rasgos como la creatividad y la intuición. La creatividad no es simplemente la habilidad para generar arte o soluciones innovadoras; es la capacidad de imaginar nuevas posibilidades y sostenerlas hasta que se vuelvan realidad. Un ejemplo poderoso es el de Marie Curie, quien no solo rompió barreras científicas y de género, sino que lo hizo desde una conexión profunda con su intuición y determinación. Su trabajo en el descubrimiento de los elementos radioactivos no fue solo lógico y analítico; también implicó una confianza en sus corazonadas científicas, esa chispa que conecta lo racional con lo intangible.

En términos de intuición, la psicología ha estudiado durante décadas cómo las mujeres poseen una sensibilidad especial para captar matices emocionales y sociales. Esta capacidad, a menudo desvalorizada en sociedades orientadas hacia la lógica y la acción, es una herramienta poderosa para la toma de decisiones y la conexión interpersonal.

Un aspecto esencial de la energía femenina es su conexión con el flujo de la vida. Esto implica no solo aceptar los cambios, sino abrazarlos como parte del crecimiento. En las culturas indígenas, las mujeres eran vistas como guardianas del equilibrio natural precisamente por esta conexión con los ciclos. En la actualidad, esta sabiduría puede recuperarse al reconocer cómo las mujeres tienen una relación especial con los ritmos de la naturaleza y sus propios cuerpos.

Un ejemplo contemporáneo que ilustra el poder transformador de la energía femenina es el movimiento global de recuperación del parto humanizado. Mujeres de todo el mundo han desafiado los modelos médicos tradicionales que despersonalizan el nacimiento, optando en su lugar por prácticas que honran la experiencia femenina como algo más que un procedimiento clínico. Este retorno a prácticas respetuosas y naturales demuestra cómo, al reconectar con la energía femenina, es posible transformar sistemas enteros en beneficio de la vida.

Para integrar esta energía en la vida diaria, es importante comprender que no se trata de "hacer" sino de "ser". Las mujeres que constantemente buscan validación externa o éxito tangible suelen desconectarse de esta fuerza interna. Por el contrario, las que se permiten momentos de quietud, reflexión y disfrute encuentran un equilibrio que no solo las beneficia a ellas, sino también a quienes las rodean. Esto no significa evitar las responsabilidades o los desafíos, sino enfrentarlos desde un lugar de plenitud.

Finalmente, la energía femenina no es una fuerza que deba buscarse fuera de ustedes. Está presente en cada respiración, en cada pensamiento, en cada acto de amor y cuidado. Honrarla es honrarse a una misma, y en ese proceso, transformar la manera en que se vive y se experimenta el mundo. Al cultivar esta energía, las mujeres no solo reconquistan su poder, sino que inspiran a todos a vivir en mayor armonía con su ser más profundo.

El impulso de lo masculino: Entendiendo la energía activa

Por otra parte la energía masculina es una fuerza transformadora que impulsa la acción, la lógica y la búsqueda de objetivos claros. Es la chispa que enciende el fuego del cambio, el mapa que traza el camino hacia la meta. Si bien esta energía está presente tanto en hombres como en mujeres, históricamente ha sido asociada con cualidades como la estructura, el enfoque y la determinación. Entenderla desde su raíz no solo permite apreciarla, sino también integrarla de manera equilibrada en la vida diaria, especialmente en un mundo que exige adaptabilidad y claridad de propósito.

Desde una perspectiva biológica, la energía masculina se encuentra intrínsecamente ligada a la necesidad de resolver problemas y crear orden. Investigaciones sobre neurociencia han revelado que las regiones del cerebro asociadas con la lógica y la planificación estratégica, como el lóbulo prefrontal, tienden a ser más activas cuando una persona está orientada a resolver un problema práctico. Este funcionamiento refleja una predisposición hacia la estructuración del caos, una habilidad que se activa tanto en el ámbito profesional como en el personal.

Psicológicamente, esta energía representa la capacidad de transformar la intención en acción. No es solo el deseo de alcanzar un objetivo, sino la habilidad de crear un camino claro y avanzar con determinación. La psicología del logro ha documentado cómo el establecimiento de metas específicas, un rasgo típico de esta energía, potencia el sentido de propósito y mejora el bienestar general. En este sentido, la energía masculina puede ser vista como el motor que convierte los sueños en realidades concretas.

Un caso emblemático que ilustra esta fuerza activa es el de Malala Yousafzai y su padre, Ziauddin. Aunque la historia de Malala es ampliamente conocida como un ejemplo de valentía y resiliencia, el papel de su padre, quien desde una posición estructurada y lógica la alentó a luchar por su educación, es igualmente significativo. Ziauddin no solo actuó como mentor, sino que también construyó un marco de apoyo y dirección que permitió a su hija florecer. Este ejemplo muestra cómo la energía masculina puede manifestarse en el apoyo y la guía, proporcionando un suelo firme desde el cual otros pueden alcanzar su máximo potencial.

En el ámbito del liderazgo, esta energía es fundamental para tomar decisiones bajo presión y mantener el enfoque en situaciones de incertidumbre. Sin embargo, también puede ser fuente de estrés cuando no se maneja de manera equilibrada. Muchas personas que se sienten atrapadas en el constante hacer y lograr experimentan una desconexión de su ser interior. Esto demuestra que, aunque la acción y el enfoque son cruciales, necesitan ser complementados por una reflexión pausada y un reconocimiento de las emociones que surgen en el proceso.

Para integrar esta energía en la vida cotidiana, es esencial recordar que no se trata solo de "lograr", sino de hacerlo con propósito. La estructura y la lógica son herramientas que pueden usarse para construir algo significativo, pero no deben convertirse en un fin en sí mismas. Las mujeres, en particular, pueden aprovechar esta energía activa al identificar áreas de su vida donde necesitan más dirección o claridad. Esto no significa abandonar la intuición o la receptividad, sino usar el enfoque lógico para fortalecer esas cualidades.

Finalmente, la energía masculina no se trata solo de acción por acción. Es la disciplina que permite construir puentes entre el presente y el futuro, la lógica que organiza las piezas del rompecabezas de la vida, y la fuerza que impulsa a superar obstáculos con determinación. Al abrazar esta energía, las mujeres pueden descubrir una faceta poderosa de sí mismas, una que complementa y amplifica su esencia total. Honrar esta fuerza no solo en los demás, sino también en el interior, es un acto de empoderamiento que abre nuevas posibilidades y transforma la forma en que vivimos y construimos nuestras vidas.

Ejercicio práctico: Equilibrando las energías masculina y femenina

En la vida cotidiana, muchas veces nos encontramos operando predominantemente desde una de nuestras energías esenciales, ya sea la masculina o la femenina. Este desequilibrio puede generar estrés, insatisfacción o una sensación de desconexión interna. Para restaurar la armonía, es crucial identificar estas áreas y trabajar conscientemente en su integración. A continuación, te presento un ejercicio práctico diseñado para explorar y equilibrar estas energías desde una perspectiva psicológica.

Paso 1: Identifica las áreas dominadas por la energía masculina

La energía masculina se manifiesta a través de cualidades como el control, la lógica, la estructura y la orientación hacia metas. En el contexto de tu vida, puede prevalecer en aspectos como el trabajo, las responsabilidades diarias y la toma de decisiones.

Reflexiona sobre estas preguntas:

- ¿En qué áreas de tu vida sientes la necesidad constante de tener el control?

- ¿Cuántas de tus acciones están orientadas exclusivamente hacia resultados?
- ¿Hay momentos en los que la búsqueda de eficiencia te desconecta de disfrutar el proceso?

Por ejemplo, en el ámbito laboral, podrías notar que gran parte de tu energía está dirigida a cumplir objetivos específicos y resolver problemas de forma lógica. Esto es positivo, pero si siempre operas desde esta energía, es probable que sientas desgaste o una desconexión emocional.

Paso 2: Reconoce las áreas donde fluye la energía femenina

La energía femenina, por otro lado, está conectada con la receptividad, la creatividad, las emociones y el disfrute. Se manifiesta en actividades que te permiten fluir y conectarte con el presente, como el arte, la expresión emocional, las relaciones interpersonales y el autocuidado.

Considera estas preguntas:

- ¿En qué momentos permites que tus emociones guíen tus decisiones?
- ¿Cuántas veces al día te permites disfrutar sin preocuparte por los resultados?
- ¿Existen espacios en tu vida dedicados a la creatividad y la intuición?

Por ejemplo, podrías notar que disfrutas mucho de actividades como pintar, escribir o pasar tiempo con tus seres queridos, pero estas prácticas ocurren de manera esporádica o se ven desplazadas por tus responsabilidades.

Paso 3: Reflexiona sobre el equilibrio

Una vez identificadas las áreas dominadas por cada energía, es momento de reflexionar sobre cómo equilibrarlas. Desde una perspectiva psicológica, la integración de ambas energías requiere conciencia y acción deliberada.

Imagina una situación en la que tu energía masculina domina, como organizar un proyecto. Pregúntate: ¿podrías incorporar elementos de creatividad o intuición en este proceso? Tal vez permitirte un momento de pausa para visualizar soluciones innovadoras, en lugar de solo seguir un plan rígido, podría marcar la diferencia.

Por el contrario, en momentos de disfrute o creatividad, ¿puedes introducir un poco de estructura sin perder el flujo natural? Por ejemplo, establecer un horario regular para actividades artísticas puede ayudar a mantenerlas como una prioridad.

Paso 4: Anota tus hallazgos y plan de acción

Escribir tus reflexiones es una herramienta poderosa para procesar y organizar tus pensamientos. Divide tu análisis en dos columnas:

Áreas dominadas por la energía masculina: Anota dónde sientes que hay una fuerte orientación hacia el control y los resultados.

Áreas donde fluye la energía femenina: Enumera los espacios donde la creatividad y las emociones son protagonistas.

A continuación, escribe estrategias concretas para equilibrarlas. Por ejemplo:

- Energía masculina: Reducir el control excesivo en el trabajo delegando tareas o confiando más en los demás.
- Energía femenina: Programar tiempo para actividades creativas o practicar la atención plena para conectar con el presente.

Un enfoque psicológico para el equilibrio

Desde una perspectiva psicológica, equilibrar estas energías también implica trabajar en la autorregulación emocional. La teoría de la integración equilibrada sugiere que el bienestar surge cuando combinamos el hacer (energía masculina) con el ser (energía femenina). Prácticas como la meditación, la escritura reflexiva y el diálogo interno compasivo pueden ayudarte a desarrollar esta integración.

Por ejemplo, estudios en psicología positiva han demostrado que las personas que equilibran el enfoque en metas con prácticas de gratitud y mindfulness experimentan mayores niveles de satisfacción y resiliencia. Aplicar estos principios en tu día a día puede llevarte a una vida más plena y armónica.

Capítulo 7. Reconectando con tu cuerpo

¿Alguna vez te has preguntado qué tan conectada estás con tu propio cuerpo? No me refiero solo a lo físico, sino a esa relación profunda donde entiendes sus señales, escuchas sus necesidades y fluyes con su ritmo natural. El cuerpo femenino es un espacio de sabiduría, un mapa que guía a través de emociones, ciclos y energía vital. Sin embargo, la rutina diaria, las exigencias externas y el ruido de la sociedad han llevado a muchas mujeres a desconectarse de sí mismas, olvidando la fuerza transformadora que habita en su interior.

Este capítulo es una invitación a redescubrir esa conexión perdida. La energía femenina no es una idea lejana ni un concepto místico, sino una realidad palpable que se expresa en la intuición, la creatividad y la sensibilidad. Es la esencia que te permite sentir, crear y transformar. Pero para despertar esa energía, primero necesitas aprender a escuchar tu cuerpo, reconocer su lenguaje y honrar su presencia en tu vida.

Muchas mujeres viven una batalla constante con su cuerpo, midiendo su valor según expectativas externas y estándares inalcanzables. Pero tu cuerpo no es tu enemigo; es tu mayor aliado. Guarda la memoria de lo que has vivido, tanto lo bueno como lo difícil, las emociones que no expresaste y las alegrías que atesoras. En él se encuentran no solo los bloqueos que te limitan, sino también las llaves para sanar, expandirte y sentirte plena.

Reconectar con tu cuerpo implica detenerte, sentir y escuchar. Es darle espacio a esas señales sutiles que te envía cada día, entender que cada sensación y cada emoción son mensajes que buscan guiarte hacia tu autenticidad. No se trata de luchar contra lo que sientes, sino de comprender que tu cuerpo siempre está hablando y que al prestarle atención, descubres tu verdadero poder.

A lo largo de la historia, las mujeres han vivido en sintonía con sus ciclos naturales, reflejados en la luna, las estaciones y los cambios internos. Pero hoy, en un mundo que premia lo constante y estructurado, esa conexión se ha debilitado. Nos han enseñado a ignorar los cambios de energía, a exigirnos el mismo ritmo cada día, sin darnos permiso para fluir con nuestras propias necesidades.

Volver a entender tus ciclos es una forma de autoconocimiento. No solo se trata del ciclo menstrual, sino también de tus ritmos emocionales y espirituales. Aceptar que no siempre tienes la misma energía, que hay momentos de expansión y otros de introspección, es clave para vivir de forma más auténtica y alineada contigo misma.

En este apartado encontrarás prácticas y reflexiones que te ayudarán a reconectar con tu cuerpo y su sabiduría. Desde movimientos intuitivos que liberan emociones, hasta ejercicios que te enseñarán a escuchar y soltar tensiones, cada herramienta aquí tiene un propósito: ayudarte a recuperar tu esencia.

La invitación es clara: deja de ver tu cuerpo como algo que debes controlar y empieza a verlo como tu compañero de vida, como un guía que te lleva hacia una existencia más plena. Cuando recuperas esa conexión, despiertas tu energía femenina y, con ella, una fuente inagotable de fuerza, creatividad y amor propio.

Reconectar contigo misma no es un capricho, es una necesidad. Es el primer paso para recordar el poder que siempre ha estado dentro de ti.

El cuerpo como refugio de sabiduría

¿Alguna vez has sentido que tu cuerpo te habla, pero no sabes exactamente qué quiere decirte? Tal vez con un nudo en el estómago cuando algo no va bien o un suspiro profundo cuando al fin te relajas. Lo cierto es que el cuerpo no solo nos lleva de un lado a otro, sino que también guarda nuestras emociones, recuerdos y experiencias. Es como un archivo vivo que registra todo lo que vivimos, incluso lo que intentamos ignorar.

El problema es que muchas veces no se les presta la atención requerida. Nos acostumbramos a funcionar en piloto automático, ignorando dolores, cansancio y tensiones. Pero si aprendemos a escucharlo, podemos descubrir una sabiduría que nos ayudará a sentirnos mejor contigo misma y con los demás. Este capítulo es una invitación a ver tu cuerpo no como un problema que hay que arreglar, sino como un aliado para recuperar energía, bienestar y equilibrio.

El cuerpo como almacén de emociones

Imagínate que cada emoción que no expresas se queda en algún rincón de tu cuerpo. El enojo que no soltaste, la tristeza que reprimiste, el miedo que trataste de ignorar... No desaparecen, simplemente se quedan atrapados, esperando salir de alguna manera. Y cuando no les damos una salida sana, el cuerpo se encarga de recordárnoslo: tensión en los hombros, fatiga constante, malestares que parecen no tener explicación.

Para muchas mujeres, esto se intensifica porque desde pequeñas se les ha enseñado a ser fuertes, a encargarse de todo sin quejarse y a ponerse en segundo plano. Pero vivir así pasa factura. Tu cuerpo te manda señales todo el tiempo, y si aprendes a escucharlas, podrás liberar esas cargas que te impiden sentirte en paz.

Bloqueos energéticos y su impacto en la vitalidad

Imagina un río que fluye libremente. Ahora, si comienzan a acumularse piedras y ramas en el camino, el agua deja de correr con la misma fuerza. Algo similar sucede con nuestro cuerpo cuando cargamos con emociones sin procesar: la energía se estanca, y eso nos hace sentir agotadas, tensas o desconectadas.

Algunos signos de que podrías estar acumulando bloqueos emocionales son:

- Te sientes cansada a pesar de dormir bien.
- Hay una sensación de peso emocional que no puedes explicar.
- Sientes que no estás completamente presente en tu cuerpo.

Estos bloqueos no solo afectan el cuerpo, también pueden influir en la manera en que te relacionas con los demás y en la capacidad de disfrutar la vida. La buena noticia es que hay formas de liberar esa energía para así volver a sentirte ligera y en equilibrio.

El cuerpo como aliado para sanar

Aquí es donde viene lo interesante: tu cuerpo no está en tu contra, todo lo contrario. Es un aliado que está esperando que lo escuches para ayudarte a sanar. No se trata de hacer cosas complicadas ni de convertirte en experta en meditación, sino de pequeños cambios que pueden hacer una gran diferencia.

Algunas formas sencillas de empezar son:

1. Escucha activa del cuerpo. Tómate unos minutos al día para notar cómo te sientes físicamente. ¿Hay tensión en alguna parte? ¿Te duele algo sin razón aparente? Tu cuerpo siempre está tratando de decirte algo.
2. Movimiento consciente. No tienes que ir al gimnasio si no quieres, pero moverte ayuda a liberar tensiones. Puedes bailar en tu casa, estirarte por las mañanas o simplemente caminar con atención plena.
3. Respiración profunda. La forma en que respiramos influye en cómo nos sentimos. Cuando estás estresada, tu respiración suele ser superficial. Practicar respiraciones

profundas puede ayudarte a soltar tensiones y relajar el sistema nervioso.
4. Terapias corporales. Masajes, acupuntura o simplemente un baño caliente pueden ayudar a liberar el estrés acumulado.
5. Expresión emocional segura. Escribir en un diario, hablar con alguien de confianza o incluso llorar cuando lo necesitas son formas sanas de liberar lo que llevas dentro.

La relación entre cuerpo, mente y energía femenina

Cuando estás en armonía con tu cuerpo, también te conectas con tu intuición y creatividad. La energía femenina es fluida, flexible y creadora, pero muchas veces se ve bloqueada por la presión de ser productivas todo el tiempo.

Aprender a escuchar tu cuerpo es también aprender a confiar en él. No se trata solo de salud física, sino de bienestar integral. Cuando dejas de luchar contra él y empiezas a verlo como un refugio, puedes encontrar respuestas que ni siquiera sabías que necesitabas.

Un camino hacia la reconexión

Sanar la relación con tu cuerpo no es algo que sucede de la noche a la mañana, pero cada pequeño paso que tomas es un acto de amor hacia ti misma. Lo importante no es hacerlo perfecto, sino hacerlo con intención.

Recuerda, tu cuerpo no solo guarda todo lo que has vivido, también tiene la capacidad de soltarlo. Y en esa liberación, encontrarás una nueva energía, una mayor paz y una conexión más profunda contigo misma. ¿Por qué no empiezas hoy? Escucha a tu cuerpo con amabilidad. Él ya sabe el camino de regreso a tu bienestar.

El poder de los ciclos: Reconectar con tu naturaleza

En la vida actual, se nos enseña a valorarnos a través de nuestra productividad, nuestro rendimiento y nuestra capacidad de mantenernos constantes, como si todos los días fueran iguales. Sin embargo, la naturaleza no funciona de manera lineal, sino cíclica, y tú, como mujer, estás profundamente conectada con esos ritmos naturales. Los ciclos no son limitaciones; son fuentes de poder, sabiduría y renovación.

Como hombres, a menudo nos cuesta comprender la profundidad de esta conexión. Pero al observar cómo las mujeres con las que compartimos nuestras vidas enfrentan el agotamiento, la desconexión y el estrés, se vuelve evidente la necesidad de honrar esos ciclos. Este texto es una invitación a que te reconozcas como parte de la naturaleza misma, a que redescubras la armonía que existe entre tu cuerpo, tus emociones y los ritmos de la vida.

Los ciclos naturales; el menstrual, el lunar y el estacional; no son obstáculos, sino guías que te ayudan a comprenderte mejor y a vivir en sintonía con tu esencia. Sin embargo, la vida moderna muchas veces nos separa de esa conexión, llevándote a ignorar las señales que tu cuerpo y tu energía te envían. Hoy quiero invitarte a reconectar con esos ciclos y descubrir el inmenso poder que hay en ellos.

La desconexión de los ciclos naturales

El ritmo frenético del día a día muchas veces exige que estés siempre al máximo, ignorando las fluctuaciones naturales de energía que son parte integral de tu ser. Estas expectativas no solo generan agotamiento físico y emocional, sino que también crean una desconexión con tu cuerpo y con los ciclos que lo rigen.

El ciclo menstrual, por ejemplo, es mucho más que un evento biológico. Sus cuatro fases; menstrual, folicular, ovulatoria y lútea; reflejan un flujo natural de energía, creatividad e introspección. Sin embargo, la presión de rendir igual todos los días puede llevarte a ignorar estas señales, forzándote a trabajar en contra de tu propio ritmo.

De manera similar, las fases de la luna; nueva, creciente, llena y menguante; influyen en tus emociones y energía, reflejando los mismos patrones cíclicos. Y, por supuesto, las estaciones del año también tienen un impacto significativo: el invierno invita al descanso, la primavera a la renovación, el verano a la celebración y el otoño a la reflexión. Sin embargo, cuando el mundo exterior exige que estés en "modo verano" todo el tiempo, la desconexión se vuelve inevitable.

El poder de abrazar tus ciclos

Reconectar con tus ciclos naturales no significa renunciar a tus metas ni aislarte del mundo. Al contrario, se trata de aprender a vivir en armonía con tu propia naturaleza, respetando tus ritmos internos y usándolos como una guía para tomar decisiones y organizar tu vida.

Esto requiere valentía. Reconocer que no siempre puedes estar en la cima de tu energía es un acto de humildad, pero también de fortaleza. Es un recordatorio de que respetar tus ciclos no te hace menos capaz; al contrario, te hace más consciente, más auténtica y más poderosa.

Cómo reconectar con tus ciclos naturales:

1. Aprende a escuchar tu cuerpo. El primer paso para reconectar con tus ciclos es desarrollar una conexión más profunda con tu cuerpo. Escuchar lo que necesita, cómo se siente y qué está tratando de comunicarte.

Recomendación práctica: Lleva un diario donde registres tus niveles de energía, tus emociones y cualquier cambio físico que notes a lo largo del mes. Con el tiempo, empezarás a identificar patrones y a comprender cómo fluctúa tu energía.

2. Honra las fases de tu ciclo menstrual. Cada fase del ciclo menstrual tiene sus propias características:

- Menstrual: Es un momento de introspección y descanso.
- Folicular: Aquí tu energía comienza a crecer, lo que lo convierte en un buen momento para iniciar proyectos.
- Ovulatoria: Es la fase de mayor creatividad y conexión social.
- Lútea: Tiempo de reflexión y de finalizar tareas.

Recomendación práctica: Ajusta tus actividades según estas fases. Por ejemplo, programa actividades creativas o sociales durante tu fase ovulatoria y tómate tiempo para descansar durante tu menstruación.

3. Conéctate con las fases de la luna. La luna refleja un ciclo similar al menstrual:

- Luna nueva: Momento de establecer intenciones y reflexionar.
- Luna creciente: Tiempo de acción y desarrollo.
- Luna llena: Energía máxima para celebrar logros.
- Luna menguante: Etapa de liberación y cierre.

Recomendación práctica: Observa cómo te sientes durante cada fase lunar y ajusta tus rutinas para alinear tus actividades con estas energías.

4. Fluye con las estaciones del año. Cada estación trae consigo una energía particular:

- Invierno: Tiempo para descansar y recargar.

- Primavera: Energía para nuevos comienzos.
- Verano: Una invitación a disfrutar y celebrar.
- Otoño: Momento de reflexión y de soltar lo que ya no necesitas.

Recomendación práctica: Adapta tus hábitos a las estaciones. Por ejemplo, prioriza el autocuidado en invierno o involúcrate en proyectos creativos en primavera.

5. Cultiva la autocompasión. Reconectar con tus ciclos no es un proceso perfecto ni lineal. Habrá días en que no logres estar en sintonía con tus ritmos, y está bien.

Recomendación práctica: Practica hablarte con amabilidad. Recuérdate que estás aprendiendo a reconectar con una parte esencial de ti misma y que cada pequeño paso es valioso.

Beneficios de vivir en sintonía con tus ciclos

Al reconectar con tus ciclos naturales, no solo encontrarás mayor equilibrio emocional, sino también una conexión más profunda con tu intuición y creatividad. Vivir en armonía con tus ritmos internos te permitirá fluir en lugar de luchar contra la corriente, reduciendo el estrés y aumentando tu bienestar general.

Además, esta conexión contigo misma se reflejará en tus relaciones. Cuando entiendes tus ciclos, puedes comunicar mejor tus necesidades y establecer límites saludables, lo que te permitirá relacionarte desde un lugar de autenticidad y plenitud.

El llamado a reconectar con tu esencia

Los ciclos naturales son un regalo, una guía constante para regresar a lo esencial y vivir en armonía con tu ser. Reconectar con ellos no es solo un acto de cuidado personal, sino también un acto de amor hacia ti misma.

Al hacerlo, recordarás que, como la luna y las estaciones, tienes un brillo único y una capacidad infinita para renovarte y florecer. Este es tu momento para escuchar a tu cuerpo, honrar tu naturaleza y abrazar todo lo que eres.

Prácticas para reconectar con tu cuerpo: Liberación y armonía interior

El cuerpo es un templo lleno de energía y sabiduría que muchas veces olvidamos escuchar. Reconectarte con él no solo te permite liberar bloqueos emocionales, sino también descubrir una fuente de creatividad y fuerza interna. A continuación, exploraremos tres prácticas esenciales para recuperar esa conexión profunda: danza libre, meditación corporal y la reconexión con los ciclos lunares. Cada práctica incluye un paso a paso detallado que puedes incorporar en tu rutina diaria.

1. Danza libre: Moviendo la energía reprimida

La danza libre es una forma poderosa de liberar emociones atrapadas y desbloquear la energía. Al moverte sin juicios ni estructuras, permites que tu cuerpo se exprese de forma auténtica.

Paso a paso:

Número 1. Preparación (2 minutos): Elige un lugar cómodo y privado donde puedas moverte sin distracciones.

Prepara tu música favorita, preferiblemente algo que te inspire y te conecte con tus emociones.

Número 2. Conexión inicial (1 minuto): Cierra los ojos, respira profundamente tres veces y siente el suelo bajo tus pies. Esto te ayudará a estar presente en el momento.

Número 3. Movimiento espontáneo (5 minutos): Permite que tu cuerpo se mueva como lo sienta, sin preocuparte por cómo se ve.

Deja que el ritmo de la música guíe tus movimientos, ya sea suaves o intensos.

Número 4. Liberación emocional (1-2 minutos): Si sientes ganas de gritar, reír o llorar, permítetelo. Este es un espacio seguro para liberar lo que llevas dentro.

Número 5. Cierre consciente (1 minuto): Reduce el ritmo de tus movimientos hasta detenerte lentamente. Respira profundamente y agradece a tu cuerpo por expresarse.

Recomendación: Practica la danza libre por al menos 10 minutos al día para notar cómo mejora tu estado emocional y energético.

2. Meditación corporal: Escuchando las señales internas

La meditación corporal es una técnica de atención plena que te ayuda a identificar y liberar tensiones acumuladas. Este ejercicio conecta tu mente con las sensaciones de tu cuerpo.

Paso a paso:

Número 1. Preparación del espacio (2 minutos): Busca un lugar tranquilo donde puedas sentarte o recostarte cómodamente. Usa ropa holgada y ten una manta cerca si lo deseas.

Número 2. Relajación inicial (2 minutos): Cierra los ojos y realiza respiraciones profundas, inhalando por la nariz y exhalando lentamente por la boca.

Número 3. Escaneo corporal (5 minutos): Comienza desde la cabeza y baja lentamente hacia los pies, prestando atención a cada parte del cuerpo. Nota si sientes tensión, incomodidad o relajación en cada área.

Número 4. Liberación de tensiones (3 minutos): Enfoca tu respiración en las áreas de tensión. Inhala profundamente y, al exhalar, imagina que liberas esa tensión poco a poco.

Número 5. Reflexión final (1 minuto): Antes de terminar, pregúntate qué mensaje te ha transmitido tu cuerpo. Agradece las señales que recibiste y comprométete a atenderlas.

Recomendación: Realiza esta práctica diariamente por al menos 10 minutos para cultivar una conexión más profunda con tu cuerpo.

3. Reconexión con los ciclos lunares: Ritmos naturales y emociones

Comprender cómo fluctúa tu energía a lo largo de los ciclos lunares te permite alinear tus emociones y actividades con los ritmos naturales. Llevar un diario es una herramienta clave para este proceso.

Paso a paso:

Número 1. Preparación del diario (5 minutos): Consigue un cuaderno especial para este propósito. Decóralo si lo deseas, para que sea un espacio personal y significativo.

Número 2. Observación diaria (5 minutos): Cada noche, antes de dormir, escribe brevemente cómo te sentiste durante el día (energía, emociones, creatividad).

Número 3. Identificación de las fases lunares (1 minuto): Consulta un calendario lunar y anota en qué fase se encuentra la luna (nueva, creciente, llena o menguante). Relaciona esto con tus emociones.

Número 4. Análisis semanal (10 minutos): Revisa tus entradas del diario al final de cada semana. Busca patrones o conexiones entre tus emociones y las fases lunares.

Número 5. Planeación consciente (5 minutos): Usa lo que has aprendido para planificar tus actividades según tus niveles de energía. Por ejemplo, realiza tareas creativas durante la luna creciente y dedica tiempo a reflexionar durante la luna menguante.

Recomendación: Mantén este hábito por al menos un mes para empezar a notar patrones significativos y fortalecer tu conexión con los ciclos naturales.

Para finalizar, es importante que sepas que estas tres prácticas son puertas de entrada a una relación más profunda con tu cuerpo y tu energía femenina. La constancia es clave para obtener los beneficios, así que dedica unos minutos al día para incorporar estas actividades en tu rutina. Recuerda que este es un proceso de autodescubrimiento, donde lo más importante es escuchar a tu cuerpo y permitirte fluir con su sabiduría.

Capítulo 8. El arte del autocuidado ritualizado

Seguro que entre el trabajo, la familia y todas las cosas que tienes pendientes, a veces sientes que no hay espacio para ti. Y no es raro. Muchas mujeres pasan tanto tiempo cuidando a los demás que se olvidan de sí mismas. Pero aquí viene lo importante: dedicarte tiempo no es un lujo ni un capricho, es una necesidad. Es la manera en la que recargas energías para seguir adelante sin agotarte.

Quiero que veas el autocuidado de otra forma. No se trata solo de ponerte una mascarilla o darte un baño de espuma –aunque, claro, eso ayuda–. Es mucho más profundo. Es hacerte un espacio en la vida para ti, para escucharte y darte lo que necesitas. Porque cuando el autocuidado deja de ser algo ocasional y se convierte en un hábito sagrado, cambia todo. No solo te sentirás mejor físicamente, sino que también te ayudará a estar más en equilibrio y con más claridad en lo que quieres.

A veces crees que no puedes darte ese tiempo porque hay demasiadas cosas que hacer. Pero, ¿qué pasaría si en lugar de verlo como un extra lo vieras como algo tan esencial como dormir o comer? Imagínate que cada semana tuvieras un día solo para ti. Un día donde no importa lo que el mundo pida, sino lo que tú necesitas. No se trata de aislarte, sino de darte el espacio para reconectar contigo misma.

Cuando el autocuidado se vuelve un hábito, deja de ser una idea bonita y se convierte en una realidad que transforma tu vida. No es egoísmo, es equilibrio. Es aprender a poner límites, a decir "hoy es mi momento" sin sentir culpa. Y lo mejor de todo, es que cuando tú estás bien, puedes dar lo mejor de ti a los demás sin sentirte drenada.

Piensa en ese día especial de la semana como un regalo. No es para ponerte al día con pendientes ni para hacer favores. Es para hacer cosas que te nutran: salir a caminar, leer, escuchar música, cocinar algo que disfrutes o simplemente descansar sin sentir que estás perdiendo el tiempo. No necesitas grandes planes ni gastar dinero; lo único que hace falta es darte permiso.

Cuando decides hacer del autocuidado un hábito, envías un mensaje poderoso: Mi bienestar es importante. Y cuando lo priorizas, no solo te sientes mejor, sino que también inspiras a otras personas a hacer lo mismo. Es un acto de amor propio que cambia la forma en que vives tu día a día.

En las siguientes secciones, te mostraré cómo hacer que estos momentos sean parte de tu rutina, cómo descubrir lo que realmente necesitas y cómo convertir el autocuidado en un pilar de tu vida. Este es el inicio de un camino hacia una versión más fuerte y auténtica de ti misma.

Cuidarte no es un premio ni algo que "te ganas" solo cuando terminas todo lo demás. Es una parte fundamental de vivir bien. Y cuando logras verlo así, el amor propio deja de ser la excepción para convertirse en la base de todo lo que eres.

Convertir el autocuidado en un ritual sagrado

El autocuidado no es un acto superficial, ni una tendencia que se limita a los momentos libres. Es un proceso profundo de conexión contigo misma, un acto de amor propio que puede convertirse en un ritual sagrado cuando lo abordas con intención y significado. En un mundo que constantemente demanda tu atención y energía, priorizar tu bienestar no solo es necesario, sino vital para vivir de manera plena y auténtica.

Cuando hablo de ritual, me refiero a un acto que trasciende la rutina. Un ritual tiene propósito, estructura y un significado que te invita a estar presente en el momento. No es solo tomar un baño; es purificar tu energía. No es solo encender una vela; es iluminar un espacio de calma interior. Convertir el autocuidado en un ritual sagrado implica transformar acciones cotidianas en momentos de profunda conexión contigo misma.

El poder de los rituales en el bienestar emocional

¿Alguna vez has notado cómo ciertas cosas que haces con frecuencia te dan calma? Tal vez sea tomarte un café en la mañana en silencio, escribir un par de líneas en un diario o simplemente acostarte en la cama con tu música favorita después de un día pesado. Esos pequeños momentos, cuando los haces con intención, tienen un efecto poderoso en cómo te sientes.

Los rituales no son solo para ocasiones especiales o para otras personas. También son para ti. Y cuando los incorporas a tu vida como un hábito, te das un mensaje claro: mi bienestar importa. No es cuestión de lujo ni de moda, es una forma de recordarte que mereces sentirte bien y que, pase lo que pase alrededor, tienes algo que te ancla, que te da estabilidad.

No se trata de hacer cosas complicadas ni de seguir pasos exactos. Lo importante es que sea algo que te haga sentir en paz, que te ayude a reconectar contigo misma. Puede ser encender una vela cada noche antes de dormir, darte un masaje en las manos con tu crema favorita o dedicar unos minutos a respirar profundo antes de empezar el día. Lo que importa no es lo que hagas, sino que lo hagas con intención, con ese propósito de cuidarte y escucharte.

Cuando conviertes estos pequeños actos en rituales, empiezas a notar algo interesante: te sientes más tranquila, menos reactiva ante el caos diario. Y no es magia, es simplemente que le das a tu mente y a tu cuerpo un momento de estabilidad en medio de todo. Es como un recordatorio de que, sin importar lo que pase afuera, siempre puedes encontrar un espacio seguro dentro de ti.

Crear un espacio para tus rituales

El primer paso para convertir el autocuidado en un ritual sagrado es crear un espacio donde puedas desconectarte del ruido externo y reconectar contigo misma. No necesitas un spa de lujo o un rincón perfecto en casa; lo esencial es que ese lugar te invite a relajarte y sentirte segura. Puede ser tu baño, un rincón en tu habitación o incluso un espacio al aire libre.

Decorar este espacio con elementos que te inspiren calma puede potenciar su efecto. Las velas, los aceites esenciales, la música suave o incluso una manta acogedora son recursos simples pero efectivos. La clave está en personalizarlo, hacerlo tuyo, para que cada vez que entres en ese espacio sientas que estás cruzando un umbral hacia un momento de cuidado y amor propio.

El baño como ritual de purificación

Un ejemplo poderoso de autocuidado ritualizado es un baño con intención. En muchas culturas, los baños han sido utilizados como una forma de purificación, tanto física como espiritual. No es casualidad que prácticas como los baños de sales, aceites esenciales y hierbas sean recomendados para equilibrar la energía del cuerpo y la mente.

Aquí tienes un paso a paso para transformar un baño en un ritual sagrado:

- Prepara el ambiente: Antes de llenar la bañera, asegúrate de que el espacio esté limpio y organizado. Enciende velas, apaga las luces y pon música relajante si lo deseas.
- Elige los elementos del agua: Añade sales de baño para liberar toxinas, aceites esenciales como lavanda o eucalipto para relajar los músculos, y si lo prefieres, pétalos de flores para un toque simbólico.

- Establece una intención: Antes de entrar al agua, tómate un momento para cerrar los ojos y definir tu intención para este ritual. Puede ser soltar el estrés, reconectar con tu cuerpo o simplemente disfrutar el momento.
- Sumérgete con atención plena: Mientras te sumerges, permite que el agua te abrace. Siente cómo disuelve tensiones y limpia no solo tu piel, sino también tu energía.
- Cierra el ritual: Al terminar, seca tu cuerpo suavemente, agradeciendo este tiempo contigo misma. Puedes finalizar con una crema hidratante o un aceite corporal, masajeando cada parte de tu cuerpo con cariño.

Este ritual, aunque sencillo, tiene el poder de renovar tu energía y fortalecer la conexión con tu cuerpo.

La importancia de la repetición

Los rituales sagrados ganan poder a través de la repetición. Al igual que los hábitos, cada vez que realizas un ritual, envías un mensaje a tu cerebro de que ese acto es importante. La repetición crea un espacio de familiaridad y confianza, lo que ayuda a reducir la ansiedad y fomentar un sentido de equilibrio en tu vida.

Incluir momentos específicos en tu rutina para ritualizar el autocuidado no significa añadir más tareas a tu lista. Al contrario, es una forma de simplificar y priorizar lo que realmente importa: tu bienestar.

El impacto del autocuidado en la energía femenina

La energía femenina, según muchas tradiciones, es cíclica, intuitiva y receptiva. Sin embargo, la vida moderna a menudo te empuja hacia una energía constante de acción y productividad, desconectándote de tu esencia. Ritualizar el autocuidado es una forma de regresar a ese espacio interior donde resides en armonía con tus ciclos y emociones.

Al cuidar de ti misma con intención, también fortaleces tu intuición, esa voz interna que muchas veces se ve silenciada por el ruido externo. Los rituales te invitan a escuchar y a confiar en lo que sientes, en lo que tu cuerpo y tu corazón necesitan.

El autocuidado como un acto de resistencia

En un entorno que valora más lo que haces que lo que eres, tomarte tiempo para ti es un acto de resistencia. Es recordarte que no estás aquí para cumplir expectativas externas, sino para vivir en plenitud. Es demostrarte a ti misma que mereces amor, cuidado y atención, no porque hayas hecho algo extraordinario, sino simplemente porque eres tú.

Cuando conviertes el autocuidado en un ritual sagrado, estás reclamando tu derecho a existir plenamente, sin prisas, sin presiones, simplemente siendo. Este es el primer paso para una vida más consciente, más equilibrada y más conectada con lo que realmente importa.

Haz del autocuidado un ritual sagrado. No porque debas, sino porque te lo mereces.

Reconociendo tus necesidades emocionales

Reconocer tus necesidades emocionales no es un signo de debilidad; es un acto de fortaleza y respeto hacia ti misma. Es un recordatorio de que tu bienestar emocional es tan importante como tu bienestar físico, y que atenderlo no es un lujo, sino una prioridad.

Como hombre, al escribir estas palabras, no pretendo comprender completamente la experiencia femenina, pero sí admiro y reconozco la profundidad emocional que muchas mujeres poseen y la fuerza que demuestra al enfrentar los desafíos de la vida. Este apartado es una invitación a reconectar con esa autenticidad emocional, a explorar lo que sientes y a darte permiso de sentirlo sin culpa ni vergüenza.

Ser tú misma, sin filtros

¿Cuántas veces has sonreído cuando en realidad querías llorar? ¿O has dicho "estoy bien" cuando por dentro sentías todo menos eso? A muchas mujeres les han enseñado que ser fuerte significa callar lo que sienten, aguantar, no hacer olas. Pero, ¿sabes qué? Ignorar lo que llevas dentro no hace que desaparezca.

Las emociones no son un problema ni una debilidad. Son señales, como luces en el tablero de un auto. Si ignoras una luz de advertencia por mucho tiempo, tarde o temprano el motor te pasa la factura. Lo mismo ocurre con lo que sientes. Guardarlo todo solo te cansa, te desgasta y, al final, termina saliendo de alguna manera: en forma de ansiedad, insomnio o incluso molestias físicas que no sabes de dónde vienen.

Ser auténtica con lo que sientes no significa desbordarte o perder el control. Se trata de reconocerlo. Permitirte estar triste cuando algo duele, estar molesta cuando algo no es justo, estar feliz sin sentir culpa. No tienes que justificar cada emoción ni dar explicaciones a nadie. Lo que sientes es válido, y mientras más te permitas expresarlo de forma sincera, más ligera te sentirás.

La próxima vez que te descubras reprimiendo algo por miedo a incomodar o a "quedar bien", detente un segundo y pregúntate: ¿Qué necesito en este momento? A veces, solo necesitas darte permiso de sentir, sin filtros ni máscaras. Y eso, más que una debilidad, es un acto de valentía.

El ejemplo de Serena Williams: Conectar con la vulnerabilidad

Un ejemplo poderoso de autenticidad emocional se encuentra en la historia de Serena Williams, una de las atletas más icónicas de nuestro tiempo. Serena no solo ha demostrado una habilidad extraordinaria en el tenis, sino que también ha compartido abiertamente los desafíos emocionales que ha enfrentado, tanto dentro como fuera de la cancha.

En 2018, durante el Abierto de Estados Unidos, Serena enfrentó una situación que la llevó a expresar su frustración y su vulnerabilidad en público. Fue criticada por mostrar sus emociones de manera abierta, algo que rara vez se espera de figuras públicas, especialmente de mujeres. Sin embargo, en entrevistas posteriores, Serena habló sobre la importancia de permitirse sentir y expresar lo que llevaba dentro, incluso si era incómodo o difícil.

Su historia es un recordatorio de que la vulncrabilidad no es un signo de debilidad, sino de humanidad. Al aceptar sus emociones y compartirlas, Serena no solo se permitió sanar, sino que también inspiró a muchas otras mujeres a hacer lo mismo.

El impacto de reprimir las emociones

Reprimir las emociones puede parecer una solución temporal, pero en realidad es como intentar tapar una olla a presión. Tarde o temprano, lo que has intentado contener saldrá a la superficie, a menudo de formas inesperadas. La tristeza no expresada puede convertirse en desesperanza, la ira no reconocida en resentimiento, y la alegría no compartida en insatisfacción.

Reconocer tus necesidades emocionales no significa dejarte llevar por tus emociones sin control. Más bien, se trata de escucharlas y de entender qué te están diciendo. La tristeza puede ser una señal de que necesitas soltar algo. La ira puede indicar que algo importante para ti ha sido ignorado o violado. La alegría puede ser un recordatorio de lo que realmente valoras en la vida.

Un ejercicio práctico es llevar un diario emocional. Dedica unos minutos al final de cada día para escribir cómo te sentiste y por qué.

Este simple acto puede ayudarte a identificar patrones emocionales y a comprender mejor tus propias necesidades.

Cómo empezar a reconocer tus emociones:

- Haz una pausa: En los momentos de estrés o confusión, tómate un momento para detenerte y respirar profundamente. Pregúntate: "¿Qué estoy sintiendo en este momento?"
- Etiqueta tus emociones: Darle un nombre a lo que sientes puede ser sorprendentemente liberador. ¿Es tristeza, frustración, alegría, ansiedad? Ponle palabras a tus emociones.
- Permítete sentir: No intentes "arreglar" tus emociones de inmediato. Permítete experimentarlas sin juicio, como un observador curioso.
- Busca apoyo si lo necesitas: Hablar con una amiga, un terapeuta o una persona de confianza puede ayudarte a procesar tus emociones de manera más efectiva.

Sé tan buena contigo como lo eres con los demás

Si pudieras escuchar en voz alta la forma en que te hablas a ti misma, ¿te sentirías bien? Muchas mujeres son sus propias críticas más duras. Se exigen más de lo que exigirían a cualquiera, se culpan por sentirse tristes o cansadas, y en lugar de darse un respiro, se dicen cosas que jamás le dirían a una amiga.

Si una amiga llega a ti diciéndote que está agotada, que no puede más, que siente que todo le pesa… ¿Qué harías? No la juzgarías. No le dirías que exagere o que "se ponga las pilas". La escucharías, la abrazarías y le recordarías que es humana, que no tiene que ser fuerte todo el tiempo. ¿Por qué no hacer lo mismo contigo?

No se trata de excusarte ni de conformarte con menos. Se trata de entender que no eres una máquina, que necesitas descanso, que tienes derecho a sentirte vulnerable sin que eso signifique que estás fallando. La verdadera fortaleza no está en ignorar lo que sientes, sino en darte el permiso de ser humana.

Como hombre, no pretendo saber exactamente lo que llevas dentro, pero sí sé que no hay nadie más importante que tú para escucharte, entenderte y darte lo que realmente necesitas. Porque al final del día, las respuestas que buscas no están en el ruido del mundo, sino en esa voz interna que, si la dejas, te mostrará el camino.

Ejercicio práctico: Diseña un día de autocuidado semanal

El autocuidado no es solo una tendencia; es una necesidad fundamental para mantener el equilibrio en nuestra vida. Dedicar un día semanal exclusivamente a tu bienestar físico, mental y espiritual puede convertirse en un ritual transformador. Este ejercicio práctico te ayudará a diseñar un día de autocuidado que se adapte a tus necesidades y te brinde una pausa revitalizante. Aquí tienes una guía con actividades sugeridas para cada parte del día.

Mañana: Reconecta con tu cuerpo y mente

Las mañanas son ideales para establecer una base de calma y enfoque. Cualquiera de estas actividades te ayudará a iniciar el día con energía renovada:

- Yoga suave o estiramientos: Dedica 20 minutos a mover tu cuerpo con suavidad. Esto libera tensiones acumuladas y mejora la circulación.
- Meditación guiada: Encuentra una meditación que se enfoque en la gratitud o la intención del día. Solo necesitas 10-15 minutos para sentirte más centrada.

- Caminata consciente: Sal a caminar en la naturaleza o en un parque cercano. Presta atención a los sonidos, los colores y los aromas a tu alrededor.
- Infusión matutina: Prepara una bebida caliente como té de manzanilla o jengibre. Bébela lentamente mientras reflexionas sobre cómo quieres que sea tu día.
- Diario de intenciones: Escribe tres intenciones positivas para el día, enfocándote en cómo quieres sentirte en lugar de lo que deseas lograr.

Tarde: Nutre tu mente y creatividad

La tarde es un momento perfecto para actividades que estimulen tu mente, exploren tu creatividad y fortalezcan tu conexión contigo misma. Estas actividades te pueden ayudar en tal sentido.

- Escribir en tu diario: Reflexiona sobre tus emociones y experiencias recientes. Escribir puede ser liberador y ayudarte a procesar pensamientos.
- Leer un libro inspirador: Escoge una obra que te motive o te haga reflexionar. Puede ser ficción, poesía o un ensayo profundo.
- Arte o manualidades: Pinta, dibuja o experimenta con alguna actividad manual como hacer pulseras o bordados.
- Baño de sol consciente: Si el clima lo permite, siéntate al aire libre durante 10-15 minutos y absorbe la energía del sol mientras respiras profundamente.
- Podcast o música relajante: Escucha algo que te inspire o calme. La música instrumental o los podcasts de desarrollo personal son excelentes opciones.

Noche: Relaja tu cuerpo y reflexiona

Por la noche, enfócate en liberar el estrés del día y preparar tu mente y cuerpo para el descanso. Estas actividades pueden ayudarte a cerrar el día con tranquilidad:

- Baño relajante: Llena la bañera con agua tibia y añade sales de baño, aceites esenciales o pétalos de flores. Dedica este momento a desconectarte del ruido exterior.
- Ritual de cuidado facial: Usa mascarillas, exfoliantes o aceites naturales mientras te observas en el espejo con amabilidad y aprecio por ti misma.
- Velas y aromaterapia: Crea un ambiente cálido encendiendo velas y usando un difusor con aceites esenciales como lavanda o eucalipto.
- Agradecimientos en tu diario: Antes de dormir, escribe tres cosas por las que estás agradecida. Este hábito fomenta una mentalidad positiva y reduce la ansiedad.
- Lectura relajante: Elige algo ligero o inspirador que te ayude a desconectar del estrés y te prepare para el descanso.

Cómo empezar y mantener tu ritual de autocuidado

1. Elige un día fijo: Escoge un día de la semana que puedas dedicar exclusivamente a ti misma. Bloquéalo en tu calendario como una cita inamovible.

2. Adapta las actividades: No todas las opciones sugeridas resonarán contigo. Escoge aquellas que más disfrutes y te hagan sentir bien.

3. Crea un ambiente adecuado: Prepara tu espacio con antelación. Ordena, añade música suave y ten a la mano los elementos que usarás, como tu diario o aceites esenciales.

4. Sé consistente: Este día de autocuidado debe ser una prioridad en tu rutina. Si algo surge, intenta moverlo a otro día, pero no lo canceles.

5. Escucha tu cuerpo y mente: Cada semana puede tener necesidades diferentes. Ajusta las actividades según lo que sientas que más necesitas en ese momento.

Capítulo 9. Cultivando la intuición: El poder de lo invisible

La intuición es ese sentido que te avisa cuando algo no cuadra, cuando una persona no te da buena espina o cuando sientes que debes tomar una decisión sin saber exactamente por qué. Es como una voz silenciosa que, si aprendes a escucharla, te guía sin necesidad de explicaciones lógicas. Pero con el ritmo acelerado de la vida, las opiniones de los demás y el ruido constante, muchas veces dejamos de prestarle atención y terminamos tomando decisiones que van en contra de lo que, en el fondo, sabíamos que era mejor.

Este capítulo está pensado para ayudarte a reconectar con tu intuición, entender cómo funciona y aprender a confiar en ella. No es algo místico ni reservado para personas con "un don especial"; todos tenemos intuición, solo que algunos la han fortalecido más que otros. Con práctica y atención, tú también puedes hacerla parte de tu vida diaria.

La intuición es esa certeza que aparece sin previo aviso. No necesitas analizar cada detalle ni hacer listas de pros y contras: simplemente sabes. Puede manifestarse como un presentimiento, una sensación en el cuerpo o una idea que surge de la nada, pero que se siente completamente correcta.

El problema es que, a veces, la confundimos con el miedo o la ansiedad. El miedo te paraliza y te llena de dudas; la intuición, en cambio, aunque sea sutil, te da claridad. A lo largo de este capítulo, aprenderás a reconocer la diferencia y a confiar en esa voz interna que te puede evitar muchos problemas y decisiones equivocadas.

La intuición es como un músculo: cuanto más la usas, más fuerte se vuelve. Este capítulo no pretende darte respuestas, sino ayudarte a recuperar una herramienta que siempre ha estado contigo. Tu intuición es tu aliada, y si le das el espacio para manifestarse, te sorprenderá la claridad con la que puede guiarte.

Es momento de dejar de buscar respuestas afuera y empezar a confiar en lo que siempre ha estado dentro de ti.

¿Qué es la intuición?

La intuición es esa voz interna que te habla cuando menos lo esperas, esa sensación inexplicable que te dice qué camino tomar sin que tengas una razón lógica para ello. Es como un presentimiento que aparece de repente, un susurro que te alerta cuando algo no está bien o que te impulsa hacia lo correcto sin dudar. Para muchas mujeres, la intuición es una especie de sexto sentido, una guía silenciosa que las ayuda a navegar la vida. Sin embargo, vivimos en un mundo que nos enseña a confiar más en lo que vemos y en lo que se puede demostrar, dejando de lado esa sabiduría interna que siempre ha estado ahí.

Algunas personas piensan que la intuición es magia o algo misterioso, pero la verdad es que es parte natural de quienes somos. Es como un lenguaje propio, hecho de emociones, señales del cuerpo y pensamientos fugaces que, si aprendemos a escuchar, pueden orientarnos en cada decisión.

La intuición y las mujeres

Siempre se ha dicho que las mujeres tienen un sentido especial para percibir cosas que otros no notan. No se trata de algo exclusivo, pero sí parece que muchas tienen una conexión más fuerte con esta capacidad. Desde pequeñas, aprenden a leer entre líneas, a captar lo que no se dice con palabras y a detectar cuando algo no encaja, aunque nadie más lo note.

El problema es que con el tiempo, la intuición de muchas se va apagando. La rutina, las responsabilidades y las opiniones ajenas hacen que dejen de escuchar esa voz interna. A veces, la propia sociedad les ha enseñado a dudar de lo que sienten, diciéndoles frases como "estás exagerando" o "no tienes pruebas". Y así, poco a poco, empiezan a desconectarse de ese don tan valioso.

Pero la intuición no es adivinar ni dejarse llevar por impulsos sin sentido. Es aprender a confiar en lo que una misma siente y en la experiencia que ha ido acumulando a lo largo de la vida. Es recordar que esa sensación que aparece sin explicación no es casualidad, sino una señal de que tu mente y tu corazón saben más de lo que crees.

Cómo identificar y confiar en tu intuición

Si alguna vez has dudado de tu intuición, no te preocupes. Es posible reconectar con ella y hacerla más fuerte con el tiempo. Aquí tienes algunas formas de empezar:

- Escucha a tu cuerpo: Tu intuición no solo se manifiesta como un pensamiento, sino también a través de sensaciones físicas. Cuando algo no está bien, lo sientes en el estómago, en el pecho o en los músculos tensos. Por otro lado, cuando algo es correcto, experimentas ligereza y tranquilidad.
- Busca momentos de calma: La intuición no compite con el ruido ni con el estrés del día a día. Necesita espacio para ser escuchada. Dedica tiempo a estar contigo misma, sin distracciones, para que puedas reconocer esas señales internas con mayor claridad.
- Confía en tus primeras impresiones: Muchas veces, la primera sensación que tienes sobre una persona o una situación es la más acertada. Si sientes que algo no cuadra, aunque no puedas explicarlo, es mejor prestar atención en lugar de ignorarlo.

- Escribe lo que sientes: Un diario puede ayudarte a reconocer patrones en tu intuición. A veces, las ideas más valiosas aparecen cuando escribes sin filtro, y al releer lo que has anotado, puedes darte cuenta de que esa sensación tenía razón desde el principio.

Tu intuición es una aliada poderosa, pero necesita que le des espacio para expresarse. A medida que confíes más en ella, notarás que te guía con más claridad y seguridad. No se trata de magia ni de corazonadas sin sentido, sino de aprender a escuchar lo que siempre ha estado dentro de ti.

No es magia ni casualidad

La intuición es un recurso interno que todas las mujeres poseen y pueden fortalecer. Escuchar y confiar en tu intuición es un acto de poder, una forma de reclamar tu capacidad para decidir y actuar desde un lugar auténtico.

En un mundo que a menudo te empuja a buscar respuestas externas, recordar que ya tienes las herramientas dentro de ti es un recordatorio poderoso: tu intuición es, y siempre será, tu aliada más fiel.

Una mirada al lado femenino

La intuición siempre ha sido un tema que genera curiosidad. Esa sensación repentina que te dice qué hacer sin que sepas exactamente por qué parece sacada de la nada. Pero la verdad es que no es magia ni un misterio sin explicación. Es simplemente una forma de conocimiento que no pasa por el análisis lógico, sino que se basa en lo que ya hemos vivido, en lo que sentimos y en todo aquello que captamos sin darnos cuenta. Aunque no lo parezca, esa capacidad está activa todo el tiempo, funcionando en segundo plano.

Cuando se trata de intuición, muchas veces se dice que las mujeres tienen una sensibilidad especial para percibir lo que otros no notan. No es un simple mito, hay razones detrás de esta habilidad. A lo largo de la historia, las mujeres han desarrollado una gran capacidad para leer las señales del entorno, interpretar gestos y notar pequeños cambios en las personas que las rodean. Con el tiempo, han aprendido a confiar en esa voz interna que, aunque no siempre tenga pruebas, rara vez se equivoca.

La intuición desde la psicología

La intuición es rápida, espontánea y muchas veces automática. Es esa impresión inmediata que aparece antes de que podamos analizar las cosas con lógica. Tomamos decisiones en segundos, sin darnos cuenta de que nuestro cerebro ya procesó la información basándose en experiencias previas. Lo interesante es que esto no solo sucede en momentos de peligro o tensión, sino también en situaciones cotidianas. Hay quienes lo llaman presentimiento, pero en realidad es la mente trabajando a toda velocidad.

Esta capacidad se nota mucho en personas con experiencia en su campo. Un médico que detecta un problema con solo ver a su paciente, un bombero que intuye el punto más seguro en un incendio, o una madre que siente cuando su hijo necesita algo sin que él lo diga. No es un don especial ni un poder oculto, es solo el resultado de años de aprendizaje y observación.

En el cuerpo, la intuición está conectada con las emociones. Esa sensación de incomodidad en el estómago, el escalofrío en la espalda o la repentina tranquilidad que sientes cuando algo está bien son señales que tu propio organismo te envía. Es como si tu mente y tu cuerpo hablaran un idioma propio, pero a veces olvidamos escucharlo.

La intuición y el lado femenino

Se dice que las mujeres tienen un sentido especial para captar lo que ocurre a su alrededor. No es casualidad. Desde siempre han desarrollado una sensibilidad especial para notar detalles que a otros se les escapan. Su capacidad de leer expresiones, tonos de voz y actitudes viene de una combinación de factores que han ido fortaleciendo con el tiempo.

El cuerpo también juega un papel clave en esta habilidad. Se ha visto que las mujeres tienen conexiones más activas entre las emociones y la lógica, lo que les permite reaccionar rápido sin perder de vista el contexto. Notan cambios en el estado de ánimo de los demás, advierten cuando alguien no está siendo sincero y perciben lo que no se dice en palabras.

A lo largo de la historia, la intuición femenina ha sido una herramienta de supervivencia. Mientras los hombres se enfocaban en tareas concretas, las mujeres aprendían a interpretar el comportamiento de los demás para mantener el equilibrio en su entorno. Captar señales emocionales se volvió esencial para proteger a sus familias, entender las dinámicas sociales y evitar conflictos. Esa habilidad no desapareció, sigue ahí, funcionando en cada interacción cotidiana.

Pero la intuición no es solo instinto, también está influenciada por la educación y la cultura. A muchas mujeres se les ha enseñado desde pequeñas a estar atentas a los sentimientos de los demás, a leer entre líneas y a priorizar el bienestar del grupo. Sin darse cuenta, han desarrollado una percepción que les permite identificar lo que otros sienten, incluso antes de que lo expresen.

La intuición femenina: Mitos y realidades

Siempre se ha hablado de la intuición femenina como si fuera un poder mágico, pero la realidad es que es una habilidad que se desarrolla con el tiempo. No es exclusiva de las mujeres, aunque ellas tienden a confiar más en ella. Lo que realmente sucede es que prestan más atención a las señales emocionales y a los pequeños detalles que otras personas pasan por alto.

En algunas situaciones, esa intuición parece casi increíble. Hay mujeres que saben cuando alguien les está mintiendo con solo mirarlo, que sienten cuando un ser querido necesita ayuda o que detectan cambios en el ambiente antes de que los demás lo noten. No es adivinación, es simplemente una gran capacidad de observación y un instinto bien entrenado.

Cómo las mujeres pueden cultivar su intuición

La intuición es una herramienta valiosa, pero para aprovecharla hay que prestarle atención. El cuerpo siempre manda señales, solo hay que aprender a escucharlas. Cuando algo no se siente bien, probablemente hay una razón para ello. Las sensaciones físicas como el nudo en el estómago o la tensión en los hombros pueden ser pistas de que algo no está bien.

También es importante recordar situaciones pasadas. Muchas veces, después de que algo sucede, nos damos cuenta de que ya lo habíamos sentido antes. Reflexionar sobre esos momentos ayuda a reconocer patrones y a confiar más en la intuición en el futuro.

Por último, es clave encontrar momentos de calma. La intuición no grita, susurra. Si el ruido de la rutina es demasiado fuerte, es difícil escucharla. Tomarse un tiempo a solas, alejarse del estrés y conectar con lo que se siente en el interior puede hacer una gran diferencia. La intuición es parte de cada persona, solo hay que aprender a prestarle atención y dejar que guíe el camino.

La intuición como guía personal

La intuición no es un misterio sin fundamento, sino una herramienta poderosa respaldada por la psicología y la neurociencia. Para las mujeres, esta capacidad puede ser especialmente valiosa, ya que les permite navegar las complejidades de la vida con mayor confianza y autenticidad.

Al cultivar esta habilidad, las mujeres pueden no solo tomar decisiones más acertadas, sino también reconectarse con una parte esencial de su naturaleza. En un mundo lleno de ruido y distracciones, escuchar esa voz interna puede marcar la diferencia entre simplemente existir y vivir plenamente.

Veamos una historia real. Había una mujer cuyo nombre resuena en la historia por su astucia, su carácter firme y, sobre todo, por esa capacidad casi mágica de entender lo que otros no podían ver: se trataba de la reina Isabel I de Inglaterra, más conocida como "La Reina Virgen". Aunque hoy nos suene como un título lejano y místico, la reina fue una de las figuras más brillantes del Renacimiento, y su intuición jugó un papel fundamental en su reinado.

A principios de su reinado, Isabel se encontró con uno de los dilemas más complejos: cómo manejar las amenazas de la invasión española. Felipe II de España, motivado por su propia ambición imperial y el conflicto religioso, tenía planes de invadir Inglaterra con la Armada Invencible, un vasto ejército naval. En 1588, Felipe armó una flota colosal con la esperanza de despojar a Isabel de su trono. Muchos pensaron que era solo cuestión de tiempo para que los españoles invadieran y la Reina cayera.

Pero Isabel, con una astucia que pocos reyes podían igualar, no se dejó llevar por el pánico. En lugar de temer, optó por escuchar esa voz interior que la guiaba, esa intuición afilada que le decía que no podía ser derrotada tan fácilmente. Su estrategia no solo fue diplomática, sino también un acto de sabiduría instintiva. Sabía que el éxito de Felipe dependía en gran parte de la coordinación precisa entre su flota y su ejército, y allí encontró su oportunidad.

Una noche, Isabel, montada sobre un caballo blanco, se dirigió a un campo de batalla en Kent, donde la flota española pronto se desplazaría hacia las costas inglesas. La reina, lejos de mostrarse aterrada, decidió hacer frente al desafío directamente, con la mirada fija en el horizonte. En su discurso al ejército, se mostró valiente y resuelta, combinando su pragmatismo con una energía que inspiró a sus hombres a luchar con todo.

Lo más notable fue su capacidad de intuición al detectar el cambio en los vientos. Mientras Felipe pensaba que la marea estaba a su favor, Isabel se dio cuenta de que los vientos cambiarían de forma inesperada, lo que haría que las velas españolas no pudieran mantener el rumbo. La reina había observado las fluctuaciones del viento con la experiencia de una mujer que había pasado años en las cortes de Europa, escuchando rumores y analizando la naturaleza. Esa pequeña observación se convirtió en el factor decisivo: los vientos cambiaron, y la Armada Invencible fue arrasada.

La victoria no solo fue militar, sino también un triunfo de la intuición femenina. Isabel I demostró que no se necesita ser un hombre para gobernar con valentía, sino que la mente y la perspicacia, a menudo silenciadas, son herramientas poderosas. Su liderazgo no solo se basó en las armas o en las decisiones políticas calculadas, sino también en esa voz interior que, aunque a menudo invisible, hizo de Isabel I una de las monarcas más destacadas de la historia.

El día que la Armada Invencible fue derrotada, Isabel no solo consolidó su reinado, sino que dejó claro que la intuición de una mujer puede cambiar el curso de la historia.

Ejercicios para activar tu intuición: Conectando con tu sabiduría interior

La intuición es como un músculo: mientras más lo ejercitas, más fuerte se vuelve. Aunque todos poseemos esta capacidad innata, el ritmo acelerado de la vida moderna y la desconexión con nosotros mismos pueden opacarla. Para muchas mujeres, reconectar con esta guía interna puede ser una herramienta invaluable para tomar decisiones más auténticas y vivir con mayor plenitud. A continuación, exploraremos tres ejercicios prácticos diseñados para activar y fortalecer tu intuición: meditación intuitiva, decisiones basadas en el cuerpo y escritura de sueños y mensajes internos.

1. Meditación intuitiva: Pregunta y escucha

La meditación intuitiva es un ejercicio simple pero poderoso que te ayuda a silenciar el ruido externo y conectar con tus pensamientos y sentimientos más profundos. En este espacio de calma, puedes formular preguntas a tu intuición y permitir que las respuestas emerjan en forma de imágenes, emociones o ideas.

Lo que se espera lograr: Este ejercicio fomenta una conexión directa con tu intuición, ayudándote a aclarar dudas y encontrar respuestas alineadas con tu esencia.

Paso a paso para realizarlo:

- Elige un momento tranquilo: Encuentra un espacio libre de distracciones y siéntate en una posición cómoda. Cierra los ojos y toma tres respiraciones profundas para centrarte.
- Formula tu pregunta: Piensa en una duda o situación que necesite claridad. Pregunta en voz alta o en silencio algo como: "¿Qué debo saber sobre esta decisión?".
- Observa y confía: Permite que surjan imágenes, sensaciones o pensamientos. No analices ni juzgues; simplemente

observa lo que aparece. Mantente abierta y receptiva a las respuestas, aunque no siempre sean inmediatas.

2. Decisiones basadas en el cuerpo: Tu cuerpo sabe la respuesta

Lo que se espera lograr: Este ejercicio ayuda a tomar decisiones más auténticas, basadas en lo que realmente sientes, en lugar de lo que crees que "deberías" hacer.

Paso a paso para realizarlo:

- Define las opciones: Identifica claramente las alternativas entre las que debes decidir (por ejemplo, Opción A y Opción B).
- Siente cada opción: Siéntate en silencio, respira profundamente y piensa en la Opción A. Nota cómo reacciona tu cuerpo: ¿se siente ligero o pesado? ¿Tenso o relajado? Luego repite el proceso con la Opción B.
- Confía en tu respuesta física: Si una opción genera una sensación de alivio o ligereza, probablemente sea la más alineada contigo. Si provoca incomodidad o tensión, puede ser una señal de advertencia.

3. Escribir sueños y mensajes internos: Captura las señales

Tus sueños y pensamientos espontáneos son una fuente rica de información intuitiva. Este ejercicio consiste en llevar un diario para registrar cualquier mensaje que recibas, ya sea a través de sueños, señales externas o ideas fugaces que surjan durante el día.

Lo que se espera lograr: Este hábito fomenta la autoobservación y te ayuda a identificar patrones o mensajes que de otro modo podrían pasar desapercibidos.

Paso a paso para realizarlo:

- Prepara tu diario: Ten un cuaderno junto a tu cama y llévalo contigo durante el día. Este será tu espacio para registrar sueños y señales.
- Anota los detalles: Al despertar, escribe lo que recuerdes de tus sueños, incluso si parecen inconexos. Durante el día, registra cualquier "coincidencia", sensación o idea repetitiva que notes.
- Reflexiona sobre los patrones: Dedica tiempo semanalmente a releer tus anotaciones. Pregúntate: ¿Hay mensajes recurrentes? ¿Qué me están indicando? Esto te ayudará a fortalecer tu confianza en los mensajes de tu intuición.

Cómo integrar estos ejercicios en tu vida diaria

Activar tu intuición no requiere grandes cambios en tu rutina; basta con dedicar unos minutos al día a estos ejercicios. Puedes empezar con uno y luego incorporar los demás según lo sientas necesario. Lo importante es practicar con regularidad y confiar en el proceso.

Estos ejercicios no solo te ayudarán a tomar decisiones más alineadas, sino que también te permitirán reconectar con tu esencia y vivir desde un lugar de mayor autenticidad. La intuición, como tu compañera fiel, siempre estará allí, esperando ser escuchada.

Capítulo 10. Relaciones sanas: Reconectando desde el amor propio

Las relaciones que tienes en tu vida dicen mucho de ti y de cómo te valoras. La energía femenina, con su intuición y empatía, tiene la increíble capacidad de crear lazos profundos con quienes la rodean. Pero si esos lazos no están basados en el amor propio, pueden terminar siendo una fuente de desgaste y desbalance emocional. En este capítulo, vamos a hablar de la importancia de mirar hacia adentro, conectar contigo misma y construir relaciones sanas y auténticas.

El amor propio no es un lujo ni un acto egoísta. Es la base para vivir en paz contigo misma y con los demás. Como decía Audre Lorde: "Cuidarme a mí misma no es indulgencia, es un acto de supervivencia." Cuando priorizas tu bienestar emocional, te das permiso para vivir de forma genuina, y eso se nota en la forma en que te relacionas con los demás.

En las siguientes páginas, veremos dos claves para mejorar nuestras relaciones: soltar lo que nos hace daño y construir vínculos conscientes. Para ambas cosas, necesitas introspección, valentía y, sobre todo, reconocer tu propio valor.

Limpiando relaciones tóxicas: Recuperando tu poder personal

El primer paso para tener relaciones sanas es identificar aquellas que ya no te aportan nada bueno. Una relación tóxica puede verse de muchas formas: una amistad que te hace sentir insuficiente, una pareja que no respeta tus límites o una familia que exige más de lo que da. Estas relaciones no solo te desgastan, sino que con el tiempo pueden afectar tu autoestima.

Una buena manera de saber si una relación te suma o te resta es preguntarte cómo te sientes después de pasar tiempo con esa persona. ¿Te sientes en paz y motivada, o terminas agotada y sin energía? Puede ser doloroso reconocer que algunas personas cercanas te afectan de forma negativa, pero darte cuenta es el primer paso para liberarte.

Soltar una relación tóxica no siempre significa cortar todo contacto de golpe. A veces, basta con poner límites sanos. Puedes decidir qué temas hablar, cuánto tiempo compartir o con qué frecuencia interactuar. Aunque puede ser difícil al principio, hacerlo es una forma de respetarte y cuidar tu bienestar emocional.

Construyendo relaciones conscientes

Cuando te liberas de relaciones que te drenan, puedes empezar a rodearte de personas que sumen a tu vida. Las relaciones sanas no aparecen de la nada, se construyen con pequeños actos de presencia, empatía y comunicación.

Un aspecto clave es aprender a escuchar de verdad. Estar presente, sin interrumpir ni juzgar, y demostrar interés genuino transforma cualquier vínculo. También es importante comunicar lo que sientes de manera clara y honesta. Expresar lo que necesitas sin miedo fortalece las relaciones y crea un ambiente de confianza.

Otro punto fundamental es la validación emocional. No siempre tienes que estar de acuerdo con los sentimientos de alguien para reconocerlos. A veces, un simple "te entiendo" puede hacer una gran diferencia y fortalecer el vínculo con esa persona.

El amor propio no solo te ayuda a dejar atrás lo que no necesitas, sino que también te guía a construir relaciones que realmente reflejen quién eres. Una relación sana no debe hacerte sentir que tienes que sacrificarte constantemente, sino inspirarte a ser tu mejor versión. Cuando te valoras, estableces un estándar de cómo quieres ser tratada, y las personas que respeten ese estándar serán las que realmente merecen estar en tu vida.

Reflexiona sobre tus relaciones

Las relaciones requieren trabajo constante. Incluso los vínculos más sólidos necesitan ajustes y conversaciones difíciles de vez en cuando. Pero cuando se basan en el respeto y el amor genuino, estos desafíos se convierten en oportunidades para fortalecer la conexión.

En este apartado vamos a explorar herramientas prácticas para identificar y soltar relaciones tóxicas, así como estrategias para construir vínculos saludables. La idea es que este proceso no solo te ayude a sanar y crecer, sino que también te recuerde que el amor, cuando se vive desde la autenticidad, tiene el poder de transformar tu vida por completo.

Así que mientras lees estas páginas, hazte algunas preguntas: ¿qué relaciones en tu vida te hacen sentir bien y cuáles no? ¿En qué dinámicas sientes que necesitas hacer cambios? Todo empieza por ti. Cuando te cuidas y te valoras, todo lo demás empieza a encajar. Que este capítulo sea una guía para que tus relaciones reflejen lo mejor de ti y de quienes te rodean.

Entiende el impacto de las relaciones tóxicas en tu bienestar

Las relaciones tóxicas no solo afectan tu estado de ánimo, también tienen un impacto directo en tu salud física y emocional. Para las mujeres, cuya naturaleza suele inclinarse hacia el cuidado y la conexión, el desgaste emocional puede ser aún mayor. La psicología ha demostrado que las mujeres tienden a priorizar las necesidades de los demás por encima de las propias, lo que puede llevar a un agotamiento emocional constante en relaciones desequilibradas.

Un ejemplo impactante es el caso de la activista y actriz Jane Fonda, quien declaró haber pasado años en relaciones que la hacían sentir "invisible". Ella mencionó que la clave para liberarse fue reconocer cómo estos vínculos afectaban su autoestima y decidir poner su bienestar en primer lugar.

Reflexión clave:

Pregúntate: ¿Cómo contribuye esta relación a mi crecimiento personal? Si la respuesta no es clara o apunta más al desgaste que al enriquecimiento, es momento de evaluar si ese vínculo merece seguir ocupando espacio en tu vida.

Establece límites saludables y actúa con determinación

Una vez que identificas una relación tóxica, el siguiente paso es establecer límites claros. Esto puede ser incómodo, especialmente si estás acostumbrada a complacer o evitar conflictos. Sin embargo, los límites no son muros que separan, sino puentes hacia relaciones más equilibradas.

Cómo establecer límites efectivos:

- Define tus necesidades: Sé clara contigo misma sobre lo que estás dispuesta a aceptar y lo que no. Por ejemplo, si alguien constantemente interrumpe tu tiempo personal, establece que necesitas momentos de tranquilidad y no aceptarás interrupciones innecesarias.
- Comunica tus límites con empatía: Habla desde tu experiencia en lugar de culpar al otro. Una frase como: "Me he dado cuenta de que necesito más espacio para cuidar mi bienestar, y por eso necesito establecer este límite" puede ser efectiva y no confrontativa.
- Sé firme pero flexible: Establecer límites no siempre será fácil, especialmente con personas cercanas. Mantén tu posición, pero también escucha si la otra persona muestra disposición para cambiar.

Tu poder está en tus elecciones

Limpiar relaciones tóxicas no significa llenar tu vida de soledad, sino abrir espacio para conexiones auténticas que reflejen tu verdadero valor. Recuerda que no puedes controlar cómo otros reaccionan a tus límites, pero sí puedes elegir cómo respondes a sus acciones.

Un famoso escritor lo expresó de manera brillante: "Cuando dices SI a los demás, asegúrate de no estar diciendo NO a ti misma." Esta frase refleja la esencia del amor propio en las relaciones: priorizarte no es egoísmo, es supervivencia emocional.

Al avanzar en este proceso, te darás cuenta de que el mayor acto de amor que puedes hacer por ti misma es rodearte de personas que eleven tu energía, respeten tus límites y celebren tu autenticidad. Como resultado, experimentarás una sensación renovada de libertad y poder personal, sabiendo que cada relación en tu vida refleja el amor y el respeto que sientes por ti misma.

Así que, querida lectora, te invito a dar este paso con valentía. Recuerda que limpiar tu espacio emocional no es un acto de rechazo hacia los demás, sino un acto de reconciliación contigo misma. Al hacerlo, estarás construyendo una vida en la que solo tendrán cabida las personas que realmente merecen estar en ella.

Construyendo relaciones conscientes

Las relaciones conscientes son el reflejo del respeto, la empatía y la comunicación genuina. Más allá de las palabras y las promesas, estas conexiones se basan en la práctica constante de la escucha activa y en la disposición a mostrar vulnerabilidad, elementos que construyen puentes de confianza y fortalecen los lazos. Este tipo de relaciones no surgen por casualidad; requieren intención, esfuerzo y una visión compartida.

A partir de ahora, exploraremos tres aspectos fundamentales para construir relaciones conscientes: la escucha activa, la comunicación desde la vulnerabilidad y el respeto mutuo junto con la validación emocional, conceptos que, según el experto en relaciones John Gottman, son esenciales para una relación saludable y duradera.

Escucha activa: Presencia plena en cada conversación

Escuchar no es lo mismo que oír. Mientras que oír es un acto pasivo, escuchar implica involucrarse completamente en el momento presente, prestando atención no solo a las palabras, sino también al tono, las emociones y el lenguaje corporal. La escucha activa es un regalo que le das a la otra persona, porque le demuestra que su voz y sus sentimientos importan.

Imagina una pareja enfrentando un desacuerdo. En lugar de interrumpir o preparar una defensa, uno de ellos escucha atentamente, repite lo que entiende y valida las emociones del otro. Este simple acto desactiva la tensión y abre la puerta al entendimiento mutuo.

Ejercicio práctico:

En tu próxima conversación importante, comprométete a escuchar sin interrumpir. Una técnica útil es el "espejo", que consiste en parafrasear lo que la otra persona dijo para confirmar que lo entendiste correctamente. Por ejemplo: "Entonces, lo que estás diciendo es que te sientes ignorado cuando no respondo tus mensajes a tiempo, ¿es así?".

Comunicación desde la vulnerabilidad: La fuerza de ser auténtica

Muchas veces, a hombre y mujer, se nos ha enseñado que mostrarnos vulnerables es sinónimo de debilidad, pero en realidad, es todo lo contrario. Ser auténtica y expresar lo que realmente sientes te conecta con los demás de una manera más profunda. Cuando te atreves a abrir tu corazón, invitas a la otra persona a hacer lo mismo, y ahí es donde se construyen las relaciones más fuertes.

No se trata de ir por la vida compartiéndolo todo con cualquiera, sino de permitirte ser real con quienes son importantes para ti. A veces, nos guardamos lo que sentimos por miedo a ser juzgadas o a que nos vean "demasiado sensibles". Pero la verdad es que hablar desde el corazón demuestra valentía y fortalece la confianza.

Reflexión clave: Atrévete a comunicarte con honestidad. En lugar de callar lo que te duele, intenta decir algo como: "Cuando pasa esto, me hace sentir así. Me gustaría que lo habláramos y encontremos juntos una solución." Así no solo expresas tus emociones, sino que también abres la puerta a una conversación basada en el respeto y la empatía.

Respeto mutuo y validación emocional: La base de toda relación saludable

Una relación sana se construye sobre el respeto y la capacidad de validar lo que siente la otra persona. Respetar no significa estar siempre de acuerdo, sino reconocer que el otro tiene derecho a sentir lo que siente. La validación emocional, por otro lado, consiste en demostrar que te importa lo que la otra persona está viviendo, incluso si no lo entiendes del todo.

En muchas parejas, uno de los errores más comunes es minimizar las emociones del otro con frases como "estás exagerando" o "no es para tanto". Algo tan sencillo como decir: "Entiendo que esto te afecta y quiero apoyarte" puede marcar una gran diferencia. No se trata de ganar una discusión, sino de fortalecer el vínculo.

Un ejemplo inspirador de esto es el matrimonio de Michelle y Barack Obama. En su libro, Michelle cuenta cómo lograron superar momentos difíciles gracias a la disposición de ambos para escucharse y validarse mutuamente. No se trata de ser perfectos, sino de aprender a acompañarse con respeto y empatía.

Práctica diaria: Recuerda que una relación no es un campo de batalla, sino un equipo. Cada vez que tu pareja exprese una emoción, en lugar de juzgar o minimizar, intenta decir: "Te escucho, entiendo que esto es importante para ti". A veces, lo único que necesitamos es sentirnos comprendidos.

Construir desde la conciencia: Un camino hacia la conexión profunda

Las relaciones no se construyen solas ni de la noche a la mañana. Requieren dedicación, humildad y muchas ganas de crecer juntos. Escuchar de verdad, permitirnos ser vulnerables y respetarnos mutuamente no son simples consejos, sino herramientas para crear lazos genuinos y duraderos.

Si aplicas estas claves en tu vida, no solo fortalecerás tus relaciones, sino que también crearás un espacio donde ambas partes se sientan valoradas y libres de ser quienes realmente son. Como dice una frase muy sabia: "El amor no es solo mirarse el uno al otro, sino mirar juntos en la misma dirección."

Querida lectora, todo empieza contigo. No esperes que la otra persona cambie primero. Da el paso, atrévete a ser auténtica y verás cómo eso transforma la forma en que te relacionas con los demás. En el camino hacia conexiones más profundas y reales, descubrirás que tu mayor fortaleza siempre ha estado en tu propia vulnerabilidad.

Capítulo 11. El renacer de la mujer creadora

Recuperar tu energía femenina es un proceso profundamente personal y transformador. No es un camino recto ni inmediato, sino un viaje continuo lleno de descubrimientos, aprendizajes y momentos de conexión contigo misma.

Este renacer no se trata de adoptar un conjunto de reglas rígidas ni de cumplir con expectativas externas, sino de recordar quién eres en tu núcleo. Cada paso que das hacia ti misma es un acto de amor y sanación, un compromiso con tu bienestar emocional, físico y espiritual. Es un retorno a tu auténtica naturaleza, que, como una semilla en tierra fértil, necesita cuidado, paciencia y dedicación para florecer.

Aquí exploraremos herramientas prácticas para recuperar tu energía femenina y reflexionaremos sobre cómo pequeñas acciones diarias pueden marcar grandes diferencias en tu vida. Cerramos con historias inspiradoras de transformación que demuestran cómo reconectar con tu esencia puede ser un punto de inflexión para una existencia más plena.

Tu refugio personal para conectar contigo misma

Crear un espacio sagrado no es un lujo; es un acto de amor propio, un recordatorio de que mereces un lugar donde puedas ser tú misma, sin juicios ni exigencias. Este refugio personal no solo tiene el poder de reconectar con lo que realmente importa, sino también de transformar la forma en que te relacionas contigo y con el mundo que te rodea.

El poder de un espacio propio

Tener un rincón en tu hogar dedicado exclusivamente a ti misma no es una idea nueva. En muchas culturas, las mujeres han reservado lugares para la introspección y el ritual. Sin embargo, en la vida moderna, estas prácticas se han perdido en medio de las agendas saturadas y el caos diario. Recuperar este espacio es como abrir una puerta hacia tu interior.

Pensemos en Ana, una mujer que siempre sintió que su día comenzaba y terminaba en función de las necesidades de otros. Desde preparar el desayuno para sus hijos hasta responder correos de trabajo tarde por la noche, no encontraba un momento para ella misma. Un día, después de un agotamiento emocional, decidió que era tiempo de cambiar. Transformó un rincón de su sala en un espacio sagrado: colocó un pequeño cojín, una vela que olía a lavanda, y un cuadro con una frase que le recordaba su propósito: "Respira. Aquí y ahora eres suficiente." Ese pequeño rincón se convirtió en su refugio diario.

La importancia de este espacio no radica únicamente en su apariencia, sino en lo que simboliza. Es un lugar que invita a la calma, al silencio y a la reflexión. Aquí puedes meditar, escribir en tu diario, o simplemente sentarte en paz, desconectándote del ruido externo. Este acto intencional de reservar un lugar para ti misma envía un mensaje claro: "Yo importo. Mi bienestar es una prioridad."

Elementos simbólicos que inspiran conexión y calma

Un espacio sagrado no requiere grandes inversiones ni un diseño elaborado. Su verdadero valor está en los elementos que elijas y cómo conectan contigo.

- Velas y aromas: Las velas no solo iluminan un espacio, sino que también tienen un simbolismo poderoso: representan

claridad y guía en momentos de oscuridad. Escoge aromas que te transporten a un estado de calma, como la lavanda para la relajación o el sándalo para la meditación profunda.
- Cristales y objetos naturales: Los cristales, como el cuarzo rosa o la amatista, se han utilizado durante siglos por su energía curativa. Incluso si no te consideras una persona espiritual, estos objetos pueden ser recordatorios visuales de tus intenciones. Una planta o una flor fresca también puede aportar vida y frescura a tu rincón.
- Fotografías y frases inspiradoras: Rodearte de imágenes o frases que representen tus valores, tus metas o los momentos felices de tu vida puede ser profundamente transformador. Estas imágenes actúan como anclas, ayudándote a centrarte y a recordar lo que realmente importa.
- Cojines y textiles: Elige cojines suaves o mantas que inviten a la comodidad. El tacto de estos materiales puede ayudarte a asociar tu espacio con sensaciones de seguridad y descanso.

El ritual de la conexión diaria

Una vez que hayas creado tu espacio sagrado, el siguiente paso es usarlo de manera intencional. No se trata solo de tener un lugar bonito, sino de integrarlo en tu vida como una práctica regular.

Por ejemplo, puedes dedicar cinco minutos al comienzo del día para sentarte en tu rincón, cerrar los ojos y respirar profundamente. Este sencillo acto puede marcar una diferencia radical en cómo enfrentas las demandas del día. Otra práctica poderosa es escribir en un diario. Puedes empezar con una pregunta simple: "¿Qué necesito hoy para sentirme en paz?" Las respuestas que surjan te darán claridad sobre tus emociones y necesidades.

La escritora Virginia Woolf, en su ensayo *Un Cuarto Propio*, destacó que toda mujer necesita un espacio físico y mental para expresarse plenamente. Aunque Woolf hablaba de la creatividad literaria, este principio se aplica a todos los aspectos de la vida. Tener un lugar donde puedas simplemente ser te permitirá conocerte mejor y honrar tus emociones sin interrupciones.

Transformaciones reales: Historias que inspiran

Carmen Teresa, una empresaria con una vida aparentemente perfecta, sentía un vacío inexplicable. Aunque tenía éxito profesional, su energía estaba completamente agotada. Inspirada por la idea de crear un espacio sagrado, dedicó un rincón de su oficina para desconectarse. En ese pequeño espacio, colocó una planta, un cuenco tibetano y una fotografía de un lugar que amaba. Este rincón se convirtió en su refugio diario, donde encontraba momentos de paz incluso en los días más ajetreados.

Otra historia es la de Gloria, quien después de una ruptura difícil, creó un espacio en su balcón para reconectar con la naturaleza y consigo misma. Allí comenzó a meditar y a leer libros que le ayudaban a sanar. Con el tiempo, su rincón se convirtió en un símbolo de su renacimiento personal.

Tu espacio, tu esencia

Crear un espacio sagrado es más que un proyecto decorativo; es un compromiso contigo misma. Es un recordatorio tangible de que mereces tiempo y atención. En este rincón, puedes sanar, reflexionar y recargar tu energía para enfrentar el mundo con más claridad y propósito.

El viaje hacia tu esencia comienza aquí, en este pequeño refugio que representa el acto más poderoso de todos: priorizarte a ti misma. Porque, como decía una sabia voz, "Cuando una mujer se reconecta con su alma, todo a su alrededor encuentra su lugar."

Palabras que sanan: El poder de las afirmaciones positivas

Hay un poder transformador en las palabras que elegimos para definirnos. Las afirmaciones positivas son más que frases optimistas; son declaraciones conscientes que tienen la capacidad de reconfigurar nuestra mente y reconectar con nuestra esencia. Para las mujeres, cuya voz interna puede haberse moldeado por críticas externas, expectativas culturales o autocrítica, las afirmaciones ofrecen un camino de sanación y empoderamiento.

El impacto de las afirmaciones en tu mente y tu energía femenina

La mente humana es como un jardín: lo que siembras, crece. Si riegas pensamientos de duda, miedo y escasez, estos florecerán y se enraizarán en tus creencias. Pero, si cultivas palabras de amor, confianza y posibilidad, puedes transformar tu paisaje interior.

El poder de las afirmaciones radica en su capacidad para interrumpir patrones de pensamiento negativos y reemplazarlos con narrativas positivas. No se trata de negar las emociones difíciles, sino de crear nuevas posibilidades en medio del caos. Las afirmaciones son como semillas que, al repetirse, comienzan a germinar, transformando no solo cómo te ves a ti misma, sino cómo enfrentas el mundo.

Imagina una mujer que constantemente se dice a sí misma: "No soy suficiente." Esta frase, repetida día tras día, no solo afecta su autoestima, sino también cómo toma decisiones, establece límites o busca oportunidades. Ahora, imagina que reemplaza esa afirmación con: "Soy suficiente tal como soy." Aunque al principio pueda sentirse como un pensamiento ajeno, con el tiempo, esa nueva afirmación puede convertirse en una creencia genuina que refuerza su confianza y seguridad.

La energía femenina, profundamente vinculada a la intuición, la creatividad y la capacidad de recibir, a menudo se ve bloqueada por pensamientos de desmerecimiento. Las afirmaciones positivas, usadas con intención, pueden desbloquear este flujo natural, permitiéndote reconectar con tu sabiduría interior y reconocer que eres digna de amor y abundancia.

La conexión emocional con tus afirmaciones

El verdadero poder de una afirmación no está en repetirla mecánicamente, sino en sentirla profundamente. Por ejemplo, si dices: "Confío en mi intuición," pero no te permites escuchar tu voz interior, la afirmación perderá su fuerza. Las afirmaciones más efectivas son aquellas que despiertan una emoción genuina.

Para conectar emocionalmente con tus afirmaciones:

- Hazlas personales: Una afirmación debe hablar directamente a tus necesidades y deseos. En lugar de decir algo genérico como: "Soy fuerte," intenta algo más específico, como: "Soy fuerte porque supero cada desafío con gracia y valentía."
- Acompáñalas con visualización: Al repetir tu afirmación, cierra los ojos e imagina cómo sería vivir esa verdad. Si tu afirmación es: "Estoy rodeada de amor y abundancia," visualiza los momentos en los que te sientes profundamente amada y apoyada, o las oportunidades que llegan a tu vida con facilidad.
- Encuentra el momento adecuado: Las afirmaciones funcionan mejor cuando las incorporas en tu rutina diaria. Dítelas a ti misma al despertar, frente al espejo, o durante una pausa tranquila en el día.

Afirmaciones para despertar tu energía femenina

La energía femenina es un flujo poderoso que a menudo queda oculto bajo capas de estrés, expectativas externas y desconexión interna. Las afirmaciones diseñadas específicamente para despertar esta energía pueden ayudarte a reconectar con tu esencia y con el mundo que te rodea.

Algunos ejemplos prácticos incluyen:

- *"Honro mi intuición y permito que me guíe en cada decisión."*
  Esta afirmación refuerza tu capacidad natural para escuchar tu voz interior, esa brújula que siempre sabe lo que es mejor para ti, incluso cuando la lógica intenta interferir.
- *"Soy un canal de creatividad y mi esencia es ilimitada."*
  Perfecta para quienes sienten que han perdido la chispa creativa. Esta afirmación te recuerda que la creatividad no está reservada para momentos perfectos, sino que vive dentro de ti en todo momento.
- *"Recibo el amor y la abundancia que merezco con gratitud."*
  Muchas mujeres encuentran difícil recibir. Esta afirmación trabaja para disolver la creencia de que el merecimiento debe ganarse, y abre la puerta a aceptar lo bueno sin culpa ni resistencia.
- *"Estoy en sintonía con mi cuerpo y lo escucho con amor."*
  Reafirma la conexión entre mente, cuerpo y espíritu, invitándote a prestar atención a las señales de tu cuerpo y a cuidarlo con ternura.

Integrando las afirmaciones en tu vida diaria

Incorporar afirmaciones en tu rutina diaria no requiere grandes cambios. Lo importante es hacerlo intencionalmente. Puedes escribir tus afirmaciones en un diario, repetirlas frente al espejo o incluso grabarlas y escucharlas mientras caminas o meditas.

Para profundizar esta práctica, prueba combinarlas con rituales que amplifiquen su impacto. Por ejemplo:

- Ritual de la mañana: Dedica los primeros cinco minutos del día a repetir tus afirmaciones mientras respiras profundamente. Esto establecerá un tono positivo y consciente para el resto de tu jornada.
- Ritual de escritura: Al final del día, escribe tu afirmación favorita en un diario, acompañándola de un agradecimiento por algo que hayas experimentado ese día.
- Meditación guiada: Usa tus afirmaciones como mantras durante una meditación. Cada repetición puede ayudarte a profundizar en su significado y conectarte más íntimamente con su mensaje.

El efecto acumulativo de las palabras positivas

Las afirmaciones no son soluciones mágicas ni prometen resultados inmediatos. Su verdadero poder reside en su constancia. A través de la repetición, estas palabras comienzan a reemplazar viejos patrones de pensamiento, formando nuevas conexiones neuronales que reflejan amor, confianza y merecimiento.

Con el tiempo, las afirmaciones pueden cambiar no solo cómo te sientes contigo misma, sino también cómo enfrentas los desafíos y las oportunidades. Al reprogramar tu mente con palabras que sanan, te conviertes en la arquitecta de tu propia realidad, diseñando una vida que refleje la plenitud y belleza que siempre han estado dentro de ti.

Porque, al final, las palabras que eliges para describirte a ti misma son las que construyen el mundo en el que vives.

Reconexión y sanación en el mundo natural

El mundo natural no solo es un espacio físico; es un lugar de refugio, enseñanza y transformación. A menudo, la naturaleza nos invita a pausar, a respirar profundamente y a recordar nuestra conexión con algo más grande que nosotros mismos. En un mundo que nos empuja constantemente hacia el ruido y el ritmo acelerado, la naturaleza nos enseña a encontrar el equilibrio y a sanar desde adentro hacia afuera.

La energía curativa de la naturaleza: Un bálsamo para el alma

Caminar por un bosque, sentir la brisa fresca en el rostro o escuchar el suave murmullo de un río tiene un impacto profundo en nuestra mente y cuerpo. La ciencia ha comenzado a reconocer lo que las tradiciones antiguas han sabido durante siglos: la naturaleza tiene una energía curativa que puede restaurar nuestro bienestar físico, emocional y espiritual.

Uno de los métodos más simples para absorber esta energía es caminar descalza sobre la tierra, una práctica conocida como grounding o conexión a tierra. Este acto tan básico nos reconecta con las cargas eléctricas naturales de la tierra, ayudando a equilibrar nuestro cuerpo y reducir el estrés. Al quitarte los zapatos y permitir que tus pies toquen el suelo, ya sea arena, césped o roca, estás restaurando tu conexión con el planeta, algo que se ha perdido en la vida moderna.

Además, pasar tiempo cerca del agua, ya sea un río, un lago o el mar, tiene un efecto igualmente poderoso. El sonido del agua en movimiento actúa como una especie de meditación natural, calmando la mente y ayudando a liberar emociones acumuladas. Incluso sumergir las manos o los pies en agua fría puede despertar una sensación de renovación inmediata.

Prácticas para conectarte profundamente con la naturaleza

Reconectarte con el mundo natural no requiere una excursión a un bosque lejano ni grandes gestos. Puedes incorporar prácticas sencillas pero significativas que nutran tu relación con la naturaleza:

- Crea momentos de quietud en espacios naturales: Encuentra un lugar tranquilo en tu parque local, tu jardín o incluso un rincón verde de tu ciudad. Siéntate, cierra los ojos y escucha.

Permite que el canto de los pájaros, el susurro de las hojas o el sonido del viento te envuelvan.
- Baños de bosque (Shinrin-yoku): Inspirados en una práctica japonesa, los baños de bosque no son literalmente baños, sino inmersiones sensoriales en un entorno forestal. Mientras caminas lentamente, observa con atención los colores, los olores y las texturas que te rodean. Esta práctica reduce la ansiedad, mejora la claridad mental y refuerza tu sistema inmunológico.
- Recolecta elementos naturales: Pasa tiempo recolectando piedras, hojas, flores o ramas que encuentres atractivas o simbólicas. Estos objetos pueden convertirse en recordatorios tangibles de tus momentos de conexión y ayudarte a llevar la energía de la naturaleza a tu espacio personal.
- Cultiva un ritual al aire libre: Dedica unos minutos cada día a estar al aire libre, ya sea para meditar, escribir en un diario o simplemente observar. Esta rutina no solo mejora tu bienestar, sino que también fomenta un hábito de gratitud hacia la naturaleza.

La conexión con los elementos naturales como herramienta de equilibrio

Cada elemento natural tiene una enseñanza única que puede ayudarnos a restaurar nuestro equilibrio interno y despertar nuestra energía creadora:

- La tierra: La estabilidad de la tierra nos recuerda la importancia de estar enraizadas, especialmente en tiempos de caos. Al conectar con la tierra, ya sea a través del jardín, una caminata en el campo o simplemente sentándote en el suelo, puedes recuperar tu sentido de seguridad y propósito.
- El agua: Fluida y constante, el agua nos enseña a adaptarnos a los cambios y a liberar lo que ya no necesitamos. Escuchar

el sonido de un río o el vaivén de las olas puede inspirarte a soltar tus propias cargas emocionales.
- El aire: El viento y el aire simbolizan la libertad y la claridad. Al respirar profundamente en un espacio natural, no solo oxigenas tu cuerpo, sino que también despejas tu mente de pensamientos estancados.
- El fuego: La luz del sol o el calor de una fogata pueden encender tu energía interna, recordándote que dentro de ti hay una chispa que nunca se extingue. Tomar el sol durante unos minutos al día no solo fortalece tu cuerpo, sino que también despierta tu vitalidad y creatividad.

La naturaleza como una guía para tu energía creadora

La creatividad es una expresión natural del ser humano, pero a menudo queda bloqueada por el estrés y la desconexión. La naturaleza actúa como una musa silenciosa que inspira y renueva. ¿Por qué? Porque su ciclo eterno de crecimiento, transformación y renovación refleja nuestras propias capacidades innatas.

Al observar cómo un árbol pierde sus hojas en otoño para renacer en primavera, puedes aprender a abrazar tus propios ciclos de cambio y renovación. Al ver cómo una planta florece en condiciones aparentemente imposibles, puedes recordar tu propia resiliencia.

Un ejercicio poderoso para despertar tu energía creadora es llevar un cuaderno a la naturaleza. Mientras estás rodeada de árboles, agua o montañas, escribe tus pensamientos, ideas o reflexiones. Permite que la inspiración fluya sin juzgar. Este acto de escribir en la naturaleza no solo desbloquea la creatividad, sino que también fortalece tu conexión contigo misma y con el mundo natural.

El regalo de la naturaleza: Regresar a casa

En última instancia, la naturaleza nos ofrece un recordatorio constante de que formamos parte de un todo. Al reconectarte con ella, también te reconectas contigo misma. Este proceso no solo restaura tu equilibrio, sino que te llena de una profunda sensación de pertenencia y gratitud.

Regresar a la naturaleza no significa escapar de tu vida diaria, sino encontrar en ella un refugio que te permita regresar a ti misma con mayor claridad y fuerza. Porque, al igual que las olas que regresan una y otra vez a la orilla, tú también tienes el poder de volver a empezar, renovada y lista para abrazar todo lo que eres.

La transformación en acción: Historias inspiradoras

La historia de la humanidad está llena de figuras femeninas cuya fortaleza, creatividad y determinación han transformado vidas y desafiado las barreras impuestas por las circunstancias o la sociedad. Estas mujeres, más allá de sus logros visibles, representan el poder de la energía femenina como una fuerza sanadora, creadora y transformadora. Desde científicas pioneras hasta defensoras de los derechos humanos, sus historias nos muestran que la adversidad no define a quienes la enfrentan, sino que puede convertirse en el catalizador para revelar su verdadera esencia.

La energía femenina no es solo una cualidad; es un movimiento interno que conecta con la intuición, el amor propio y la capacidad de cuidar mientras se construye. Es la chispa que ilumina el camino incluso en los momentos más oscuros y el impulso que transforma obstáculos en oportunidades. Estas historias son prueba de cómo las mujeres han utilizado esa fuerza para superar las restricciones, reclamar su lugar en el mundo y ser faros de esperanza para quienes las siguen.

A lo largo de estas líneas, exploraremos las vidas de mujeres icónicas que, en diferentes épocas y contextos, se levantaron con audacia y gracia frente a los desafíos. Sus relatos no solo celebran sus triunfos, sino que también ofrecen lecciones universales sobre resiliencia, creatividad y el poder de abrazar plenamente nuestra esencia femenina para transformar el mundo.

Frida Kahlo: Transformando el dolor en arte

Nacida el 6 de julio de 1907 en Coyoacán, México, Frida Kahlo enfrentó múltiples adversidades desde temprana edad. A los seis años, contrajo poliomielitis, lo que afectó permanentemente su pierna derecha. Sin embargo, el evento que marcó su vida fue el accidente que sufrió el 17 de septiembre de 1925, cuando un autobús chocó con el tranvía en el que viajaba. Este terrible incidente le dejó fracturas en la columna vertebral, la pelvis y las costillas, entre otros daños graves.

Durante su prolongada recuperación, comenzó a pintar autorretratos desde su cama, utilizando un espejo colocado en el techo. En estos cuadros, Frida plasmó no solo su dolor físico, sino también sus emociones más profundas y su visión de la feminidad. Su matrimonio con el muralista Diego Rivera, aunque tumultuoso, también influyó en su arte, que combinaba elementos de la cultura mexicana y surrealismo. Frida se convirtió en un símbolo de resistencia y creatividad femenina, demostrando que el dolor puede ser una fuente de inspiración y fortaleza.

Su casa en Coyoacán, ahora conocida como *La Casa Azul*, es un refugio para su legado, donde el mundo puede conectar con la energía transformadora de una mujer que supo convertir las cicatrices en arte inmortal.

Malala Yousafzai: La voz de la educación femenina

Malala Yousafzai nació el 12 de julio de 1997 en el Valle de Swat, Pakistán. Desde muy joven, su padre, Ziauddin Yousafzai, la inspiró a valorar la educación y defender sus derechos. Sin embargo, en

2008, los talibanes prohibieron que las niñas asistieran a la escuela en su región.

A pesar de las amenazas, esta continuó hablando públicamente a favor de la educación femenina. Escribió un blog para la BBC documentando las dificultades que enfrentaban las niñas en Swat. Esta valentía tuvo un precio: el 9 de octubre de 2012, un hombre armado subió al autobús escolar donde viajaba Malala y le disparó en la cabeza.

Ella sobrevivió milagrosamente y, tras una recuperación en el Reino Unido, emergió como una figura global. A los 17 años, en 2014, se convirtió en la persona más joven en recibir el Premio Nobel de la Paz. Su energía femenina se manifestó en su lucha inquebrantable por la justicia y la igualdad, transformando su tragedia personal en un movimiento que sigue inspirando al mundo.

J.K. Rowling: El Renacimiento desde la adversidad

Joanne Rowling, conocida como J.K. Rowling, nació el 31 de julio de 1965 en Yate, Inglaterra. Antes de alcanzar la fama mundial, enfrentó años de dificultades. En 1990, mientras escribía su idea inicial para Harry Potter, sufrió la muerte de su madre, lo que marcó profundamente su vida. Más tarde, en 1993, tras un matrimonio fallido, se encontró como madre soltera en Edimburgo, viviendo de beneficios sociales y luchando contra la depresión.

Fue en este contexto que Rowling comenzó a escribir la historia de un joven mago que encontró fuerza en su comunidad y en su propio valor. Con perseverancia, completó el manuscrito y, después de varias rechazos, Bloomsbury publicó Harry Potter y la piedra filosofal en 1997. La serie no solo la convirtió en una de las escritoras más exitosas del mundo, sino también en un ejemplo de cómo la resiliencia y la creatividad femenina pueden transformar la adversidad en magia.

Marie Curie: La Pionera de la ciencia y la resiliencia

Marie Curie nació el 7 de noviembre de 1867 en Varsovia, Polonia, bajo el nombre de Maria Skłodowska. Desde muy joven mostró un talento excepcional para las ciencias, pero debido a las restricciones de género en su país, no pudo acceder a estudios superiores. Con determinación, dejó Polonia y se mudó a París en 1891 para estudiar en la Universidad de la Sorbona, donde enfrentó la barrera del idioma y la pobreza extrema.

Junto a su esposo, Pierre Curie, descubrió los elementos radio y polonio, sentando las bases de la investigación en radiactividad. En 1903, se convirtió en la primera mujer en recibir un Premio Nobel, compartido con su esposo y Henri Becquerel. Sin embargo, tras la trágica muerte de Pierre en 1906, Marie continuó sola su trabajo, ganando un segundo Premio Nobel en 1911, esta vez en Química.

A pesar del machismo y los prejuicios de la época, Marie se destacó no solo como científica, sino como una mujer que transformó la adversidad en descubrimientos que cambiaron el mundo. Su energía femenina se manifestó en su inquebrantable amor por el conocimiento y su capacidad para desafiar límites, inspirando a generaciones de mujeres en la ciencia.

Maya Angelou: Dando voz a las mujeres a través de la palabra

Maya Angelou nació el 4 de abril de 1928 en St. Louis, Missouri. Su infancia estuvo marcada por el trauma: tras ser víctima de abuso sexual a los ocho años, Maya dejó de hablar durante casi cinco años, creyendo que su voz había causado la muerte de su agresor. Durante ese tiempo de silencio, se refugió en la literatura, descubriendo un amor profundo por las palabras.

En su adultez, Maya trabajó como bailarina, cantante, activista y escritora. En 1969, publicó I Know Why the Caged Bird Sings (Yo sé por qué canta el pájaro enjaulado), una autobiografía que detallaba su infancia y las luchas que enfrentó como mujer negra en una sociedad racista. Este libro fue revolucionario, no solo por su contenido, sino porque rompió tabúes sobre el racismo, el abuso y el empoderamiento femenino.

Maya se convirtió en una figura icónica de la literatura y los derechos civiles, utilizando su energía femenina para sanar a través de la poesía, el arte y la palabra. Su legado continúa inspirando a mujeres de todo el mundo a abrazar su autenticidad y fortaleza.

Coco Chanel: Redefiniendo la elegancia y la independencia femenina

Gabrielle "Coco" Chanel nació el 19 de agosto de 1883 en Saumur, Francia. Su infancia estuvo marcada por el abandono, ya que, tras la muerte de su madre, su padre la dejó en un orfanato a los 12 años. Allí aprendió a coser, una habilidad que más tarde transformaría en una carrera revolucionaria.

En 1910, Chanel abrió su primera tienda de sombreros en París, desafiando las convenciones de moda femenina que predominaban en la época. Introdujo el concepto de ropa cómoda y funcional para mujeres, eliminando los corsés y popularizando prendas como el little black dress y los trajes de tweed. Su visión no solo cambió la moda, sino que también promovió una nueva imagen de la mujer moderna: independiente, audaz y sofisticada.

A pesar de las críticas y los desafíos que enfrentó como mujer en la industria, Chanel construyó un imperio que sigue vigente. Su energía femenina brilló en su habilidad para transformar la adversidad en innovación y redefinir lo que significaba ser una mujer poderosa en su época.

Ejercicio: Reconectando contigo misma

Este ejercicio es una invitación a detenerte, reflexionar y reencontrarte con esa versión auténtica de ti que, quizás, has descuidado.

Paso 1: Encuentra un espacio de calma

Busca un lugar tranquilo donde puedas estar sin interrupciones. Puede ser una habitación en tu casa, un rincón en la naturaleza o incluso tu coche estacionado. Lleva un cuaderno o una hoja de papel y algo para escribir. Si lo prefieres, puedes realizar este ejercicio de forma mental, pero escribir te permitirá profundizar más en tus reflexiones.

Si lo sientes necesario, toma unos minutos para cerrar los ojos y respirar profundamente. Con cada inhalación, siente cómo te llenas de calma y con cada exhalación, deja ir cualquier tensión o distracción. Este es tu momento, solo para ti.

Paso 2: Pregúntate cuándo fue la última vez que te sentiste conectada contigo misma

Reflexiona sobre un momento en el que te sentiste completamente en paz contigo, en armonía con tus pensamientos y emociones. Responde a estas preguntas:

- ¿Qué estabas haciendo?
- ¿Dónde estabas?
- ¿Había alguien más contigo o estabas sola?
- ¿Cómo se sentía tu cuerpo en ese momento? ¿Estabas relajada, llena de energía, ligera?

Escribe tus respuestas con detalle, permitiéndote revivir ese instante. Tal vez fue durante una caminata al aire libre, leyendo un libro que te apasiona o mientras disfrutabas de un momento de silencio con una taza de té.

Paso 3: Identifica lo que te llevó a ese estado

Piensa en las razones detrás de esa conexión. ¿Fue porque estabas haciendo algo que amas? ¿Porque te diste permiso para ser tú misma sin juicios? ¿Quizás porque estabas en un ambiente que te llenó de energía positiva?

Anota las características específicas de ese momento que lo hicieron tan especial. Este paso te ayudará a identificar lo que necesitas para recrearlo.

Paso 4: Diseña tu plan para reconectar

Ahora que tienes claridad sobre lo que te hace sentir conectada contigo misma, pregúntate:

- ¿Cómo puedo integrar más de eso en mi vida cotidiana?
- ¿Qué pequeños pasos puedo dar para reconectar con mi esencia hoy mismo?

Por ejemplo, si descubriste que te conectas contigo misma cuando pasas tiempo en la naturaleza, planifica una caminata semanal. Si fue al meditar, destina cinco minutos al día para ello. Lo importante es crear momentos intencionales que nutran tu conexión interna.

Paso 5: Cierra con gratitud

Finalmente, escribe un agradecimiento para ti misma por dedicarte este tiempo. Reconoce que dar prioridad a tu bienestar emocional es un acto de amor propio.

Cuando te tomas el tiempo para reflexionar y reconectar, no solo te llenas de energía, sino que también te abres a una vida más plena y auténtica. Este ejercicio puede ser el primero de muchos pasos hacia tu mejor versión.

RELACIONES CONSCIENTES Y LA PAREJA IDEAL

Parte 3: Relaciones conscientes y la pareja ideal

El amor de una mujer sabia y que ha sanado sus heridas es un amor libre, profundo y eterno. No conoce ataduras, no se define por lo que posee ni por lo que retiene, sino por lo que permite florecer. Es un amor que trasciende las formas y deja huella no porque intente aferrarse, sino porque comprende que la verdadera conexión vive en la libertad.

Esta mujer ha caminado por senderos de luces y sombras, enfrentándose a sus propios miedos y cicatrices. Ha aprendido que el verdadero amor no necesita poseer para ser eterno. Entiende que amar no es sujetar a otro, sino dejarlo crecer y encontrar su propio camino.

En su alma guarda la sabiduría de los ciclos vividos: los inicios llenos de pasión, los finales marcados por aprendizaje, y los renacimientos que la convirtieron en la mujer que es hoy. Su fuerza proviene de la autenticidad con la que vive y ama. Es una pasión que no busca dominar, sino inspirar; no busca controlar, sino acompañar.

El amor de esta mujer no es perfecto, pero es auténtico. Su imperfección lo hace humano, y su humanidad lo convierte en un refugio para quienes la rodean. En cada acto de amor hay un reconocimiento profundo: de sí misma, de su historia, y de aquellos que se cruzan en su vida.

Ella sabe que amar no significa olvidarse de una misma. Al contrario, amar comienza por el respeto y la devoción hacia su propio ser. Esta mujer ha entendido que su mayor legado no está en lo que da, sino en lo que inspira. Amar desde la sabiduría y la libertad es un acto revolucionario, uno que transforma no solo a quien recibe ese amor, sino también al mundo que lo rodea.

El legado de esta mujer no se mide por los recuerdos que deja en otros, sino por la valentía con la que eligió amarse y amarlos, a pesar de todo.

Ella, al haberse conectado profundamente con su interior, sabe que la pareja ideal no es un reflejo de sus expectativas, sino un compañero de viaje en su evolución. Ella busca una conexión auténtica, donde ambos puedan crecer y transformarse juntos. Su amor no se basa en la necesidad de completar lo que falta, sino en la celebración de la individualidad de cada uno.

En una relación consciente, la mujer sabia aporta una energía sanadora. Su capacidad para amar desde la libertad permite que su pareja se sienta segura para explorar sus propias sombras y potencialidades. Ella no impone condiciones ni expectativas, sino que crea un espacio donde ambos puedan ser auténticos. La comunicación en esta pareja se basa en la honestidad y la empatía, permitiendo resolver conflictos de manera constructiva y fortaleciendo el vínculo.

Este tipo de mujer entiende que el amor es un verbo, una acción constante. Ella cultiva la relación día a día, nutriéndola con gestos de cariño, palabras de afirmación y momentos de intimidad. Su amor es una danza de entrega y reciprocidad, donde ambos se sienten valorados y apreciados.

Al elegir a su pareja, busca a alguien que respete su independencia y que la inspire a ser una mejor versión de sí misma. Ella sabe que el amor verdadero no busca controlar, sino que permite que ambos vuelen más alto. La pareja ideal para ella es aquel que comparte sus valores, sus sueños y su visión de la vida.

El legado que esta mujer deja en sus relaciones es uno de amor incondicional, respeto mutuo y crecimiento personal. Ella enseña que el amor más profundo es aquel que nos transforma y nos permite alcanzar nuestro máximo potencial.

Capítulo 12. Reescribiendo el significado del amor

Desde mi posición como hombre, he aprendido que el amor, tal como ha sido contado y enseñado, no siempre ha sido justo con las mujeres. Las narrativas de cuentos de hadas y las expectativas sociales les han impuesto un papel muchas veces desgastante, haciéndolas sentir que deben ser todo para todos, menos para sí mismas. Pero este capítulo no es una crítica al amor ni a las historias que nos formaron. Es un homenaje a ustedes, mujeres, y a la capacidad que tienen de amar, transformar y cuestionar lo aprendido para construir algo más auténtico y profundo.

El amor, en su forma más pura, no es un contrato que les exija perfección ni un boleto de entrada para que alguien más les dé valor. Es un vínculo que debe nacer del respeto mutuo, de la aceptación y del deseo de crecer juntos. Pero también entiendo que, para muchas de ustedes, ese amor ha llegado con condiciones, con cargas, y, a veces, con cicatrices. Por eso, este espacio es para reflexionar sobre lo que realmente significa amar y ser amada, empezando por lo más importante: el amor propio.

He observado cómo la cultura les ha vendido la idea de que necesitan ser "completadas" por alguien más. Esa noción, aunque romántica en apariencia, no honra todo lo que ustedes ya son. Ninguna mujer necesita que la completen; son completas por sí mismas, capaces de sostener mundos con su fuerza y su esencia. Sin embargo, es crucial desmontar esas ideas que han perpetuado dinámicas de desigualdad y dependencia emocional.

Este capítulo busca invitarlas a repensar el amor desde un lugar que celebre su autonomía y su poder. No se trata de renunciar a las relaciones ni de rechazar la idea del romance, sino de reconocer que el amor no puede florecer verdaderamente si no se cultiva primero en su interior. El amor que transforma no se basa en llenar vacíos, sino en compartir desde la plenitud.

Sé que muchas de ustedes han heredado patrones que parecen imposibles de romper. Expectativas sobre cómo debe ser una relación, cómo deben comportarse, e incluso qué deben sacrificar en nombre del amor. Pero quiero proponerles algo diferente: ¿qué pasaría si el amor se convirtiera en un espacio de libertad, de crecimiento y de conexión genuina, en lugar de una lista de requisitos que cumplir?

El amor consciente, aquel que les permite ser ustedes mismas, es posible. Comienza cuestionando lo que les han enseñado, reconociendo qué creencias las han limitado y atreviéndose a imaginar una nueva forma de amar, una que no se rija por ideales ajenos, sino por lo que realmente desean y merecen.

Mi intención con este capítulo es acompañarlas en este proceso, no como alguien que tiene todas las respuestas, sino como alguien que desea aportar una perspectiva que honre su fuerza y su autenticidad. Porque el legado femenino no solo está en lo que han hecho por los demás, sino también en cómo se han amado a sí mismas, y desde ese lugar han transformado todo lo que tocan.

El amor puede ser un espacio de libertad, una experiencia de conexión y una expresión de su esencia más auténtica. Este es un viaje para despojarse de los mitos y las expectativas, para abrazar una versión más consciente del amor, una que comience y termine en ustedes mismas.

Desmitificando el amor

El amor es una de las fuerzas más poderosas y complejas que experimentamos como seres humanos. Sin embargo, a menudo nos relacionamos con esta emoción basándonos en narrativas que hemos heredado o asumido sin cuestionar. Estas historias, transmitidas por generaciones o reforzadas por la cultura popular, han definido lo que consideramos romántico, lo que esperamos de una pareja y cómo concebimos el éxito o el fracaso de una relación, algo por supuesto muy marcado en las enseñanzas y crianza de una mujer.

Desde la perspectiva de alguien que observa con admiración la fortaleza y profundidad emocional de las mujeres, quiero invitarte a explorar las historias que nos hemos contado sobre el amor y los patrones familiares que hemos perpetuado. Porque antes de construir relaciones conscientes y auténticas, necesitamos identificar y liberar aquellas narrativas que no nos sirven, esas que te pueden encadenar o hacerte sentir incompleta.

La trampa del amor romántico nos ha hecho creer que debemos buscar la perfección en otro, cuando la verdadera plenitud comienza al conocernos y aceptarnos a nosotras mismas. Aquí exploraremos dos aspectos fundamentales: las historias que damos por ciertas sobre el amor y los patrones familiares que moldean nuestras relaciones. Al final, descubrirás que cuestionar estas bases no solo es liberador, sino esencial para abrazar un amor genuino y saludable.

Las historias que nos hemos contado sobre el amor

Desde cuentos de hadas hasta comedias románticas, las historias del amor ideal han moldeado las expectativas femeninas. El mundo habla de "almas gemelas", de un "príncipe azul" que viene a rescatar, de un amor que nunca falla, nunca se desvanece y siempre es perfecto. ¿Pero qué sucede cuando la realidad no se alinea con estas narrativas? Muy a menudo, crean sentimientos de frustración, esperanzas inadecuadas o incluso rotas, cuando en realidad el problema está en las historias que has elegido creer.

Por ejemplo, en los medios, el amor romántico se representa como algo que debe ser apasionado e instantáneo, un flechazo que resuelve todos los problemas. Sin embargo, la vida real nos muestra que el amor verdadero no es solo pasión, sino también elección. Requiere compromiso, comunicación y trabajo constante.

Un ejemplo que ilustra esta trampa es la vida de Marilyn Monroe. A pesar de su imagen pública como el epítome de la belleza y el romance, ella luchó profundamente con su sentido de valía personal y las relaciones fallidas. En su búsqueda por encajar en la narrativa de un amor perfecto, encontró más dolor que satisfacción. Su historia nos enseña que el amor no puede definirse únicamente por ideales externos; debe ser una construcción interna y compartida.

La lección aquí es clara: es hora de reescribir estas historias. En lugar de buscar a alguien que te "complete", debes aprender a vivir con la certeza de que ya estás completa. La pareja adecuada no es la que te rescata, sino la que camina contigo mientras ambas partes crecen y evolucionan.

Pregúntate: ¿Qué historias sobre el amor he aceptado como verdad? ¿Cómo me han condicionado para creer que el amor debe ser de cierta manera? Al hacer estas preguntas, comienzas a desmantelar las narrativas que limitan tu capacidad para experimentar el amor en su forma más auténtica.

Los patrones familiares que hemos heredado

Además de las historias culturales, nuestras familias desempeñan un papel fundamental en cómo entendemos el amor y las relaciones. Desde la infancia, observamos cómo nuestros padres, abuelos o figuras cercanas se relacionan entre sí, y esto moldea nuestras expectativas y comportamientos. Sin embargo, no todos estos patrones son saludables, y muchas veces, perpetuamos dinámicas que no nos benefician.

Por ejemplo, si creciste en un hogar donde el conflicto se evitaba a toda costa, podrías haber aprendido que el amor significa ausencia de desacuerdos. Por el contrario, si fuiste testigo de relaciones marcadas por la crítica constante o la falta de respeto, podrías haber normalizado esas conductas en tus propias relaciones. Estos patrones, aunque inconscientes, nos influyen profundamente.

Considera la historia de Oprah Winfrey, quien creció en un ambiente lleno de desafíos, incluyendo la pobreza y relaciones familiares complejas. A pesar de estas adversidades, ella decidió conscientemente no repetir los patrones de relaciones insalubres que había presenciado en su juventud. En su lugar, trabajó para construir conexiones basadas en el respeto y la autenticidad. Su historia es un testimonio de que no estamos condenadas a repetir el pasado; podemos elegir un camino diferente.

La clave para romper con estos patrones es la reflexión consciente. Pregúntate: ¿Qué dinámicas familiares he repetido en mis relaciones? ¿Qué lecciones sobre el amor me enseñaron mis padres, y cuáles de ellas quiero conservar o descartar? Este ejercicio puede ser incómodo, pero es esencial para construir relaciones más sanas y alineadas con tus valores.

El mito de la media naranja: Por qué una pareja no te completa, sino que te complementa

Desde una perspectiva psicológica y cultural, el concepto de que una pareja debe "completarnos" ha sido perpetuado por mitos, historias y narrativas que colocan el amor romántico en un pedestal inalcanzable. Este ideal, tan atractivo como problemático, a menudo crea una dinámica de dependencia emocional que puede ser devastadora para el crecimiento individual. ¿De dónde surge esta creencia y cuáles son las consecuencias psicológicas para las mujeres que buscan dependencia en una relación? Reflexionemos sobre estas preguntas antes de explorar historias de mujeres que, lejos de ser "complementadas", demostraron su grandeza como pilares esenciales en las vidas de sus parejas exitosas.

El mito de la "compleción": Una mirada psicológica

El mito de que una pareja debe completarnos tiene sus raíces en la narrativa de la "media naranja", una idea que sugiere que nacemos incompletos y que nuestra plenitud solo puede lograrse al encontrar a alguien que nos "llene". Esta creencia no solo es falsa, sino también peligrosa, especialmente para las mujeres, quienes históricamente han sido socializadas para buscar validación externa, a menudo en los hombres.

La dependencia emocional que surge de esta narrativa puede llevar a patrones insalubres en las relaciones, como la renuncia a la propia autonomía, la aceptación de dinámicas desequilibradas y la desvalorización de la propia identidad.

¿Por qué muchas mujeres buscan dependencia emocional en los hombres? Esto está ligado a patrones aprendidos desde la infancia. En muchas culturas, a las niñas se les enseña que el matrimonio y la maternidad son los objetivos supremos, y que su valor está intrínsecamente vinculado al éxito de su relación de pareja. Cuando una mujer internaliza esta creencia, puede buscar en un hombre la validación que no se siente capaz de darse a sí misma. Esto no solo perpetúa relaciones desequilibradas, sino que también limita el potencial de ambas partes para crecer como individuos.

La pareja ideal no es quien llena tus vacíos internos, sino quien camina junto a ti mientras te nutres emocionalmente y creces como persona. Este concepto se basa en la idea de que dos individuos completos y equilibrados pueden crear una relación armoniosa donde ambos contribuyen de manera significativa, sin sacrificar su individualidad. En este tipo de relaciones, la conexión se convierte en una plataforma para el desarrollo mutuo, no en una fuente de dependencia.

Tres historias de mujeres que complementaron a hombres icónicos

La historia ofrece ejemplos inspiradores de mujeres que, lejos de depender de sus parejas, se convirtieron en fuerzas esenciales para sus éxitos. Vamos a explorar cómo Edith Roosevelt, Jacqueline Kennedy y Coretta Scott King desempeñaron roles fundamentales en las vidas de sus famosos esposos.

Edith Roosevelt: El apoyo estratégico de Theodore Roosevelt

Theodore Roosevelt, el vigésimo sexto presidente de los Estados Unidos, es recordado por su carisma y liderazgo. Sin embargo, el papel de Edith Roosevelt en su vida fue crucial para su éxito. Edith, con su inteligencia y discreción, no solo administró la vida doméstica de Theodore, sino que también fue su consejera y confidente.

Cuando Theodore enfrentó momentos difíciles, como la pérdida de su primera esposa y su madre en el mismo día, Edith fue quien lo ayudó a reconstruir su vida emocional. Durante su presidencia, Edith transformó la Casa Blanca en un hogar acogedor y organizado, permitiendo que Theodore se concentrara en sus responsabilidades políticas. Su capacidad para equilibrar las demandas familiares y sociales fue un ejemplo de cómo una pareja puede complementar y fortalecer a su compañero.

Jacqueline Kennedy: La fuerza silenciosa de John F. Kennedy

Jacqueline "Jackie" Kennedy no solo fue una figura pública elegante, sino también una mujer de gran inteligencia y determinación. Como primera dama de los Estados Unidos, jugó un papel esencial en la creación de la imagen carismática de John F. Kennedy, uno de los presidentes más emblemáticos del siglo XX.

Jackie fue una estratega social que transformó la Casa Blanca en un centro cultural, atrayendo a artistas, escritores y líderes internacionales. Su habilidad para conectar con personas de diferentes ámbitos ayudó a reforzar la imagen de Kennedy como un líder global. Además, su dignidad y fortaleza después del asesinato de John en 1963 dejaron un legado imborrable de coraje y gracia en la adversidad. Jackie demostró que la compenetración en una pareja no es solo emocional, sino también práctica y estratégica.

Coretta Scott King: El alma del movimiento liderado por Martin Luther King Jr.

Coretta Scott King fue mucho más que la esposa de Martin Luther King Jr.; fue una activista apasionada que compartió y amplificó la visión de su esposo por la igualdad y la justicia. Desde el principio de su relación, Coretta demostró ser una pareja igualitaria, compartiendo no solo el compromiso emocional, sino también la lucha por los derechos civiles.

Durante los momentos más oscuros del movimiento, como las amenazas de muerte y los atentados contra su familia, Coretta mantuvo la calma y la determinación. Después del asesinato de Martin en 1968, ella continuó su legado, liderando el Centro King para el Cambio Social No Violento y asegurándose de que su mensaje perdurara. Coretta encarnó cómo una mujer puede ser el ancla emocional y la fuerza motriz en una relación, mientras persigue sus propios ideales.

Enseñanzas subyacentes: El amor como complemento, no como dependencia

Las historias de Edith, Jackie y Coretta muestran que el amor no se trata de buscar a alguien que te "complete", sino de encontrar a una persona que camine contigo, potenciando tu crecimiento y compartiendo tu visión. En cada una de estas parejas, las mujeres jugaron roles esenciales que no solo complementaron a sus esposos, sino que también dejaron un impacto profundo en la historia.

Para las mujeres modernas, estas historias son un recordatorio poderoso de que la plenitud emocional y el éxito en las relaciones comienzan con el trabajo interior. Solo desde un lugar de autonomía y autoestima podemos construir conexiones que sean verdaderamente significativas y equilibradas. Una pareja no es quien llena nuestros vacíos, sino quien inspira nuestra grandeza mientras nos acompaña en el camino de la vida.

Una nueva narrativa para el amor

El amor no tiene por qué ser un misterio inalcanzable ni una fuente constante de insatisfacción. Al identificar las historias que nos hemos contado y los patrones familiares que hemos heredado, comenzamos a desentrañar las raíces de nuestras expectativas y comportamientos en las relaciones. Este proceso, aunque desafiante, es también profundamente liberador.

Como alguien que admira la capacidad infinita de las mujeres para transformarse y adaptarse, quiero recordarte que el amor verdadero no es una fantasía ni un mito. Es una construcción real y dinámica que comienza contigo misma. Al reescribir tus historias y romper con patrones limitantes, te das el permiso de experimentar un amor que no solo es posible, sino también profundamente enriquecedor.

Ejercicio práctico

El amor, ese sentimiento tan universal y a la vez tan personal, ha sido objeto de innumerables canciones, poemas y filosofías a lo largo de la historia. Sin embargo, nuestras creencias sobre el amor, a menudo inconscientes, moldean nuestras experiencias en las relaciones. A través de estas preguntas, te invito a explorar tus propias concepciones sobre el amor y a cuestionar si te están ayudando a crear relaciones más saludables y satisfactorias.

Preguntas:

1-El amor romántico: Más allá de la amistad

El amor romántico a menudo se idealiza en nuestra cultura. Es importante reconocer que existen diferentes tipos de amor, cada uno con sus propias características y dinámicas.

¿Qué es para ti el amor romántico y cómo lo diferencias de otros tipos de amor (familiar, amistad)?

_____
_____
_____

Ejemplo de respuesta: "Para mí, el amor romántico es una conexión profunda y apasionada con otra persona, que va más allá de la amistad. Se caracteriza por un deseo intenso de intimidad y una sensación de completud cuando estamos juntos."

2-Expectativas amorosas: ¿Realidad o idealización?

Nuestras expectativas sobre el amor a menudo se basan en nuestras experiencias pasadas, en lo que hemos visto en películas y libros, y en las creencias culturales que hemos internalizado.

¿Qué expectativas tienes sobre el amor y cómo crees que se formaron esas expectativas?

_____
_____
_____

Ejemplo de respuesta: "Espero que el amor sea una fuente constante de felicidad y que mi pareja siempre esté ahí para mí. Creo que estas expectativas se formaron en parte por las historias de amor que leía de niña."

3-Relaciones saludables: Identificando señales

Una relación saludable se basa en el respeto mutuo, la comunicación abierta y la confianza. Es importante identificar las señales de alerta que pueden indicar que una relación no es saludable.

¿Cómo defines una relación saludable y cuáles son tus señales de alerta en una relación?

_____
_____

Ejemplo de respuesta: "Para mí, una relación saludable es aquella en la que ambos miembros se sienten valorados y apoyados. Las señales de alerta incluyen el control, los celos excesivos y la falta de respeto."

4-Pasión y amor: ¿Una combinación indisoluble?

La pasión es un componente importante para muchas personas, pero no es el único. El amor puede evolucionar con el tiempo y la pasión puede transformarse en otros tipos de conexión.

¿Qué papel juega la pasión en tu visión del amor? ¿Es un componente esencial o crees que puede existir un amor duradero sin ella?

_____
_____

Ejemplo de respuesta: "La pasión es importante al principio de una relación, pero creo que un amor duradero se basa en la conexión emocional, la compatibilidad y el respeto mutuo."

5-El conflicto en pareja: ¿Cómo lo afrontamos?

El conflicto es una parte normal de cualquier relación. La forma en que manejamos el conflicto puede tener un gran impacto en la salud de nuestra relación.

¿Cómo manejas el conflicto en tus relaciones? ¿Tiendes a evitarlo, a enfrentarlo directamente o a ceder?

_____

_____

Ejemplo de respuesta: "Solía evitar el conflicto por miedo a lastimar a la otra persona. Ahora trato de enfrentarlo de manera abierta y honesta, buscando soluciones que funcionen para ambos."

6-Miedo al abandono: Superando la inseguridad

El miedo al abandono es una emoción universal que puede afectar profundamente nuestras relaciones. Es importante reconocer este miedo y explorar cómo influye en nuestras decisiones y comportamientos.

¿Cómo manejas el miedo al abandono en tus relaciones? ¿Crees que este miedo influye en la forma en que te relacionas con los demás?

_____

_____

Ejemplo de respuesta: "A veces tengo miedo de que mi pareja me deje, lo cual me lleva a ser demasiado dependiente y a necesitar constante reafirmación. Estoy trabajando en construir mi propia seguridad y confianza para superar este miedo."

7-La aprobación de los demás: ¿Un lastre en el amor?

La necesidad de aprobación es una parte natural del ser humano, pero cuando se vuelve excesiva puede llevar a tomar decisiones que no son auténticas.

¿Qué tan importante es la aprobación de los demás en tus relaciones? ¿Cómo crees que esta necesidad influye en tus decisiones?

_____
_____
_____

Ejemplo de respuesta: "La aprobación de mi pareja siempre ha sido muy importante para mí. A veces he dejado de lado mis propios deseos para complacerla y mantener la relación."

8-Independencia e intimidad: Encontrando el equilibrio

Encontrar el equilibrio entre la independencia y la intimidad es un desafío común en las relaciones. Es importante reconocer la importancia de ambos aspectos para construir una relación saludable.

¿Cómo equilibras tu necesidad de independencia con tu deseo de intimidad en una relación?

_____
_____
_____

Ejemplo de respuesta: "Valoro mucho mi independencia y necesito tener mi propio espacio. Sin embargo, también disfruto de la cercanía y la conexión que ofrece una relación."

9-El pasado y el presente: Cómo nuestras experiencias moldean el amor

Nuestras experiencias pasadas, tanto positivas como negativas, influyen en la forma en que percibimos el amor y las relaciones. Es importante reconocer estos patrones para poder superarlos y crear relaciones más saludables en el futuro.

¿Cómo crees que tus experiencias pasadas en el amor han moldeado tus creencias actuales sobre las relaciones?

_____
_____

Ejemplo de respuesta: "Mis relaciones anteriores me han enseñado la importancia de la comunicación abierta y honesta. También he aprendido a establecer límites saludables."

10-Amor a largo plazo: ¿Un sueño o una realidad?

El amor a largo plazo requiere un compromiso constante y un esfuerzo por mantener la conexión. Es importante tener una visión realista y positiva del amor a largo plazo.

¿Cuál es tu visión del amor a largo plazo? ¿Crees que el amor romántico puede durar toda la vida?

_____
_____

Ejemplo de respuesta: "Creo que el amor romántico puede evolucionar con el tiempo y que el amor a largo plazo se basa en la amistad, el respeto y la compatibilidad."

11-Compatibilidad en pareja: ¿Lo es todo?

La compatibilidad es un factor importante en las relaciones, pero no es el único. Es posible tener una relación exitosa con alguien que es diferente a ti, si ambos están dispuestos a trabajar en la relación y a encontrar un terreno común.

¿Qué papel juega la compatibilidad en una relación? ¿Crees que es posible tener una relación exitosa con alguien que es muy diferente a ti?

_____
_____
_____

Ejemplo de respuesta: "La compatibilidad es importante, pero creo que también lo es la capacidad de aceptar las diferencias del otro y de crecer juntos."

12-Los celos: ¿Una señal de amor o de inseguridad?

Los celos son una emoción compleja que puede surgir en cualquier relación. Es importante aprender a manejar los celos de manera saludable y a reconocer las causas subyacentes.

¿Cómo manejas la sensación de celos en una relación? ¿Crees que los celos son una señal de amor o de inseguridad?

_____
_____
_____

Ejemplo de respuesta: "Los celos pueden ser una señal de inseguridad. Trato de comunicar mis preocupaciones a mi pareja de manera abierta y honesta, en lugar de culparla."

13-El compromiso: La piedra angular de una relación duradera

El compromiso es una decisión consciente de invertir tiempo, energía y esfuerzo en una relación. Es importante tener una comprensión clara de lo que significa el compromiso para ti.

¿Qué significa para ti el compromiso en una relación? ¿Crees que el compromiso es esencial para el éxito de una relación a largo plazo?

_____

_____

_____

Ejemplo de respuesta: "Para mí, el compromiso significa estar dispuesto a trabajar en la relación, incluso cuando las cosas se ponen difíciles. Creo que el compromiso es esencial para construir una relación duradera."

Capítulo 13. ¿Qué es una relación consciente?

En el mundo actual, donde la velocidad y la superficialidad parecen dominar nuestras interacciones, construir una relación sólida y significativa es un desafío que requiere intención y esfuerzo. Una relación consciente va más allá de los gestos románticos o las promesas idealizadas; se trata de crear un espacio donde dos personas puedan crecer juntas sin dejar de ser ellas mismas.

Cuando miramos más de cerca lo que define una conexión genuina, encontramos que no se trata de alcanzar una perfección inalcanzable, sino de construir una base de confianza, respeto y autenticidad. Es un compromiso continuo que trasciende la idea de encontrar a alguien que "nos complete" y se centra en la voluntad de compartir un camino de crecimiento mutuo.

En este capítulo, exploraremos cómo trascender las dinámicas habituales y crear relaciones que realmente reflejen quienes somos. Porque en el corazón de cada relación consciente hay una elección: ser auténticos, escuchar con el corazón abierto y valorar tanto la unión como la individualidad.

Autenticidad: El pilar invisible de toda relación verdadera

La autenticidad es mucho más que una palabra de moda; es la esencia de nuestra existencia. Es lo que ocurre cuando nos presentamos ante el mundo sin máscaras, sin pretensiones y sin miedo al juicio. En el contexto de una relación de pareja, ser auténtico no solo construye un vínculo más profundo, sino que también permite un amor basado en el respeto mutuo y la verdadera conexión.

El concepto de autenticidad individual y en pareja

Ser auténtico significa vivir alineado con nuestra verdad interna. Es reconocer nuestras emociones, necesidades y deseos sin ocultarlos por miedo a la desaprobación. En una pareja, la autenticidad no se trata de buscar la perfección, sino de crear un espacio donde ambos puedan ser ellos mismos.

Para una mujer, la autenticidad puede significar liberarse de los roles impuestos por la sociedad y ser honesta sobre quién es y qué quiere en la vida. Este proceso no solo la beneficia a ella, sino que también mejora la relación, ya que permite una conexión genuina basada en la realidad, no en ilusiones. En una pareja auténtica, cada individuo se siente seguro para expresar su esencia sin temor a ser juzgado o rechazado.

¿Por qué es importante ser auténtico?

La autenticidad es liberadora. Nos permite soltar el peso de las expectativas externas y enfocarnos en lo que realmente importa: nuestra verdad interna. Cuando una mujer se permite ser auténtica, no solo encuentra paz consigo misma, sino que también establece relaciones más saludables y significativas.

En el contexto de una relación, la autenticidad fomenta la confianza y el respeto. Ambos miembros de la pareja saben que están viendo la verdadera versión del otro, no una fachada diseñada para impresionar o complacer. Esto no solo crea una relación más sólida, sino que también permite a ambos crecer juntos de manera más efectiva.

¿Qué sucede cuando se pierde la autenticidad?

Perder la autenticidad en una relación es como construir una casa sobre cimientos inestables. Al principio, puede parecer que todo está bien, pero con el tiempo, las grietas comienzan a aparecer. Cuando una mujer oculta sus verdaderos sentimientos, pensamientos o deseos por temor al conflicto o al rechazo, se genera una desconexión emocional que puede ser difícil de reparar.

Esta pérdida de autenticidad no solo afecta la relación, sino también el bienestar emocional de la mujer. Las máscaras que usamos para protegernos eventualmente se convierten en barreras que nos aíslan, tanto de nuestra pareja como de nosotras mismas. La desconexión emocional puede llevar a sentimientos de vacío, insatisfacción y, en última instancia, al deterioro de la relación.

¿Cómo la autenticidad refuerza la relación de pareja?

La autenticidad es el cimiento sobre el cual se construyen las relaciones más fuertes y duraderas. Cuando una pareja es auténtica, no hay lugar para la manipulación o las expectativas poco realistas. Ambos se sienten libres para ser ellos mismos y, al mismo tiempo, se apoyan mutuamente en su crecimiento personal y colectivo.

Por ejemplo, cuando una mujer decide abrirse y compartir sus verdaderos sueños, incluso si estos parecen contradictorios con las expectativas de su pareja, crea un espacio para el entendimiento y la colaboración. Este tipo de honestidad fomenta la confianza y permite que la relación prospere.

Además, la autenticidad enseña a valorar la individualidad dentro de la relación. Una pareja auténtica entiende que no se trata de fusionarse completamente, sino de caminar juntos como dos individuos completos que se eligen mutuamente cada día. Este equilibrio entre independencia y unión es lo que hace que el amor sea genuino y duradero.

El poder transformador de ser tú misma

La autenticidad, tanto a nivel individual como en pareja, no es un objetivo a alcanzar, sino un camino a recorrer. Implica enfrentar los miedos, despojarse de las máscaras y aceptar que la perfección no es el objetivo. Para una mujer, este viaje puede ser desafiante, pero también es profundamente liberador.

Ser auténtica no solo mejora tu relación de pareja, sino que también te reconecta contigo misma. Al elegir vivir desde tu verdad, inspiras a los demás a hacer lo mismo, creando un entorno de amor y respeto que beneficia a todos. Porque al final, el amor verdadero solo puede florecer cuando ambas personas se presentan como realmente son.

Evolucionar juntos: El compromiso con el crecimiento en pareja

En las relaciones auténticas, el amor no es un punto de llegada, sino un viaje compartido. El compromiso con el crecimiento mutuo no es solo deseable, sino esencial para que una pareja evolucione. Como hombre, es importante destacar que este crecimiento no se trata solo de alcanzar metas externas, sino de cultivar un espacio donde ambos puedan florecer individualmente y como unidad.

¿Qué es el crecimiento personal y profesional?

El crecimiento personal y profesional se refiere al proceso continuo de mejorar nuestras habilidades, expandir nuestro conocimiento y convertirnos en la mejor versión de nosotros mismos. En lo personal, implica explorar nuestras emociones, superar limitaciones y construir un sentido de propósito. En lo profesional, abarca la adquisición de competencias, el logro de metas laborales y la construcción de una carrera satisfactoria.

Para la mujer, este crecimiento puede significar romper con expectativas sociales limitantes y permitirse ser ambiciosa, curiosa y valiente en la búsqueda de sus sueños. Cuando este enfoque se comparte dentro de la pareja, crea una sinergia única: ambos se convierten en un apoyo mutuo, transformando desafíos en oportunidades de aprendizaje conjunto.

Crecimiento individual vs. crecimiento en pareja

El crecimiento individual es la base de cualquier relación saludable. Sin embargo, muchas veces se malinterpreta como algo separado del vínculo de pareja. En realidad, el crecimiento personal e individual puede y debe complementarse con el crecimiento de la relación.

En el crecimiento individual, una mujer se enfoca en sus propias necesidades, metas y aspiraciones. Esto podría incluir adquirir nuevas habilidades, trabajar en su bienestar emocional o perseguir logros profesionales. En el crecimiento de pareja, la atención se centra en cómo esas metas individuales pueden alinearse y contribuir al fortalecimiento del vínculo.

La transición de lo individual a lo compartido requiere comunicación clara y un deseo genuino de apoyarse mutuamente. Por ejemplo, si ambos deciden embarcarse en un proyecto juntos, como iniciar un negocio o aprender algo nuevo, estarán fomentando un crecimiento compartido que solidifica la relación.

Cómo elaborar un plan de crecimiento en pareja

Un plan de crecimiento en pareja no es solo una lista de metas; es un compromiso de evolución conjunta. Este plan debe abordar tanto los aspectos individuales como los compartidos, asegurándose de que ambos se sientan realizados y valorados.

El primer paso es la introspección: ¿qué desea cada uno lograr en su vida personal y profesional? Estas metas deben discutirse abierta y honestamente, identificando puntos de convergencia y áreas donde ambos puedan colaborar.

El siguiente paso es la planificación. Establecer objetivos claros y alcanzables, definir tiempos y asignar roles. Por ejemplo, si ambos desean mejorar su salud, podrían inscribirse juntos en un programa de ejercicios o comprometerse a cocinar comidas más saludables.

Finalmente, el plan debe incluir mecanismos de evaluación y ajuste. Las circunstancias cambian, y es crucial revisar regularmente el progreso y ajustar las metas según sea necesario. Este proceso refuerza el compromiso y demuestra la flexibilidad necesaria para navegar los altibajos de la vida en pareja.

Hábitos para un crecimiento notable en pareja

Los hábitos son la piedra angular del cambio sostenible. Al establecer prácticas diarias que promuevan el desarrollo mutuo, las parejas pueden construir una relación que no solo sea satisfactoria, sino también inspiradora.

1. Comunicación abierta y regular. Hablar no solo sobre los problemas, sino también sobre los sueños, logros y miedos fortalece la conexión emocional. Dedicar un tiempo específico cada semana para una conversación profunda permite mantener alineados los objetivos individuales y compartidos.

2. Celebrar los logros de cada uno. Cuando uno de los miembros de la pareja alcanza una meta, grande o pequeña, celebrarlo juntos refuerza el vínculo y muestra apoyo incondicional. Reconocer los esfuerzos individuales fomenta una cultura de gratitud y aprecio mutuo.

3. Practicar la paciencia y el perdón. El crecimiento no es lineal. Habrá momentos de frustración y desacuerdos. Practicar la paciencia y el perdón crea un entorno donde ambos se sienten seguros para cometer errores y aprender de ellos, sin temor al juicio o al rechazo.

El poder transformador del crecimiento compartido

El compromiso con el crecimiento no es solo un ejercicio de desarrollo personal, sino una manifestación tangible de amor y respeto en pareja. Al cultivar una relación donde ambos se sientan valorados y apoyados en su viaje de evolución, se crea un espacio para el amor auténtico y duradero.

Las mujeres tienen una fuerza única para inspirar a sus parejas en este proceso, no desde un lugar de sacrificio, sino desde un lugar de empoderamiento. Una relación donde ambos están comprometidos con el crecimiento es una relación que no solo sobrevive, sino que prospera. Porque, al final, evolucionar juntos no es simplemente un deseo; es la esencia misma de un amor consciente y maduro.

El arte de fortalecer el vínculo desde la libertad

Las relaciones saludables no se construyen desde la fusión total, sino desde la capacidad de cada individuo para mantenerse auténtico y libre dentro de la unión. Respetar los espacios individuales no significa distanciarse, sino reconocer que una pareja fuerte está compuesta por dos personas completas, con intereses, sueños y necesidades propias. Como hombre, es esencial valorar este equilibrio, especialmente en una relación con una mujer que busca vivir su autenticidad.

¿Qué son los espacios individuales?

Los espacios individuales son áreas en las que cada persona, dentro de una relación, cultiva su identidad, intereses y bienestar sin la constante presencia del otro. Estos espacios no solo son físicos, como un lugar donde te sientas cómoda o donde desarrolles un pasatiempo, sino también emocionales, mentales y espirituales.

Para una mujer, estos espacios pueden incluir tiempo para dedicarse a su desarrollo personal, explorar su creatividad, disfrutar de amistades o simplemente descansar sin sentirse obligada a responder a las expectativas de los demás. Estos momentos permiten recargar energía, reconectar con lo que la hace única y, a su vez, traer una versión más plena y auténtica de sí misma a la relación.

Los límites en los espacios individuales: Definiéndolos con claridad

El respeto por los espacios individuales no surge de manera automática; requiere diálogo y acuerdos claros. Los límites son esenciales para evitar malentendidos y conflictos. Definirlos no es un acto de separación, sino una práctica de amor y respeto mutuo.

Para establecer estos límites, es vital primero identificar las necesidades de cada uno. Una mujer puede necesitar tiempo para meditar, leer o dedicarse a un proyecto que le apasione. Su pareja, por otro lado, puede valorar actividades como practicar deportes o pasar tiempo con amigos. Al expresar estas necesidades de manera abierta, se eliminan las suposiciones y se construye un entendimiento mutuo.

El siguiente paso es crear acuerdos. Por ejemplo, decidir que ciertos momentos de la semana serán para actividades individuales, sin que la pareja se sienta excluida o ignorada. También implica establecer formas de comunicación que respeten esos tiempos. Esto podría significar limitar mensajes o llamadas durante esos espacios.

Finalmente, recordar que los límites no son barreras. No deben percibirse como rechazo, sino como una forma de fortalecer la relación al garantizar que cada miembro conserve su esencia y libertad.

Cuando los espacios no son respetados

En algunas relaciones, los espacios individuales pueden volverse una fuente de conflicto cuando no se respetan o son malinterpretados. Esto ocurre, en muchos casos, por miedo al abandono, celos o una falta de comunicación clara.

Si te encuentras en una situación donde tu espacio no es respetado, el primer paso es abordar la situación con calma y empatía. Explica por qué esos momentos son importantes para ti, no como una forma de alejarte, sino como una necesidad para recargar tus energías y seguir aportando lo mejor de ti a la relación.

Por otro lado, si tú misma has invadido los espacios de tu pareja, es un buen momento para reflexionar sobre los motivos detrás de esa acción. ¿Hay inseguridad en la relación? ¿Temes que su independencia signifique un alejamiento emocional? Identificar estas emociones puede ayudarte a resolverlas sin necesidad de interferir en el crecimiento del otro.

Cuando estas conversaciones no son suficientes, considerar el apoyo de un consejero o terapeuta puede ser valioso. Este tipo de guía puede ayudar a ambas partes a encontrar un equilibrio saludable entre la cercanía y la independencia.

Espacios individuales dentro de la familia

Cuando la relación incluye responsabilidades familiares, como hijos, puede parecer más difícil encontrar y respetar los espacios individuales. Sin embargo, es precisamente en estas circunstancias donde se vuelven aún más esenciales.

Una madre que encuentra tiempo para ella misma está mejor equipada emocionalmente para cuidar y guiar a sus hijos. De la misma manera, un padre que respeta los espacios de su pareja les enseña a sus hijos la importancia del respeto y la autonomía dentro de las relaciones.

En este contexto, crear espacios individuales puede implicar compartir responsabilidades familiares de manera equilibrada. Por ejemplo, acordar que cada uno tenga un día a la semana para dedicarse a sí mismo, mientras el otro se encarga de los hijos o las tareas del hogar.

Además, enseñar a los hijos desde temprana edad el valor de los momentos individuales puede ser un ejemplo poderoso de cómo construir relaciones saludables. Explicarles que, aunque los padres son un equipo, también necesitan tiempo para ellos mismos es una lección valiosa sobre amor propio y respeto mutuo.

La libertad como pilar de una relación fuerte

Los espacios individuales son una expresión de confianza y amor. Permitir que tu pareja explore su mundo y que tú misma tengas la oportunidad de hacer lo mismo no debilita el vínculo, sino que lo refuerza. Cuando cada persona en la relación siente que puede ser plenamente ella misma, se crea un ambiente donde el amor fluye sin condiciones ni restricciones.

Para la mujer, esto es especialmente poderoso. Tener la libertad de nutrir tu esencia, explorar tus sueños y priorizar tu bienestar no solo te empodera, sino que también inspira a tu pareja a hacer lo mismo. En una relación donde ambos respetan los espacios individuales, se construye una conexión basada en la admiración mutua y la autenticidad.

Respetar la independencia del otro no es un acto de alejamiento, sino una celebración del ser único que eligieron amar. Porque el amor consciente no se trata de poseer, sino de acompañar y florecer juntos.

Claves para cultivar una relación consciente

En una relación consciente, la conexión no se da por sentada; se construye día a día con intencionalidad y compromiso. Este anexo complementa los principios fundamentales de una relación auténtica al explorar dos aspectos esenciales para fortalecer el vínculo: la práctica de la escucha activa y la conexión emocional diaria.

La escucha activa: El arte de comprender sin competir

La escucha activa implica estar presente, tanto física como emocionalmente, mientras tu pareja comparte sus pensamientos o sentimientos. Esto significa dejar de lado las distracciones, como el teléfono o la televisión, y enfocar toda tu atención en lo que la otra persona expresa. Pero no se trata solo de oír palabras; implica captar el tono, las emociones y los matices detrás del mensaje.

Un elemento clave de la escucha activa es reflejar lo que se ha entendido. Frases como: "Lo que entiendo es que te sientes frustrada por..." o "¿Te refieres a que este tema te preocupa porque...?" ayudan a demostrar que estás conectado con el diálogo.

La meta no es siempre ofrecer soluciones, sino crear un espacio donde tu pareja se sienta comprendida y valorada. Este tipo de interacción refuerza la confianza y desarma el impulso de competir o defenderse, construyendo un terreno fértil para la cooperación y el entendimiento mutuo.

Conexión emocional diaria: Los pequeños gestos que construyen grandes vínculos

El ritmo de la vida cotidiana puede erosionar la conexión emocional si no se cultiva intencionalmente. Una relación consciente requiere acciones consistentes que demuestren aprecio, afecto y apoyo.

Los pequeños gestos diarios tienen un impacto significativo en la relación. Un mensaje de texto amoroso durante el día, un abrazo prolongado al regresar a casa o un sincero "gracias por estar aquí" son ejemplos de cómo nutrir ese lazo invisible que une a las parejas. Aunque puedan parecer detalles simples, tienen el poder de reforzar la sensación de ser vistos y valorados.

La conexión emocional también se fomenta al dedicar tiempo de calidad juntos. Esto no implica necesariamente grandes gestos o actividades costosas. Momentos compartidos, como caminar juntos, cocinar una comida en pareja o simplemente conversar sin interrupciones, son oportunidades para reafirmar el amor y la cercanía.

Además, es importante expresar vulnerabilidad en estos momentos. Hablar de sueños, miedos o experiencias significativas profundiza el nivel de intimidad y fortalece el compromiso emocional. En una relación consciente, la conexión no se limita a lo cotidiano; abarca también lo espiritual, emocional e intelectual, creando una unión más rica y significativa.

La práctica diaria que transforma

La escucha activa y la conexión emocional diaria son pilares fundamentales de una relación consciente. Cuando ambas se practican de manera constante, la pareja desarrolla una base sólida que permite enfrentar desafíos con mayor resiliencia y empatía.

En última instancia, cultivar una relación consciente es una decisión diaria de elegir al otro con amor, intención y presencia. Se trata de ver más allá de los conflictos o las rutinas, y recordar que la relación es un espacio donde ambos pueden crecer, conectar y florecer juntos.

Capítulo 14. Identificando a la pareja ideal

En la búsqueda del amor, la idea de encontrar a una pareja ideal puede parecer tanto un sueño esperanzador como un desafío intimidante. En el corazón de esta búsqueda yace una pregunta esencial: ¿qué significa realmente encontrar a la "pareja ideal"? Este capítulo invita a reflexionar desde una perspectiva realista, alejándose de nociones idealizadas que a menudo generan expectativas inalcanzables y frustración.

La cultura popular y los relatos románticos han sembrado la creencia de que hay una sola persona destinada a nosotros, una "alma gemela" que mágicamente completará nuestra vida. Sin embargo, esta visión, aunque atractiva, puede ser limitante y hasta perjudicial. Más allá del mito del amor perfecto, las relaciones exitosas no son el resultado de un destino predeterminado, sino de elecciones conscientes y de un esfuerzo mutuo. El propósito de este capítulo es desmitificar esta concepción y brindar herramientas para identificar a una pareja con la que puedas construir una relación significativa y enriquecedora.

Una relación saludable no surge de la perfección, sino de la compatibilidad. No se trata de que dos personas sean iguales, sino de que compartan valores fundamentales, sepan comunicarse de manera efectiva y estén dispuestas a crecer juntas. Entender qué buscar en una pareja implica ir más allá de una lista de cualidades superficiales y centrarse en elementos esenciales que realmente sostienen una relación a largo plazo.

También es importante destacar que la búsqueda de la pareja ideal no se limita a evaluar al otro; es un proceso que comienza contigo misma. Reflexionar sobre tus valores, necesidades y expectativas no solo te permitirá establecer un estándar más claro de lo que buscas, sino también identificar áreas en las que puedes crecer para ser la mejor versión de ti misma. Al final, la relación más importante que tienes es contigo misma, y es desde ese lugar de autoconocimiento y amor propio que puedes construir vínculos sólidos y genuinos.

Este capítulo está diseñado para que explores los principios clave de las relaciones realistas y saludables. Se abordará la importancia de valores compartidos, la compatibilidad emocional y el apoyo mutuo, elementos que constituyen la base de cualquier vínculo duradero. También se incluirá un ejercicio práctico que te permitirá reflexionar sobre lo que realmente deseas en una pareja, con el enfoque adicional de cuestionarte si estás cultivando esas mismas cualidades en tu interior.

Identificar a la pareja ideal no significa buscar alguien que cumpla con todos tus deseos, sino construir una relación basada en el respeto, la autenticidad y el esfuerzo compartido. Este es un proceso que, aunque desafiante, es también profundamente enriquecedor, ya que no solo transforma tu perspectiva sobre las relaciones, sino que también te impulsa a evolucionar como persona. Con estas líneas, estarás lista para adentrarte en un análisis práctico y honesto sobre lo que significa encontrar a tu pareja ideal desde un enfoque consciente y realista.

El mito del alma gemela

La idea de un alma gemela, una persona destinada a complementarte en todos los sentidos, ha cautivado corazones y mentes durante generaciones. Desde los cuentos de hadas hasta las historias románticas de la gran pantalla, nos han enseñado a creer que encontrar a esa "única persona" resolverá todos nuestros problemas emocionales y nos conducirá a la felicidad plena. Pero, ¿es esto realista? Más importante aún, ¿es saludable?

Como mujeres, muchas de ustedes han sido condicionadas a esperar al "príncipe azul" o a la pareja perfecta que mágicamente armonizará con sus vidas. Sin embargo, esta perspectiva puede ser engañosa y limitante. En lugar de buscar una perfección que no existe, el verdadero poder está en construir relaciones conscientes, basadas en la compatibilidad, el respeto mutuo y el esfuerzo compartido.

La trampa del idealismo: La búsqueda de la perfección

El mito del alma gemela parte de un deseo profundo de conexión, pero también puede llevar a expectativas poco realistas. Al creer que una pareja perfecta existe y que encajará sin esfuerzo en tu vida, corres el riesgo de ignorar lo que realmente importa: el trabajo diario que requiere construir una relación sólida.

Cuando esperas que alguien sea tu complemento ideal en todos los sentidos, te predispones a la decepción. Nadie puede satisfacer cada una de tus necesidades o curar las heridas de tu pasado. Una relación saludable no consiste en encontrar a alguien que "te complete", sino en ser dos personas completas que eligen caminar juntas, aprendiendo y creciendo mutuamente.

El terapeuta Terrence Real lo expresa claramente: las relaciones exitosas no dependen de la perfección de la pareja, sino de su disposición para comprometerse y construir algo significativo. Cuando te liberas del mito del alma gemela, abres espacio para valorar a las personas por quienes son, no por lo que idealmente deberían ser.

De la fantasía a la realidad: La compatibilidad como clave

En lugar de buscar perfección, enfócate en compatibilidad. Esto no significa conformarte, sino identificar aspectos fundamentales que hagan que una relación sea sostenible y enriquecedora.

La compatibilidad no se basa en gustos superficiales, como compartir el mismo género de películas o el amor por cierto tipo de comida. Se trata de valores compartidos, visión de futuro y la capacidad de enfrentar desafíos juntos. Una pareja compatible es aquella que respeta tus sueños, escucha tus preocupaciones y está dispuesta a trabajar contigo para superar obstáculos.

Por ejemplo, imagina que valoras profundamente la honestidad y el crecimiento personal. Si encuentras a alguien que comparte estos principios, tendrás una base sólida sobre la cual construir. La compatibilidad no significa ausencia de diferencias, sino la disposición de ambas partes para navegar esas diferencias con empatía y comprensión.

Construyendo conexiones significativas

El verdadero desafío de una relación es construir algo significativo. Esto no ocurre por casualidad; requiere intención, esfuerzo y compromiso.

Para crear una conexión significativa, primero debes estar en paz contigo misma. Conocer tus valores, necesidades y límites te permite entrar en una relación desde un lugar de autenticidad. Cuando te presentas como realmente eres, sin máscaras ni miedo al rechazo, invitas a tu pareja a hacer lo mismo.

La construcción de una relación significativa también implica una comunicación abierta. Hablar sobre tus sueños, miedos y expectativas no siempre será fácil, pero es esencial. Las relaciones fuertes no se basan en evitar conflictos, sino en enfrentarlos con madurez y respeto mutuo.

Además, no subestimes el poder de los pequeños gestos. Un abrazo sincero, una palabra de aliento o una simple sonrisa pueden fortalecer tu vínculo de maneras que las grandes declaraciones de amor no siempre logran. Es en lo cotidiano donde las relaciones crecen y se consolidan.

Liberándote del mito

Romper con el mito del alma gemela no significa renunciar al amor romántico. Significa liberarte de la presión de encontrar a alguien perfecto y, en cambio, enfocarte en lo que realmente importa: construir una conexión genuina con alguien dispuesto a caminar a tu lado, con todas las imperfecciones que eso conlleva.

Cuando dejas de buscar a esa "persona perfecta", te permites ver a las personas tal como son. Esto no solo te da una perspectiva más realista sobre las relaciones, sino que también te ayuda a valorar la belleza de las imperfecciones humanas. La verdadera conexión no radica en ser perfectos el uno para el otro, sino en aceptar y celebrar las diferencias mientras trabajan juntos hacia un propósito común.

El poder de elegir conscientemente

El amor no es un destino predeterminado; es una elección. Elegir amar a alguien significa aceptar sus defectos, comprometerse con su bienestar y estar dispuesta a crecer junto a esa persona. Esta elección consciente es lo que diferencia una relación superficial de una profunda y significativa.

Por ejemplo, si tu pareja tiene un rasgo que te desafía, como una tendencia a preocuparse en exceso, en lugar de verlo como una falla, pregúntate cómo puedes apoyarlo en su crecimiento. Al mismo tiempo, sé honesta contigo misma sobre tus propias áreas de mejora. En una relación consciente, ambos individuos se convierten en espejos el uno del otro, reflejando tanto fortalezas como debilidades y ofreciendo oportunidades para el crecimiento mutuo.

Reescribiendo tu propia narrativa

Como mujer, tienes el poder de reescribir la narrativa que te han enseñado sobre el amor. En lugar de esperar a que alguien te rescate o te complete, puedes ser la autora de tu propia historia. Esto no significa rechazar las relaciones, sino entrar en ellas desde un lugar de fortaleza y claridad.

La relación que construyas con tu pareja será un reflejo de la relación que tienes contigo misma. Si te amas, te respetas y trabajas en tu crecimiento personal, atraerás a alguien que valore esas mismas cualidades. Recuerda, no se trata de encontrar a la persona perfecta, sino de ser la persona que deseas tener a tu lado.

El amor como elección, no destino

El mito del alma gemela nos ha enseñado a esperar pasivamente el amor, pero la realidad es que el amor verdadero requiere acción y compromiso. Liberarte de la idea de encontrar a alguien perfecto no solo te ayudará a construir relaciones más saludables, sino que también te permitirá disfrutar de un amor que es real, imperfecto y profundamente humano.

En lugar de buscar a alguien que te complete, busca a alguien que camine a tu lado mientras ambos construyen una vida juntos. Al final, el amor no se trata de encontrar a la persona correcta, sino de ser la persona correcta para alguien más.

¿Qué buscar en una pareja ideal?

Cuando pensamos en encontrar a la pareja ideal, es fácil imaginar una lista interminable de cualidades deseables: atractivo físico, inteligencia, sentido del humor, estabilidad financiera, y más. Pero, ¿es eso lo que realmente importa? Desde mi perspectiva, elegir a una pareja ideal no se trata de marcar casillas en una lista, sino de identificar los pilares fundamentales que sustentan una relación consciente y duradera.

Para las mujeres que buscan una conexión auténtica, la clave no está en la perfección, sino en tres aspectos esenciales: valores compartidos, compatibilidad emocional y apoyo mutuo. Estos elementos no solo definen una relación saludable, sino que también te guían hacia una vida compartida más significativa.

Valores compartidos: El fundamento de toda relación

Los valores compartidos son la base de cualquier relación duradera. Son esas creencias fundamentales que definen quiénes somos y cómo elegimos vivir nuestras vidas. Cuando tú y tu pareja comparten valores clave, como el respeto, la honestidad y el compromiso, están construyendo un terreno sólido sobre el cual pueden crecer juntos.

¿Por qué son tan importantes los valores compartidos? Porque determinan cómo enfrentan las decisiones importantes y los desafíos inevitables de la vida. Por ejemplo, si ambos valoran la honestidad, sabrán que pueden confiar el uno en el otro, incluso en momentos difíciles. Si ambos priorizan el respeto, podrán resolver conflictos sin recurrir a insultos o descalificaciones.

Sin embargo, compartir valores no significa que ambos piensen exactamente igual en todo. Se trata de alinear sus principios fundamentales. Por ejemplo, podrías valorar profundamente la espiritualidad, mientras tu pareja encuentra su conexión en la naturaleza. Aunque las expresiones sean diferentes, el valor subyacente de buscar propósito y conexión permanece.

Para identificar estos valores compartidos, pregúntate:

- ¿Qué es lo más importante para mí en la vida?
- ¿Veo esos mismos principios reflejados en mi pareja?
- ¿Cómo manejamos juntos las decisiones éticas o morales?

Cuando construyes tu relación sobre valores compartidos, estás invirtiendo en una conexión que puede resistir la prueba del tiempo.

Compatibilidad emocional: La base para la intimidad verdadera

La compatibilidad emocional es ese ingrediente mágico que permite que dos personas se sientan vistas, escuchadas y comprendidas en un nivel profundo. Es la capacidad de ambos para ser vulnerables, expresar sus emociones y resolver conflictos con empatía y respeto.

Una pareja emocionalmente compatible no es aquella que nunca discute, sino aquella que sabe cómo manejar las diferencias sin dañar la conexión. ¿Cómo puedes saber si tienes compatibilidad emocional con alguien? Pregúntate:

- ¿Me siento cómoda expresando mis emociones, incluso las más difíciles, con esta persona?
- ¿Escucha mis preocupaciones sin juzgarme o tratar de "arreglar" todo de inmediato?
- ¿Podemos resolver desacuerdos de manera constructiva, en lugar de evitarlos o permitir que se acumulen?

La compatibilidad emocional también implica entender y respetar el lenguaje del amor de tu pareja. Tal vez te sientas amada cuando recibes palabras de afirmación, mientras que tu pareja valora más los actos de servicio. Reconocer y satisfacer esas diferencias puede profundizar enormemente la conexión entre ambos.

En última instancia, la compatibilidad emocional se trata de sentirse segura. Una pareja emocionalmente compatible crea un espacio donde puedes ser tú misma, sin miedo a la crítica o el rechazo. Este nivel de intimidad emocional no sucede de la noche a la mañana, pero con tiempo y esfuerzo mutuo, se convierte en el núcleo de una relación verdaderamente satisfactoria.

Ser socios en los sueños y los desafíos

Una relación ideal no es solo romántica; es una sociedad. Cuando ambos se apoyan mutuamente en sus metas y sueños, están construyendo una vida juntos que es más grande que la suma de sus partes.

El apoyo mutuo significa estar presente, no solo en los momentos de éxito, sino también en los desafíos. Es la disposición de ambos para celebrar las victorias del otro y, al mismo tiempo, brindar consuelo y ánimo en tiempos difíciles. Pregúntate:

- ¿Mi pareja está interesada genuinamente en mis metas y aspiraciones?
- ¿Estoy dispuesta a apoyar sus sueños, incluso si son diferentes a los míos?
- ¿Cómo manejamos juntos los momentos de fracaso o incertidumbre?

El apoyo mutuo también implica compartir responsabilidades y trabajar como un equipo. En lugar de esperar que una persona lleve la carga de las finanzas, las tareas del hogar o las decisiones importantes, ambos deben estar dispuestos a colaborar y comprometerse.

Por ejemplo, si estás persiguiendo un objetivo profesional importante, una pareja que te apoya podría asumir responsabilidades adicionales en casa temporalmente. De la misma manera, estarías dispuesta a hacer lo mismo por él cuando lo necesite. Este intercambio dinámico no solo fortalece el vínculo, sino que también demuestra que ambos están comprometidos a hacer que la relación funcione, incluso en circunstancias desafiantes.

El apoyo mutuo no se trata solo de grandes gestos. A veces, un simple "creo en ti" puede ser suficiente para cambiar el día de tu pareja. Estas pequeñas acciones, repetidas con el tiempo, construyen una relación donde ambos se sienten valorados y fortalecidos.

Una relación basada en lo esencial

Buscar a la pareja ideal no es un ejercicio de perfección, sino un compromiso con lo que realmente importa. Al priorizar valores compartidos, compatibilidad emocional y apoyo mutuo, estás construyendo una relación que no solo es duradera, sino también profundamente significativa.

Recuerda, la pareja ideal no es alguien que cumpla con todos tus deseos o expectativas, sino alguien que esté dispuesto a trabajar contigo para crear una vida en común. Al enfocarte en lo esencial, no solo estarás eligiendo sabiamente, sino también sentando las bases para una relación que te inspire, te desafíe y te haga crecer como persona.

La clave está en mirar más allá de las apariencias y las superficialidades, y comprometerte con lo que realmente hace que una relación prospere: el esfuerzo conjunto, el respeto mutuo y la voluntad de crecer juntos. Porque al final, lo que define a la pareja ideal no es quién es en el momento en que la conoces, sino quiénes se convierten ambos mientras construyen una vida compartida.

Reflexiones para construir una relación consciente y equilibrada

Las relaciones más significativas no surgen por casualidad; son el resultado de un trabajo consciente, donde cada individuo asume la responsabilidad de crecer y construir. Estas preguntas están diseñadas para guiarte en una exploración personal que fortalecerá tus vínculos.

Antes de buscar ciertas cualidades o dinámicas en tu pareja, es esencial reflexionar sobre cómo las manifiestas en tu propia vida. A través de esta autoevaluación, descubrirás cómo alinear tus valores, emociones y acciones para crear relaciones auténticas y llenas de propósito.

Ejercicio 1: Reflejar las cualidades que deseas en tu pareja

Es fácil señalar lo que queremos en una pareja, pero ¿estamos cultivando esas cualidades en nosotros mismos? Este ejercicio fomenta la autorreflexión, ayudándote a identificar si tus expectativas son coherentes con la persona que eres.

Nuestras relaciones son espejos de quiénes somos. Si buscas honestidad, respeto y empatía en tu pareja, primero debes preguntarte si esas cualidades son visibles en ti. La congruencia entre tus expectativas y tu comportamiento fortalece la autenticidad de tus vínculos.

Pregunta:

¿Qué cualidades espero en una pareja, y estoy practicando esas mismas cualidades en mi día a día?

_____
_____
_____

Ejemplo:

Si deseas que tu pareja sea comprensiva, pregúntate si tú escuchas con empatía a tus amigos, colegas o familiares. Tal vez, la próxima vez que un amigo comparta una preocupación, en lugar de juzgar o interrumpir, simplemente escucha con atención.

Ejercicio 2: Evaluar los valores que guían tus relaciones

Los valores compartidos son la base de una relación sólida. Este ejercicio te invita a reflexionar sobre los principios que guían tu vida y si esos mismos valores están presentes en las relaciones que buscas o cultivas.

Un valor clave como la honestidad o el compromiso mutuo puede evitar conflictos mayores a largo plazo. Al identificar tus valores esenciales, te aseguras de que tu relación esté alineada con lo que realmente importa.

Pregunta:

¿Cuáles son los tres valores más importantes para mí en una relación, y estoy actuando de acuerdo con ellos en mi vida diaria?

_____

_____

_____

Ejemplo:

Si el respeto es fundamental para ti, reflexiona sobre cómo tratas a quienes te rodean, incluso en momentos de estrés. ¿Hablas de manera amable con las personas que trabajan contigo o con extraños en situaciones difíciles?

Ejercicio 3: Reconocer la compatibilidad emocional

La compatibilidad emocional implica comprender y respetar las emociones de la otra persona. Este ejercicio te ayuda a evaluar cómo manejas tus propias emociones y las de quienes te rodean.

Sin compatibilidad emocional, las relaciones suelen sufrir malentendidos y resentimientos. Ser consciente de tus emociones y aprender a expresarlas de manera efectiva crea un terreno fértil para una conexión profunda.

Pregunta:

¿Me siento cómoda expresando mis emociones y ayudando a otros a procesar las suyas?

_____
_____
_____

Ejemplo:

Si tu pareja o amigo está pasando por un mal día, en lugar de apresurarte a ofrecer soluciones, prueba simplemente decir: "Entiendo que te sientas así. Estoy aquí para escucharte." Este tipo de respuesta fortalece el entendimiento mutuo.

Ejercicio 4: Fomentar el apoyo mutuo en la vida cotidiana

El apoyo mutuo implica estar presente para la otra persona tanto en sus triunfos como en sus desafíos. Este ejercicio te ayuda a identificar si estás dispuesto a ser el compañero que deseas tener.

Una relación equilibrada prospera cuando ambas partes están dispuestas a apoyarse mutuamente, sin caer en el desequilibrio de uno dar más que el otro.

Pregunta:

¿Estoy ofreciendo a mi pareja o amigos el mismo nivel de apoyo que espero recibir?

_____
_____
_____

Ejemplo:

Si tu pareja menciona un proyecto importante en el trabajo, muestra interés y ofrece apoyo práctico, como cuidar de algunas tareas en casa para que pueda concentrarse. Este gesto simple muestra tu compromiso.

Ejercicio 5: Reconocer y celebrar los pequeños logros

Reconocer los logros, por pequeños que sean, refuerza la autoestima y la conexión en una relación. Este ejercicio fomenta una cultura de gratitud y aprecio mutuo.

Celebrar incluso los pequeños avances ayuda a construir una relación basada en el ánimo constante y el reconocimiento. Esto evita que las rutinas diarias apaguen el entusiasmo y la conexión.

Pregunta:

¿Estoy reconociendo los logros de mi pareja o amigos, o los doy por sentado?

_____
_____
_____

Ejemplo:

Si tu pareja termina un proyecto o simplemente tiene un buen día, envíale un mensaje diciendo: "Estoy muy orgullosa de lo que lograste hoy. Sé que pusiste mucho esfuerzo." Estos pequeños actos refuerzan la conexión emocional.

Estos ejercicios no solo te ayudan a evaluar y mejorar la dinámica de tus relaciones, sino que también te permiten crecer personalmente mientras cultivas los aspectos que hacen de una pareja ideal algo realista y alcanzable.

Capítulo 15. Rompiendo patrones negativos en las relaciones

Hay una poderosa verdad que todas debemos reconocer: nuestras relaciones actuales son, en gran medida, un reflejo de las experiencias que hemos vivido, especialmente durante nuestra infancia. Las conexiones más profundas, y a veces las más dolorosas, surgen de patrones que aprendimos sin siquiera darnos cuenta. Estos patrones se tejen en nuestra psique a través de lo que observamos y vivimos en nuestra familia, y a menudo los replicamos en nuestras propias relaciones. Sin embargo, es posible romperlos y construir una nueva narrativa, una que honre quiénes somos realmente.

Como mujer, probablemente has sentido la carga de expectativas sociales y familiares sobre cómo debería ser una pareja o una relación. Tal vez has interiorizado ideas que te llevan a priorizar el bienestar de otros sobre el tuyo, a sacrificar tus sueños por mantener la paz o a aceptar comportamientos que no mereces, solo porque creciste viendo a otros hacerlo. Estos patrones no te definen, pero influyen en cómo te relacionas, cómo amas y cómo esperas ser amada.

Hablar de patrones negativos no es para culpar a nadie, sino para darte el poder de transformar lo aprendido. Reconocer las dinámicas que se repiten es el primer paso hacia el cambio. ¿Cuántas veces has mirado tus relaciones y te has preguntado: "¿Por qué siempre acabo en la misma situación?" La respuesta no es simple, pero está ahí, oculta en las raíces de tus primeras experiencias emocionales. Lo que aprendiste de niña sobre el amor, el conflicto y el compromiso moldea tus expectativas, a veces de formas inconscientes.

Pero esto no se trata solo de mirar al pasado; se trata de construir el futuro. Este capítulo te invita a explorar los patrones que han moldeado tus relaciones y a comprender cómo influyen en lo que vives hoy. Más importante aún, te ofrece herramientas para romper esos ciclos, para que puedas crear una nueva forma de relacionarte: una que esté basada en la autenticidad, la seguridad emocional y el respeto mutuo.

Hablaremos de cómo los apegos emocionales influyen en tu vida, desde las heridas que generan ansiedad hasta las barreras que te alejan de la intimidad. Estos estilos de apego no son sentencias definitivas; son puertas hacia una mayor comprensión de ti misma. Entender cómo amas y cómo te permites ser amada es el inicio de una transformación poderosa.

Además, exploraremos cómo identificar las dinámicas familiares que has replicado en tus relaciones. Esto puede ser incómodo, pero es esencial. Al enfrentarte a estas verdades, te das la oportunidad de elegir un camino distinto. Tal vez has creído que es normal sentirte emocionalmente agotada en una relación o que debes evitar la vulnerabilidad para protegerte del dolor. Sin embargo, estas creencias son barreras que puedes derribar.

Al final del capítulo, te propongo un ejercicio que, aunque sencillo, puede ser profundamente revelador: reflexionar sobre tus relaciones pasadas para identificar patrones y vincularlos con las dinámicas familiares que observaste. Este es un paso valiente, porque mirar hacia adentro no siempre es fácil. Sin embargo, es necesario para dejar de cargar con historias que no te pertenecen y empezar a escribir las tuyas.

Recuerda que cambiar no significa que lo aprendido carezca de valor; significa que estás eligiendo conscientemente qué lecciones conservar y cuáles dejar atrás. Al romper estos patrones, no solo estás transformando tu vida, sino también las generaciones futuras. Estás mostrando que es posible amar y ser amada desde un lugar de respeto, confianza y equilibrio.

Tu historia no está escrita en piedra, y las relaciones que construyas tampoco tienen que estar ancladas al pasado. Tienes el poder de rediseñar tus conexiones, de elegir relaciones que nutran y fortalezcan tu esencia. Romper patrones negativos no se trata de buscar la perfección, sino de buscar la verdad en el amor y la libertad en tus decisiones.

Este capítulo es una invitación a iniciar un viaje profundo hacia el reconocimiento de tus patrones emocionales y la creación de nuevas posibilidades. No importa cuán arraigados estén los ciclos, siempre puedes elegir detenerlos. No estás sola en este proceso, y con cada paso que des hacia una mayor conciencia, estás más cerca de una vida amorosa que realmente refleje quién eres.

Identificando los patrones heredados

En las relaciones humanas, y especialmente en las de pareja, cargamos inconscientemente con un equipaje emocional que no siempre nos pertenece. Este equipaje está compuesto por patrones heredados, aquellos comportamientos, creencias y hábitos que absorbemos de nuestras familias y de las dinámicas que vimos en nuestra infancia. Muchas veces, estos patrones nos guían hacia decisiones que no reflejan nuestra esencia auténtica, sino las heridas y aprendizajes de generaciones anteriores.

El propósito de este capítulo es guiarte a través de un proceso de autoexploración que te permita identificar esos patrones heredados, comprender cómo influyen en tu vida y, lo más importante, sustituirlos por hábitos que reflejen tu verdadero ser. Exploraremos tres aspectos fundamentales: el origen psicológico de nuestro comportamiento en la crianza, los hábitos perjudiciales que podemos haber heredado y cómo estos afectan nuestras relaciones de pareja. Este viaje no es solo una oportunidad para sanar tus relaciones actuales, sino también para liberarte de ciclos que podrían haberse repetido durante generaciones.

El origen psicológico de nuestro comportamiento: La huella de la crianza

La infancia es el terreno donde se siembran las semillas de nuestras creencias sobre el mundo, el amor y nosotros mismos. Si creciste en un hogar donde el amor estaba condicionado al rendimiento, es posible que hoy busques la validación constante de tu pareja. Por otro lado, si el conflicto era la norma, podrías percibir el desacuerdo como una amenaza en lugar de una oportunidad para crecer.

Imagina una niña que ve a su madre sacrificar constantemente sus deseos por el bienestar de la familia. Esa niña podría internalizar que el amor significa renunciar a sí misma. Ahora, como mujer adulta, este patrón se manifiesta en relaciones donde prioriza las necesidades de los demás hasta el punto de agotarse emocionalmente. Este no es un defecto, sino un reflejo de lo que aprendió a valorar.

Reconocer la raíz de estos comportamientos no es para culpar a nuestros padres, sino para entender que todos hacemos lo mejor que podemos con las herramientas que tenemos. Liberarnos de este ciclo comienza con el autoanálisis. Pregúntate: ¿Qué dinámicas familiares estoy replicando en mi vida? Al hacer esto, te das el regalo de elegir un camino diferente.

Identificando hábitos perjudiciales heredados y cómo sustituirlos

Los patrones heredados a menudo se esconden en hábitos aparentemente inofensivos. Podrían manifestarse como una tendencia a evitar la confrontación, un miedo al abandono o una inclinación a asumir la responsabilidad emocional de otros. Si estos hábitos no se identifican y se transforman, pueden convertirse en barreras que te impidan construir relaciones saludables y plenas.

Por ejemplo, si en tu infancia observaste que los problemas se resolvían con silencio o distanciamiento, podrías haber heredado un hábito de evitar las conversaciones difíciles. En una relación de pareja, este patrón podría generar desconexión emocional y resentimiento. Sustituir este hábito requiere valentía y compromiso. Una alternativa sería practicar la comunicación asertiva, expresando tus sentimientos y necesidades con claridad y empatía.

El cambio comienza con pequeños pasos. Si identificas que tiendes a anteponer las necesidades de los demás a las tuyas, intenta establecer un límite claro en una situación específica. Por ejemplo, si siempre dices "sí" a tareas adicionales dentro del hogar, práctica decir "no" y observa cómo te sientes. Este ejercicio no solo te empodera, sino que también te muestra que establecer límites no destruye las relaciones; las fortalece.

Transformar estos hábitos no es un proceso inmediato, pero cada paso que tomas hacia la autoafirmación y el equilibrio emocional es una declaración de amor propio y de respeto por tu pareja.

El impacto de los patrones heredados en las relaciones de pareja

Las relaciones de pareja son espejos que reflejan nuestras heridas y fortalezas más profundas. Los patrones heredados que no hemos sanado pueden influir significativamente en cómo nos vinculamos con los demás. Por ejemplo, alguien con un apego ansioso podría buscar validación constante, mientras que alguien con un apego evitativo podría evitar la cercanía emocional. Ambos comportamientos, aunque opuestos, tienen una raíz común: el miedo a la vulnerabilidad.

Supongamos que creciste en un entorno donde el afecto era escaso o condicional. En tu relación actual, podrías sentir que nunca es suficiente, que siempre necesitas hacer más para merecer el amor de tu pareja. Este patrón no solo genera estrés para ti, sino que también puede crear distancia emocional en la relación.

Reconocer el impacto de estos patrones no significa que estás destinada a repetirlos. Al contrario, te brinda la oportunidad de enfrentarlos y cambiarlos. Hablar abiertamente con tu pareja sobre tus miedos y heridas es un acto de valentía que puede fortalecer el vínculo. Si notas que ambos están atrapados en un ciclo de patrones negativos, considerar la terapia de pareja puede ser una herramienta valiosa para romper ese ciclo juntos.

La clave está en construir relaciones conscientes, donde ambas partes estén dispuestas a reconocer y trabajar en sus heridas. Una relación no se trata de encontrar a alguien que "arregle" tus patrones, sino de crear un espacio seguro donde ambos puedan crecer y sanar juntos.

El viaje hacia la libertad emocional

Identificar y transformar los patrones heredados no es un proceso lineal, pero es una de las acciones más poderosas que puedes tomar para liberarte de ciclos emocionales que no te sirven. Este trabajo no solo afecta tus relaciones actuales, sino que también crea un impacto positivo en futuras generaciones.

Al enfrentarte a estos patrones, recuerda que no estás sola. La sanación es un camino que muchas mujeres recorren, y cada paso que das no solo te libera, sino que también inspira a otras a hacer lo mismo. Este es tu momento de escribir una nueva historia, una donde tus relaciones reflejen tu auténtico ser y no las heridas del pasado.

Este capítulo es una invitación a abrazar tu poder interior, a cuestionar lo que siempre has creído sobre el amor y a tomar decisiones conscientes que reflejen la mujer increíble que eres. Porque mereces relaciones que nutran tu espíritu, que celebren tu esencia y que te apoyen en tu viaje hacia una vida plena y significativa.

El impacto del apego emocional

Hablar de apego emocional es entrar en el terreno más íntimo de nuestras relaciones, un espacio donde convergen nuestras experiencias pasadas, nuestras heridas y nuestra capacidad de amar. Según la teoría del apego desarrollada por John Bowlby, los lazos que formamos en nuestra infancia son fundamentales para determinar cómo nos vinculamos con los demás en la adultez. Entender estas dinámicas no solo nos permite mejorar nuestras relaciones, sino también liberarnos de ciclos que nos han atado emocionalmente durante años.

Como mujeres, muchas veces se enfrentan a expectativas sociales y familiares que afectan cómo perciben el amor y las relaciones. Sin embargo, comprender el impacto de tu estilo de apego es el primer paso hacia la sanación y la construcción de vínculos saludables. Hoy quiero invitarte a explorar este tema desde la compasión, la introspección y, sobre todo, el amor propio.

Apego ansioso: Cuando el amor se confunde con el miedo al abandono

El apego ansioso se caracteriza por una necesidad constante de validación. Si creciste en un ambiente donde el amor parecía condicional o donde las figuras de cuidado eran inconsistentes, es posible que hayas desarrollado una inseguridad profunda respecto a tus relaciones. Esto no es un defecto de tu carácter, sino una respuesta emocional moldeada por tus experiencias.

En las relaciones, este tipo de apego puede manifestarse como una búsqueda incesante de atención y confirmación de que eres amada. Quizás te encuentres preocupándote demasiado cuando tu pareja no responde rápidamente a un mensaje, o interpretando su silencio como desinterés. Este miedo constante al abandono puede generar tensiones y malentendidos, incluso cuando no hay razones reales para dudar del compromiso de tu pareja.

Imagina que estás en una relación y tu pareja tiene un día ocupado en el trabajo. En lugar de asumir que su silencio es temporal, podrías empezar a cuestionar su amor por ti o sentir que has hecho algo mal. Este patrón no solo genera estrés para ti, sino que también puede desgastar la relación con el tiempo.

La clave para sanar el apego ansioso es trabajar en tu propia seguridad emocional. Esto comienza con el reconocimiento de que tu valor no depende de la validación externa. Puedes practicar el mindfulness para centrarte en el momento presente y desafiar los pensamientos automáticos de abandono. Por ejemplo, si te sientes ansiosa porque tu pareja está ocupada, en lugar de asumir lo peor, respira profundamente y repite: "Mi valor no depende de la atención de los demás. Estoy segura en mí misma."

Cuando la independencia se convierte en un escudo

El apego evitativo, por otro lado, se desarrolla cuando aprendemos que la intimidad emocional es peligrosa o abrumadora. Tal vez creciste en un entorno donde expresar emociones no era bien recibido, o donde la vulnerabilidad era vista como una debilidad. Como resultado, podrías haber construido muros emocionales para protegerte de posibles heridas.

En una relación, el apego evitativo puede manifestarse como un miedo a comprometerse demasiado o a depender emocionalmente de tu pareja. Quizás prefieras mantener cierta distancia, evitando conversaciones profundas o momentos de vulnerabilidad. Aunque podrías valorar la compañía de tu pareja, temes perder tu independencia o ser lastimada.

Este tipo de apego puede hacer que las relaciones se sientan tensas, especialmente si tu pareja tiene un estilo de apego ansioso. Por ejemplo, si tu pareja busca cercanía emocional mientras tú necesitas espacio, es probable que ambos se sientan frustrados y desconectados.

La sanación del apego evitativo requiere aprender a confiar en los demás y permitirte ser vulnerable. Esto no significa renunciar a tu independencia, sino entender que la verdadera fortaleza radica en aceptar y compartir tus emociones. Un paso práctico podría ser expresar un sentimiento que normalmente evitarías, como decir: "Me siento feliz de tenerte en mi vida" o "Aprecio lo que haces por mí". Aunque al principio esto pueda parecer incómodo, con el tiempo, abrirte emocionalmente se volverá más natural.

Apego seguro: El camino hacia relaciones saludables

El apego seguro es el ideal al que todos podemos aspirar. Si creciste en un ambiente donde tus cuidadores fueron consistentemente afectuosos y receptivos, es más probable que desarrolles una sensación de confianza en ti misma y en los demás. En una relación, esto se traduce en la capacidad de sentirte cómoda con la cercanía emocional, sin temer la pérdida de tu independencia o el abandono.

Sin embargo, incluso si no experimentaste un apego seguro en tu infancia, es posible desarrollarlo como adulta. La clave está en cultivar la autoaceptación, la comunicación abierta y el respeto mutuo en tus relaciones.

Por ejemplo, imagina una pareja donde ambos tienen un estilo de apego seguro. En lugar de reaccionar impulsivamente ante un conflicto, se sienten cómodos expresando sus emociones y buscando soluciones juntos. Este tipo de relación no es perfecta, pero se basa en la confianza, la empatía y el compromiso mutuo.

Desarrollar un apego seguro implica trabajar en tus propias heridas emocionales y elegir conscientemente a parejas que estén dispuestas a crecer contigo. Una práctica útil es reflexionar sobre tus límites emocionales y aprender a comunicarlos de manera asertiva. Por ejemplo, si necesitas tiempo para procesar tus emociones después de una discusión, puedes decir: "Te amo y quiero resolver esto, pero necesito un momento para reflexionar antes de seguir hablando."

Transformando el apego: Una oportunidad para crecer

El impacto del apego emocional en nuestras vidas no es un destino fijo, sino un punto de partida para la transformación. Identificar tu estilo de apego no es una etiqueta permanente, sino una herramienta para entenderte mejor y mejorar tus relaciones.

Si descubres que tu estilo de apego está afectando tus relaciones, busca el apoyo de un terapeuta o un grupo de crecimiento personal. Estas herramientas pueden ayudarte a sanar las heridas del pasado y a desarrollar patrones más saludables.

Recuerda que el amor no es solo encontrar a la persona adecuada, sino también convertirse en esa persona. Trabajar en tu apego emocional no solo mejora tus relaciones de pareja, sino que también transforma la relación más importante de todas: la que tienes contigo misma.

El viaje hacia el apego seguro puede ser desafiante, pero cada paso que tomas te acerca a una vida más plena, más conectada y más auténtica. Porque mereces un amor que refleje la mujer maravillosa y valiente que eres, y ese amor comienza dentro de ti misma.

Ejercicios de autoconocimiento en tus relaciones

Las relaciones saludables no se construyen por casualidad; son el resultado de un profundo trabajo interno y de la disposición a crecer. Muchas veces, los patrones que repetimos en nuestras relaciones actuales tienen raíces en las experiencias de nuestra infancia y en las dinámicas familiares que aprendimos. Estos ejercicios están diseñados para ayudarte a identificar esos patrones, explorar tus emociones y creencias sobre el amor, y crear un espacio de transformación personal. Tómate el tiempo necesario para reflexionar con honestidad y apertura, porque el primer paso para cambiar es conocerte a ti misma.

Ejercicio 1: Reconociendo los patrones familiares

Este ejercicio te ayudará a identificar cómo las dinámicas observadas en tu familia durante la infancia pueden influir en tus relaciones actuales. El objetivo es comprender el origen de ciertos comportamientos para trabajar en ellos y romper ciclos negativos.

Pregunta:

¿De qué manera tus padres o cuidadores principales resolvían conflictos? ¿Has notado que repites alguna de esas actitudes en tus relaciones?

_____
_____
_____

Ejemplo:

Si viste que tus padres evitaban hablar de problemas y guardaban silencio durante días, podrías notar que tiendes a hacer lo mismo cuando surge un desacuerdo con tu pareja. Reconocer esto es el primer paso para aprender a abordar los conflictos de manera saludable.

Ejercicio 2: Identificando tu estilo de apego

Este ejercicio busca que reflexiones sobre tus vínculos emocionales y descubras cómo tu estilo de apego afecta la forma en que te relacionas. La meta es tomar consciencia de tus necesidades y miedos para trabajar en ellas.

Pregunta:

¿Te sientes cómoda con la cercanía emocional o tiendes a evitarla por miedo a ser lastimada? ¿En qué situaciones sientes mayor inseguridad o ansiedad en tus relaciones?

_____
_____
_____

Ejemplo:

Si descubres que necesitas mensajes constantes de tu pareja para sentirte amada, podrías estar manifestando un apego ansioso. Trabajar en tu autoestima y confianza personal te ayudará a disfrutar de la relación sin depender de validaciones externas.

Ejercicio 3: Evaluando tus creencias sobre el amor

Este ejercicio explora las creencias que has desarrollado sobre el amor y las relaciones, muchas de las cuales podrían estar influenciadas por experiencias pasadas o mensajes culturales. El propósito es identificar cuáles son útiles y cuáles necesitas cuestionar.

Pregunta:

¿Qué creencias tienes sobre el amor que podrían estar limitando tus relaciones? ¿Crees que para ser amada necesitas sacrificarte constantemente?

_____
_____
_____

Ejemplo:

Si crees que el amor verdadero implica soportar cualquier cosa por tu pareja, podrías estar justificando actitudes que no son saludables.

Reflexiona sobre esta creencia y considera reemplazarla con una que valore el respeto y la reciprocidad.

Ejercicio 4: Observando tus reacciones emocionales

Este ejercicio te permitirá analizar tus respuestas emocionales en situaciones conflictivas y cómo estas podrían estar relacionadas con patrones heredados. Su finalidad es que encuentres formas más conscientes y saludables de reaccionar.

Pregunta:

¿Cómo reaccionas ante una discusión con tu pareja? ¿Tu respuesta suele ser calmada, defensiva o evitativa? ¿Podrías relacionar estas reacciones con algo que aprendiste en tu infancia?

_____
_____
_____

Ejemplo:

Si tiendes a alzar la voz porque en tu familia los conflictos se resolvían con gritos, podrías probar técnicas de respiración profunda para calmarte antes de responder. Esto romperá un ciclo y abrirá espacio para una comunicación más constructiva.

Ejercicio 5: Construyendo nuevos hábitos relacionales

Este ejercicio se centra en identificar hábitos negativos que podrías haber heredado y reemplazarlos por prácticas que promuevan relaciones más saludables y equilibradas.

Pregunta:

¿Qué hábitos o actitudes heredados crees que están afectando negativamente tus relaciones? ¿Qué puedes hacer para transformarlos?

_____
_____
_____

Ejemplo:

Si observas que tiendes a controlar a tu pareja porque en tu infancia el amor estaba condicionado al cumplimiento de ciertas expectativas, podrías trabajar en la confianza y en permitir que tu pareja tenga más libertad. Practicar escuchar sin juzgar es un buen punto de partida.

Estos ejercicios están diseñados para que conectes con tu historia personal y puedas transformar tus relaciones desde un lugar de autoconocimiento y empoderamiento. La clave está en la reflexión honesta y el compromiso contigo misma.

Capítulo 16. Amar lo imperfecto en el otro y en ti misma

El amor, en su forma más pura, no tiene que ver con la perfección. Sin embargo, muchas veces caemos en la trampa de creer que si encontramos a la persona "correcta", todo encajará sin esfuerzo. Pero la realidad es distinta: no hay seres humanos impecables, ni relaciones sin desafíos. Y si pasas tu vida buscando lo ideal, corres el riesgo de perderte lo auténtico.

Es curioso cómo nos enseñan a aspirar a lo mejor en todo, pero cuando se trata de amor, esa idea puede jugar en nuestra contra. Buscamos seguridad, estabilidad y una conexión profunda, pero si creemos que el otro debe ser perfecto para poder entregarnos, terminamos atrapados en una expectativa imposible. No se trata de conformarse ni de ignorar problemas evidentes, sino de entender que una relación no es la unión de dos seres sin fallas, sino de dos personas que eligen compartir sus vidas con todo lo que eso implica.

Y aquí entra un punto clave: la forma en que ves tus propias imperfecciones influye en cómo te relacionas con los demás. Si eres demasiado dura contigo misma, si te castigas por cada error y te exiges más de lo que humanamente puedes dar, es probable que termines aplicando ese mismo filtro a quien tengas al lado. El amor real no es un contrato de exigencias mutuas, sino un espacio donde dos personas pueden ser quienes realmente son, sin máscaras ni miedo al juicio.

Pero esto no significa que debamos aceptar cualquier cosa en nombre del amor. Lo que realmente hace fuerte a una relación no es la ausencia de errores, sino la capacidad de enfrentarlos juntos. En vez de ver los defectos como obstáculos insuperables, podemos aprender a reconocerlos, entenderlos y decidir cómo manejarlos. Porque sí, todos tenemos partes de nosotros que no nos enorgullecen, pero lo importante no es la falla en sí, sino lo que hacemos con ella.

Cuando aprendes a mirar a tu pareja desde la empatía en lugar de la exigencia, todo cambia. En lugar de preguntar "¿Por qué es así?", empiezas a cuestionarte "¿Qué historia hay detrás de esto?", "¿Qué lo llevó a reaccionar de esta manera?". Y lo mismo ocurre contigo: en vez de castigarte por no ser de cierta forma, puedes empezar a preguntarte "¿Cómo puedo tratarme con más compasión?".

Aquí es donde entra en juego algo fundamental: la relación que tienes contigo misma. El amor propio no es un concepto superficial, es la base sobre la que se construyen todas las demás relaciones. Si no te valoras, si no reconoces lo que mereces, si no eres capaz de perdonarte y tratarte con amabilidad, será difícil que puedas hacerlo con otra persona.

A veces creemos que el amor propio es egoísmo, que poner límites es alejarnos del otro, pero en realidad es todo lo contrario. Cuando te aceptas con tus luces y sombras, cuando aprendes a ver tu propio valor sin necesidad de que alguien más te lo valide, te vuelves más libre. Y desde esa libertad, puedes elegir una relación basada en el respeto mutuo, no en la necesidad o el miedo a estar sola.

Este capítulo no trata de conformarse con menos ni de justificar lo injustificable. Trata de soltar la idea de que el amor perfecto existe, para que puedas abrirte a la posibilidad de un amor real, uno que se construye con paciencia, comprensión y sobre todo, con una mirada más amable hacia ti misma y hacia la persona que elijas a tu lado. Porque al final del día, el amor no es encontrar a alguien sin defectos, sino aprender a amar con honestidad, aceptando que la imperfección es parte de la belleza de compartir la vida con alguien más.

La imperfección como base del amor real

Recuerdo una conversación que tuve hace años con una amiga que, después de varias relaciones fallidas, me decía con frustración: "Creo que nunca voy a encontrar a alguien que me haga feliz". Su lista de requisitos para la pareja ideal era larga y detallada: debía ser atento, pero no invasivo; fuerte, pero sensible; ambicioso, pero que le dedicara tiempo; inteligente, pero no arrogante. Mientras la escuchaba, me di cuenta de que lo que realmente la hacía sentir frustrada no era la falta de candidatos, sino la expectativa imposible que había construido en su mente.

Nos han vendido la idea de que el amor verdadero solo existe cuando encontramos a la persona perfecta, aquella que encaja sin esfuerzo en nuestras vidas, que nunca nos decepciona, que sabe exactamente lo que necesitamos en cada momento. Pero esa es una idea que solo conduce a la insatisfacción y al desencanto, porque en la realidad no existen seres humanos sin defectos. Si esperas encontrar a alguien que nunca te falle, que siempre entienda lo que sientes sin que se lo digas y que actúe conforme a lo que esperas, te estarás preparando para una desilusión tras otra.

El problema con esta búsqueda de perfección no es solo que sea inalcanzable, sino que nos impide ver el valor de lo auténtico. Nos hace rechazar a personas valiosas porque cometen errores, porque tienen días malos, porque no siempre saben cómo expresar lo que sienten. Nos lleva a enfocarnos más en lo que falta que en lo que está presente. Pero el amor real no se trata de encontrar a alguien impecable, sino de aceptar que la otra persona es tan humana como tú y que la clave no es la ausencia de errores, sino la capacidad de afrontarlos juntos.

Acepta lo humano pues nadie es perfecto

Cuando inicias una relación, lo haces con lo mejor de ti: muestras tu lado más atractivo, más comprensivo, más generoso. Pero con el tiempo, inevitablemente, aparecen los defectos. Es normal, es parte de la convivencia. La pregunta no es si tu pareja tiene defectos, sino cómo los maneja y cómo los manejan juntos.

Piensa en esto: ¿qué es más importante, que tu pareja nunca cometa errores o que cuando los cometa sepa asumirlos, aprender de ellos y mejorar? Todos tenemos reacciones impulsivas, días de mal humor, momentos en los que no actuamos de la mejor manera. Pero lo que realmente define a una persona no es la falta de errores, sino la disposición a corregirlos.

Si buscas un amor maduro y real, aprende a observar cómo tu pareja enfrenta sus fallas. ¿Se disculpa cuando se equivoca o justifica su comportamiento? ¿Es capaz de reflexionar sobre sus actitudes o siempre encuentra la manera de culpar a los demás? Del mismo modo, hazte esas mismas preguntas sobre ti. Porque en una relación no solo importa la imperfección del otro, sino cómo cada uno trabaja en sí mismo.

Aceptar la humanidad del otro no significa tolerar lo intolerable. No se trata de justificar la falta de respeto, el maltrato o la indiferencia. Hay límites que nunca deben cruzarse. Pero sí significa aprender a diferenciar entre los errores normales de cualquier ser humano y aquellos comportamientos que realmente dañan la relación. No puedes exigir perfección, pero sí puedes exigir compromiso, responsabilidad emocional y el esfuerzo por construir algo sano.

Fomentar la empatía: entender antes que juzgar

Es fácil señalar las fallas del otro. Lo difícil es detenerse a entender qué hay detrás de ellas. Muchas veces, los conflictos en pareja no surgen porque la otra persona quiere hacernos daño, sino porque cada uno carga con su propia historia, sus miedos, sus heridas y formas de ver la vida.

Imagina que tu pareja tiene dificultades para expresar lo que siente. En lugar de frustrarte y asumir que no le importas, pregúntate: ¿cómo fue su infancia? ¿Le enseñaron a hablar de sus emociones o creció en un entorno donde eso era visto como una debilidad? Si tu pareja reacciona de manera defensiva ante ciertas situaciones, en lugar de tomarlo como un ataque personal, trata de comprender: ¿qué experiencias previas pudieron haber moldeado esa reacción?

La empatía no significa justificarlo todo, pero sí aprender a mirar más allá de la superficie. No se trata de decir "así es y tengo que aguantarlo", sino de entender si es alguien que está dispuesto a crecer y mejorar. Si una persona es consciente de sus dificultades y trabaja en ellas, es diferente a alguien que simplemente se escuda en su historia para no cambiar.

Esto también implica que tú misma practiques la autocompasión. A veces las mujeres son muy duras consigo mismas y se exigen un nivel de perfección que nunca pedirían a los demás. Se castigan por cometer errores, por no reaccionar de la mejor manera, por no saber siempre qué hacer. Pero al igual que debes aprender a entender a tu pareja, también debes aprender a entenderte a ti misma. Nadie nace sabiendo amar de manera perfecta. Todos estamos en un proceso de aprendizaje.

Construyendo un amor basado en la realidad

El amor verdadero no es aquel que no tiene problemas, sino aquel que sabe enfrentarlos sin perder el respeto, la admiración y el cariño mutuos. Es aprender a ver al otro en su totalidad, con sus virtudes y sus defectos, y decidir si es alguien con quien quieres compartir el camino.

No se trata de aceptar todo en nombre del amor, sino de elegir con conciencia. ¿Es esta una persona que, a pesar de sus fallas, me aporta paz? ¿Es alguien que está dispuesto a trabajar en sí mismo? ¿Es alguien que, aunque tenga defectos, tiene valores que admiro? Si la respuesta es sí, entonces tienes la base para construir algo real.

Por otro lado, también es importante recordar que no puedes pedirle a tu pareja lo que tú misma no estás dispuesta a dar. Si quieres que él sea más comprensivo, pregúntate si tú lo estás siendo. Si esperas que él tenga paciencia contigo, revisa si tú también tienes paciencia con sus procesos. El amor no es un camino de un solo sentido, sino una construcción mutua.

El día que entiendas que no necesitas a alguien perfecto para ser feliz, sino a alguien real con quien puedas construir, empezarás a vivir el amor desde un lugar mucho más sano. Porque el amor no es encontrar a alguien sin fallas, sino encontrar a alguien con quien las fallas se puedan transformar en oportunidades para crecer juntos. Y sobre todo, es aprender a mirarte a ti misma con la misma compasión y comprensión que deseas recibir del otro.

La importancia del amor propio

Amar a otra persona sin antes amarte a ti misma es como intentar llenar un vaso con una jarra vacía. No importa cuánto intentes dar, siempre sentirás que te falta algo. Y no se trata de egoísmo ni de cerrarte al amor, sino de entender que la forma en que te valoras a ti misma marca la pauta para todas tus relaciones. Si no te consideras digna, si no te tratas con respeto y compasión, ¿cómo podrías esperar que alguien más lo haga por ti?

Desde que somos niños, aprendemos sobre el amor a través de lo que vemos y vivimos. Nos enseñan a ser amables con los demás, a compartir, a cuidar a quienes queremos. Pero rara vez nos enseñan que el amor también debe empezar por nosotros mismos. Nos crían con la idea de que el sacrificio es una muestra de afecto, que amar significa darlo todo sin esperar nada a cambio. Y ahí es donde comienza el problema: muchas veces, crecemos creyendo que para ser amadas debemos ser perfectas, complacientes y entregarnos sin medida.

Pero el amor propio no es egoísmo. Es poner límites, es reconocerte como alguien valiosa sin depender de la aprobación de los demás. Es aprender a decir "no" cuando algo no te hace bien, sin sentir culpa por ello. Es mirarte al espejo y aceptar lo que ves, con todo lo bueno y lo que aún puedes mejorar, sin castigarte por no encajar en un molde impuesto por la sociedad.

El amor propio es un pilar fundamental en cualquier relación sana. Si entras en una relación esperando que la otra persona te haga sentir completa, estás entregando tu felicidad a algo externo, algo que no puedes controlar. Y ese es el camino más corto hacia la frustración. Porque en el momento en que esa persona no pueda llenar ese vacío, la inseguridad, el miedo y la dependencia emocional comenzarán a apoderarse de ti.

Una relación sana no se basa en la necesidad, sino en la elección. No es estar con alguien porque sin esa persona te sientes incompleta, sino porque con ella sumas felicidad a la que ya existe dentro de ti. Si entiendes esto, dejas de idealizar el amor como una historia de salvación y comienzas a verlo como un compartir desde la plenitud.

Mujeres que se han negado a sí mismas en nombre del amor, que han perdido su esencia por adaptarse a las expectativas de una pareja, hay muchas. No es extraño escuchar historias de quienes han dejado atrás sus sueños, han modificado su forma de ser o han permitido faltas de respeto solo por miedo a estar solas. Y el miedo a la soledad es real, pero más aterrador debería ser el perderse a una misma en una relación que no las valora.

Amarte significa ponerte en primer lugar, no por orgullo ni por frialdad, sino porque sabes que solo desde ahí puedes construir algo genuino con alguien más. Cuando te respetas, eliges con más claridad. Ya no te conformas con lo mínimo, ya no aceptas migajas de afecto, ya no te quedas donde no te tratan con el valor que mereces. No porque creas que eres mejor que los demás, sino porque entiendes que el amor no se trata de mendigar, sino de compartir.

Entonces, ¿cómo se cultiva el amor propio? No es un botón que se presiona de un día para otro. Es un proceso constante, una decisión diaria de tratarte con la misma amabilidad que tratas a quienes quieres. Es aprender a estar sola sin sentirte vacía, es invertir en ti, en tus sueños, en tu crecimiento. Es rodearte de personas que te eleven, que te inspiren y que no intenten apagarte.

Empieza con pequeños actos: dedicarte tiempo para hacer lo que amas, permitirte descansar sin sentir culpa, hablarte con cariño en lugar de criticarte por cada error. Y sobre todo, aprender a perdonarte. Porque te equivocarás, porque habrán días en los que te sentirás frágil y vulnerable. Pero cada vez que elijas levantarte en lugar de hundirte en la autocompasión, estarás fortaleciendo esa relación contigo misma.

Cuando una mujer se ama a sí misma, todo cambia. Su manera de relacionarse, de poner límites, de tomar decisiones. Ya no busca amor para sentirse validada, sino que elige compartirlo desde un lugar de plenitud. Y eso, créeme, hace toda la diferencia.

Si hoy sientes que no eres suficiente, si te miras al espejo y solo ves lo que falta, si temes estar sola porque crees que eso significa que nadie te quiere, quiero recordarte algo: la relación más importante de tu vida es la que tienes contigo misma. Y cuanto más trabajes en fortalecerla, más fácil será construir conexiones sanas y genuinas con los demás.

El amor propio no es un destino, es un camino. Un camino que merece ser recorrido con paciencia, con compasión y con la certeza de que eres digna de amor, no por lo que das a los demás, sino simplemente por ser quien eres.

Ejercicio práctico: Escribe una carta de amor a ti misma

Escribir una carta de amor a ti misma es un acto de valentía, honestidad y sanación. No se trata solo de un ejercicio más, sino de un espacio íntimo en el que te permites mirarte con amor, reconocer lo que vales y abrazar todo lo que eres, con luces y sombras. Para que este ejercicio tenga un impacto real en ti, sigue estos pasos con calma y sin juzgarte.

Paso 1: Crea el ambiente adecuado. Este ejercicio requiere conexión emocional, así que elige un momento del día en el que puedas estar a solas, sin interrupciones ni distracciones. Puedes encender una vela, poner música suave o simplemente buscar un lugar tranquilo donde te sientas en paz. La idea es que este momento sea un regalo para ti, algo que disfrutes y no sientas como una tarea más.

Paso 2: Elige el formato de tu carta. Puedes escribirla a mano en un cuaderno especial o en una hoja en blanco que luego guardes en un sitio importante para ti. También puedes escribirla en tu computadora o teléfono, pero hacerlo a mano puede ayudarte a conectar más con tus emociones. Lo importante es que sientas que este es un mensaje significativo y personal.

Paso 3: Usa un tono cálido y amoroso. Imagina que le estás escribiendo esta carta a la persona que más amas en el mundo. Usa palabras amables, compasivas y llenas de cariño. Habla desde el corazón, sin miedo ni censura. Si nunca antes te has hablado con amor, este es el momento de empezar.

¿En qué debes enfocarte?

Esta carta es un reflejo de tu relación contigo misma. No es un documento frío ni una lista de cosas que "deberías" mejorar. Se trata de un mensaje en el que te recuerdas cuánto vales y por qué mereces amor, respeto y felicidad. Aquí algunas ideas clave que puedes incluir:

Reconoce tus fortalezas. ¿Qué es lo que más admiras de ti misma? Tal vez sea tu valentía, tu capacidad de amar, tu creatividad, tu fortaleza para superar momentos difíciles. No tengas miedo de reconocerte lo increíble que eres.

Perdona tus errores. Todos hemos cometido errores y tomado decisiones que no fueron las mejores. En lugar de castigarte, usa esta carta para perdonarte y liberarte de la culpa. Recuerda que cada experiencia ha sido una lección que te ha hecho crecer.

Celebra lo que te hace única. Hay cosas en ti que nadie más tiene. Puede ser tu risa, tu forma de ver el mundo, tu sensibilidad, tu energía. Honra todo lo que te hace especial, porque eso es lo que te hace auténtica.

¿Qué se espera de este ejercicio? Este ejercicio no es solo un acto de reflexión, sino un paso real hacia una relación más sana contigo misma. Al escribir esta carta, te estás dando el amor que muchas veces esperaste recibir de otros. Estás reafirmando que mereces ser tratada con cariño, empezando por ti misma.

Cuando termines de escribirla, léela en voz alta. Escucha cada palabra y deja que resuene en ti. Si sientes ganas de llorar, permítelo. Si te sientes feliz, celébralo. Y cuando termines, guárdala en un lugar especial para que puedas leerla cada vez que necesites recordarte cuánto vales.

Este es tu momento. Escríbete con amor, sin prisa, sin miedo. Porque si hay alguien que merece tus palabras más hermosas, eres tú misma.

Ejemplo de Joana, la mujer que escribe su carta de amor

Ella es Joana, una mujer de 37 años que ha pasado gran parte de su vida esforzándose por ser perfecta a los ojos de los demás. Desde pequeña aprendió que debía complacer, ser fuerte y no mostrar vulnerabilidad. Ha sido una profesional exitosa, madre dedicada y amiga leal, pero en el fondo siempre ha sentido que su amor propio dependía de la aprobación externa.

En el amor, ha vivido relaciones en las que entregó demasiado y recibió poco a cambio. Durante años creyó que si se esforzaba más, si era más comprensiva, más paciente, más "suficiente", lograría que la amaran como ella soñaba. Pero lo que no entendía es que, antes de pedir amor, debía dárselo a sí misma.

Ahora, después de un proceso de autoconocimiento, Joana está aprendiendo a mirarse con otros ojos. Ya no quiere ser prisionera de la culpa por sus errores ni del miedo a no ser suficiente. Está dispuesta a reconstruir la relación más importante de su vida: la que tiene consigo misma.

Con esta carta, ella permite hablarse con amor, sin juicios, sin exigencias. Es un paso hacia la aceptación, el perdón y la celebración de quien es, con todo lo que ha vivido.

Carta de amor a mí misma

Querida Joana,

Hoy te escribo desde un lugar de amor y compasión, porque sé que por mucho tiempo te has exigido demasiado. Has sido tu mayor crítica, te has castigado por errores pasados y has dudado de tu propio valor. Pero hoy quiero que te mires con otros ojos, con la ternura con la que mirarías a una amiga que amas profundamente.

Has pasado años creyendo que debías ser perfecta para merecer amor. Te esforzaste por encajar, por ser lo que otros esperaban de ti, por no fallar nunca. Pero hoy quiero recordarte algo: no tienes que ser perfecta para ser valiosa. Eres suficiente, tal como eres. Con tus cicatrices, con tus momentos de duda, con tu luz y también con tus sombras.

Sé que en el amor has entregado más de lo que recibiste. Que en ocasiones te olvidaste de ti misma, que cediste demasiado, que te perdiste en la ilusión de que, si amabas lo suficiente, podrías hacer que te amaran de la misma manera. Pero el amor no funciona así. No se trata de esfuerzo, ni de sacrificios sin límites. El amor sano no exige que te traiciones a ti misma.

Por eso, hoy te pido que te perdones. Perdónate por no haberte elegido antes, por haber permitido que te hicieran sentir menos, por haberte conformado con migajas cuando merecías un banquete. Perdónate por las veces que no escuchaste tu intuición, por las veces que te quedaste cuando sabías que debías irte, por las lágrimas que derramaste en silencio. Todo eso fue parte de tu camino, pero ya no necesitas cargarlo más.

Y ahora, quiero que te celebres. Celebra tu resiliencia, tu capacidad de amar, tu deseo de crecer. Celebra que, a pesar de todo, sigues aquí, aprendiendo, reconstruyéndote, decidiendo darte lo que siempre has merecido: respeto, ternura y amor incondicional.

Joana, quiero que a partir de hoy te trates con la misma paciencia y dulzura con la que tratarías a la persona más importante de tu vida. Quiero que dejes de exigirte perfección y empieces a disfrutar de tu propia compañía. Que aprendas a decir "no" sin culpa, que pongas límites sin miedo, que te elijas sin dudar.

Porque mereces amor, pero sobre todo, mereces tu propio amor.

Con todo mi cariño,

Joana.

Capítulo 17. Construyendo relaciones que evolucionan

Mujeres, las invito en esta sección a un viaje fascinante, un recorrido por el universo de las relaciones conscientes, donde el amor se convierte en una obra de arte en constante evolución. Olvídense de las fórmulas mágicas y los cuentos de hadas prefabricados. Aquí, la clave reside en la autenticidad, la comunicación y el compromiso mutuo.

Las relaciones conscientes no son estáticas, como un río que fluye, se transforman y adaptan a lo largo del tiempo. ¿Qué significa esto? Que el amor que sentimos hoy no será el mismo que experimentaremos mañana, y eso es maravilloso. La clave está en nutrir ese sentimiento, cultivarlo como un jardinero experto cuida sus rosas más preciadas.

La comunicación abierta se erige como el pilar fundamental de toda relación consciente. ¿De qué se trata? De hablar con el corazón en la mano, expresar nuestras necesidades, expectativas y miedos sin tapujos ni rodeos. Es un acto de valentía y vulnerabilidad que fortalece el vínculo de manera profunda.

Imaginen un diálogo sincero con su pareja, donde ambos se sienten seguros para compartir sus inquietudes y sueños. No se trata de evitar los conflictos, sino de abordarlos con respeto y empatía, buscando soluciones juntos. ¿Qué mejor manera de construir un puente indestructible que a través de la comunicación honesta?

Por otra parte mostraré, que los rituales compartidos son pequeños tesoros que enriquecen la vida en pareja. No hablo de grandes ceremonias, sino de gestos sencillos pero significativos que se repiten con regularidad. ¿Se imaginan una cena semanal sin distracciones, donde puedan mirarse a los ojos y conversar sobre sus experiencias? ¿O un ritual de agradecimiento diario, donde expresen lo que valoran el uno del otro?

Estos momentos especiales crean una conexión íntima y fortalecen el sentido de pertenencia. Son como pequeñas semillas que germinan en el jardín del amor, dando lugar a una relación floreciente y llena de vitalidad.

Por último las invitaré a un ejercicio especial: la visualización de su relación ideal. Cerrarán los ojos por un momento y dejarán volar su imaginación. ¿Cómo sería la relación de sus sueños? ¿Qué cualidades tendría su pareja ideal? ¿Cómo se comunicarían? ¿Qué tipo de experiencias compartirían?

Verán cada detalle con intensidad, como si estuvieran viviendo esa relación en carne propia. De manera que sientan la alegría, la conexión y el amor que fluirían entre ustedes. Este ejercicio no es un simple juego mental, es una herramienta poderosa que les permitirá definir sus deseos y aspiraciones en el ámbito amoroso.

No se conformen con relaciones mediocres, donde la rutina y el desencanto se instalan como huéspedes permanentes. Apunten a lo más alto, aspiren a construir relaciones conscientes que las hagan crecer como personas y las llenen de felicidad.

Recuerden, mujeres, el amor es un arte que requiere dedicación, paciencia y sabiduría. No se desanimen ante los obstáculos, cada desafío es una oportunidad para fortalecer la relación y aprender juntos.

Confíen en su intuición, escuchen su corazón y no teman expresar lo que sienten. La autenticidad es un imán que atrae a personas genuinas y relaciones significativas.

No busquen la perfección, todos tenemos nuestras imperfecciones y nuestras cargas emocionales. Acepten a su pareja tal como es, con sus virtudes y defectos. El amor verdadero no exige cambios, sino aceptación y comprensión.

Cultiven la amistad dentro de la relación, sean amigas antes que amantes. Compartan intereses, hobbies y momentos de diversión. La amistad es el cimiento de un amor duradero.

Mantengan viva la llama de la pasión, sorprendan a su pareja con detalles inesperados, exploren nuevas formas de su amor. La monotonía es el enemigo del romance.

No olviden el humor, la risa es un ingrediente esencial en cualquier relación saludable. Rían juntos, jueguen como niños y no se tomen la vida demasiado en serio.

Por último, pero no menos importante, recuerden que el amor no es un destino, es un camino que se construye día a día. Disfruten del viaje, aprendan de cada experiencia y celebren cada pequeño logro.

Las relaciones conscientes son un tesoro invaluable, un regalo que nos da la oportunidad de crecer, amar y ser amados de manera profunda y auténtica. No se conformen con menos de lo que merecen.

A partir de ahora, abran su corazón a la posibilidad de un amor consciente y transformador en las siguientes páginas de este capítulo.

El puente hacia un amor profundo y duradero

Mujeres, hoy quiero compartir con ustedes una reflexión sobre un tema fundamental en cualquier relación amorosa: la comunicación abierta. ¿Cuántas veces hemos escuchado que la comunicación es la clave del éxito en una pareja? Es una frase repetida hasta la saciedad, pero, ¿realmente entendemos su significado y la aplicamos en nuestra vida cotidiana?

La comunicación abierta no se trata simplemente de hablar por hablar, de llenar silencios incómodos o de dar nuestra opinión sobre cualquier tema. Va mucho más allá. Implica la capacidad de expresar nuestros sentimientos, necesidades, expectativas y miedos de manera clara, honesta y respetuosa. Es un acto de valentía y vulnerabilidad que nos permite conectar con nuestra pareja en un nivel profundo y construir un puente hacia la intimidad y la confianza.

¿Por qué es tan importante la comunicación abierta en una relación?

En primer lugar, nos permite conocernos a nosotros mismos y a nuestra pareja de manera más profunda. Al expresar lo que sentimos y pensamos, nos mostramos tal como somos, sin máscaras ni pretensiones. Esto fomenta la autenticidad y la aceptación mutua, pilares fundamentales de un amor verdadero.

En segundo lugar, la comunicación abierta nos ayuda a resolver conflictos de manera constructiva. Cuando hablamos de nuestros problemas y desacuerdos con respeto y empatía, podemos encontrar soluciones que satisfagan las necesidades de ambos. Evitamos caer en patrones de comunicación destructivos, como la crítica, el sarcasmo o el silencio, que erosionan la relación y nos alejan cada vez más.

En tercer lugar, la comunicación abierta fortalece el vínculo emocional y la intimidad en la pareja. Al compartir nuestros pensamientos y sentimientos más íntimos, creamos un espacio de confianza y cercanía donde ambos nos sentimos seguros y amados. Nos sentimos escuchados, comprendidos y apoyados, lo que nos permite construir una relación sólida y duradera.

Cómo podemos mejorar nuestra comunicación en pareja:

- Escucha activa: Presta atención a lo que dice tu pareja, no solo a las palabras, sino también a su lenguaje corporal y tono de voz. Haz preguntas para asegurarte de que has entendido bien su mensaje. No interrumpas, no juzgues, solo escucha con atención y empatía.
- Expresa tus sentimientos de manera clara y honesta: Utiliza frases en primera persona para hablar de tus necesidades y emociones. Evita las acusaciones y los reproches, ya que esto solo genera defensividad en tu pareja. Sé sincera y auténtica, pero también respetuosa y considerada.
- Elige el momento y el lugar adecuados: No intentes tener conversaciones difíciles cuando estés cansada, estresada o en un lugar público. Busca un momento de tranquilidad y privacidad donde ambos puedan hablar sin interrupciones ni distracciones.
- Sé paciente y comprensiva: La comunicación abierta es un proceso que requiere tiempo y esfuerzo. No esperes que tu pareja cambie de la noche a la mañana. Sé paciente y comprensiva, y recuerda que todos tenemos diferentes estilos de comunicación.
- Aprende a manejar los conflictos de manera constructiva: Los conflictos son inevitables en cualquier relación. La clave está en cómo los abordamos. Aprende a escuchar la perspectiva de tu pareja, a expresar tus propias necesidades sin atacar, y a buscar soluciones que beneficien a ambos.
- No tengas miedo de pedir ayuda: Si sientes que la comunicación en tu pareja es un desafío constante, no dudes en buscar ayuda profesional. Un terapeuta de pareja puede brindarte herramientas y estrategias para mejorar tu comunicación y fortalecer tu relación.

Mujeres, las invito a reflexionar sobre cómo se comunican con sus parejas. ¿Sienten que pueden expresar sus necesidades y miedos de manera abierta y honesta? ¿Se sienten escuchadas y comprendidas?

Si la respuesta es no, no se desanimen. Nunca es tarde para mejorar la comunicación en una relación.

Recuerden que la comunicación abierta es un regalo que nos hacemos a nosotros mismos y a nuestra pareja. Es un puente que nos permite construir un amor más profundo, auténtico y duradero. No tengan miedo de ser vulnerables, de expresar lo que sienten y de escuchar a su pareja con el corazón abierto. La comunicación es la llave que abre la puerta hacia un amor pleno y feliz.

Crea rituales compartidos

A partir de ahorita quiero hablarles de un tema que considero fundamental para construir una relación amorosa sólida y significativa: la creación de rituales compartidos. ¿Qué son los rituales compartidos? Son aquellos gestos, acciones o actividades que realizamos de manera compartida con nuestra pareja y que tienen un significado especial para ambos. ¿Por qué son tan importantes? Porque fortalecen el vínculo emocional, fomentan la intimidad y nos ayudan a crear recuerdos inolvidables juntos.

Los rituales compartidos no tienen por qué ser complicados ni extravagantes. Pueden ser cosas tan sencillas como cenar juntos sin distracciones una vez a la semana, tomar un café juntos por la mañana, darse un beso de buenas noches antes de dormir, o incluso tener un ritual de agradecimiento diario donde expresen lo que valoran el uno del otro. Lo importante es que sean gestos que ambos disfruten y que les permitan conectar en un nivel más profundo.

¿Qué tipo de rituales compartidos podemos crear?

Las opciones son infinitas y dependen de los gustos e intereses de cada pareja. Aquí les dejo algunas ideas:

- Rituales de comunicación: Dedicar unos minutos al día para hablar sobre cómo se sienten, compartir sus pensamientos y

preocupaciones, o simplemente para contarse cómo ha ido el día.
- Rituales de conexión física: Abrazarse, besarse, tomarse de la mano, o simplemente sentarse juntos en silencio.
- Rituales de tiempo libre: Ver una película juntos, salir a caminar, practicar un deporte, o simplemente disfrutar de un hobby en común.
- Rituales de celebración: Celebrar los aniversarios, cumpleaños y otros momentos especiales con una cena romántica, un viaje, o cualquier otra actividad que les guste a ambos.
- Rituales de agradecimiento: Expresar gratitud por las cosas que hacen el uno por el otro, ya sea con palabras, cartas o pequeños detalles.

Cómo pueden crear rituales compartidos:

1. Hablen sobre sus intereses y gustos: ¿Qué actividades disfrutan hacer juntos? ¿Qué cosas les hacen sentir conectados y felices?
2. Elijan rituales que sean significativos para ambos: No se trata de imponer rituales, sino de crear juntos algo que les guste y que les haga sentir bien.
3. Empiecen con rituales sencillos: No se sientan presionados a crear rituales complicados desde el principio. Empiecen con cosas pequeñas y постепенно vayan incorporando más rituales a su vida en pareja.
4. Sean constantes: La clave para que los rituales funcionen es la constancia. Intenten mantener los rituales que han creado, incluso cuando estén ocupados o cansados.
5. Sean flexibles: La vida cambia y es posible que algunos rituales dejen de funcionar con el tiempo. No tengan miedo de adaptar los rituales a sus nuevas circunstancias.

¿Por qué son tan importantes los rituales compartidos?

- Fortalecen el vínculo emocional: Los rituales compartidos nos ayudan a sentirnos más cerca de nuestra pareja, a crear un sentido de pertenencia y a fortalecer el amor que nos une.
- Fomentan la intimidad: Al compartir rituales con nuestra pareja, nos mostramos vulnerables y auténticos, lo que nos permite conectar en un nivel más profundo.
- Crean recuerdos inolvidables: Los rituales compartidos se convierten en recuerdos especiales que atesoramos en nuestro corazón y que nos ayudan a mantener viva la llama del amor.
- Nos ayudan a mantener la rutina y la estabilidad: Los rituales nos dan una sensación de seguridad y estabilidad en la relación, lo que nos permite afrontar los desafíos de la vida con mayor confianza.
- Nos permiten celebrar el amor: Los rituales son una forma de celebrar el amor que sentimos por nuestra pareja y de recordarnos lo afortunados que somos de tenernos el uno al otro.

Mujeres, las invito a reflexionar sobre qué tipo de rituales compartidos les gustaría crear con sus parejas. ¿Qué gestos o actividades les harían sentir más conectadas y felices? No esperen más y empiecen a construir juntos un mundo de rituales que fortalezcan su amor y les permitan crear una relación duradera y significativa.

Recuerden que los rituales compartidos son un regalo que se hacen el uno al otro. Es una forma de decir "te quiero" sin palabras, de demostrar que se preocupan el uno por el otro y de crear momentos especiales que quedarán grabados en su memoria para siempre. No subestimen el poder de los rituales compartidos, son un tesoro que pueden cultivar juntos y que les ayudará a mantener viva la llama del amor por muchos años.

Ejercicio especial: Visualización de tu relación ideal

Ahora quiero compartir con ustedes un ejercicio poderoso que les ayudará a crear la relación de pareja que siempre han deseado. Se trata de la visualización de su relación ideal. ¿En qué consiste este ejercicio? Básicamente, se trata de utilizar el poder de la imaginación para crear una imagen clara y detallada de cómo sería su relación perfecta. No se trata solo de pensar en las características de la persona ideal, sino de sentir y experimentar cómo sería estar en esa relación.

Primer paso: Crea una visión clara. Para empezar, es importante que se tomen un tiempo para reflexionar sobre qué es lo que realmente buscan en una relación de pareja. ¿Qué valores son importantes para ustedes? ¿Qué tipo de conexión emocional desean? ¿Qué actividades les gustaría compartir con su pareja? Una vez que tengan claras estas preguntas, pueden empezar a crear su visión.

Imaginen cómo sería un día perfecto en su relación ideal. ¿Cómo se sentirían al despertar junto a su pareja? ¿Qué tipo de conversaciones tendrían? ¿Qué actividades compartirían? Visualicen cada detalle con lujo de detalle. Imaginen cómo se verían, cómo se hablarían, cómo se tocarían. Sientan la alegría, el amor y la conexión que fluirían entre ustedes.

No se limiten a la apariencia física de su pareja ideal. Piensen en su personalidad, sus valores, sus intereses. ¿Qué cualidades admiran en una persona? ¿Qué tipo de persona las haría sentir amadas, valoradas y respetadas?

Segundo paso: Conecta con esa energía diariamente. Una vez que hayan creado su visión, es importante que se conecten con esa energía a diario. ¿Cómo pueden hacer esto? Una forma sencilla es dedicar unos minutos cada día a visualizar su relación ideal. Busquen un lugar tranquilo donde puedan relajarse y cerrar los ojos.

Imaginen que están viviendo esa relación en este momento. Sientan la alegría, el amor y la plenitud que experimentarían.

Otra forma de conectar con esta energía es actuar como si ya estuvieran en esa relación. ¿Cómo se comportarían si estuvieran con su pareja ideal? ¿Qué tipo de cosas harían? Empiecen a incorporar estas acciones y actitudes en su vida diaria. Por ejemplo, si en su visión se ven como una persona segura y confiada, empiecen a trabajar en su autoestima y confianza.

Ejemplo:

Imaginemos que una mujer llamada Ana quiere crear una relación en la que se sienta amada, valorada y respetada. En su visión, se ve a sí misma caminando de la mano con su pareja, riendo y compartiendo momentos especiales. Se imagina a su pareja como un hombre amable, cariñoso y divertido.

Para conectar con esta energía, Ana dedica unos minutos cada día a visualizar su relación ideal. Se imagina a sí misma caminando de la mano con su pareja, sintiendo el calor de su mano y la conexión entre ambos. También actúa como si ya estuviera en esa relación. Empieza a cuidar más de sí misma, a hacer cosas que la hacen feliz y a rodearse de personas positivas.

Ejercicio para ti:

Ahora, te invito a que hagas este ejercicio tú misma. Tómate un tiempo para reflexionar sobre qué es lo que realmente buscas en una relación de pareja. Crea una visión clara y detallada de tu relación ideal. Luego, conecta con esa energía a diario, visualizando tu relación y actuando como si ya estuvieras en ella.

Capítulo 18. Eliminando el pasado, construyendo relaciones conscientes

Las relaciones amorosas son mucho más que una conexión entre dos personas. Son un reflejo de nuestra historia, nuestras creencias y, sobre todo, de la manera en que nos relacionamos con nuestro yo interno. A lo largo de la vida, muchas mujeres han experimentado relaciones que parecían repetirse como un patrón inevitable: amores que se escapan, parejas emocionalmente inaccesibles o vínculos marcados por la dependencia y la inseguridad. Pero, ¿es posible cambiar esta dinámica y construir relaciones que realmente nutran el alma?

Este capítulo está diseñado para guiarte en ese proceso de transformación. A través de historias reales, exploraremos cómo mujeres valientes lograron romper con ciclos dañinos y reconstruyeron su forma de amar desde un lugar más consciente y saludable. Veremos ejemplos de aquellas que, al entender su estilo de apego, lograron modificar sus elecciones sentimentales, y también de parejas que encontraron en la comunicación una herramienta poderosa para superar desafíos.

Pero el amor consciente no solo se trata de identificar lo que no funciona, sino de construir nuevas maneras de relacionarse. Por eso, en la segunda parte de este capítulo, reflexionaremos sobre el amor como un camino de crecimiento personal y mutuo. Aprenderás cómo tu relación contigo misma influye directamente en las parejas que atraes y en la calidad de los vínculos que sostienes. También exploraremos cómo las relaciones pueden evolucionar cuando ambas personas están dispuestas a adaptarse y crecer juntas, en lugar de buscar un ideal estático e inalcanzable.

Finalmente, este capítulo te invita a replantear tu visión del amor. No se trata de encontrar a la persona perfecta, sino de aprender a bailar con alguien que esté dispuesto a moverse al ritmo de la vida, con sus cambios, desafíos y momentos de plenitud.

Estás a punto de embarcarte en una reflexión profunda sobre lo que realmente significa amar y ser amada de manera consciente. Es un viaje que empieza en ti.

Historias de mujeres que construyeron relaciones conscientes

A lo largo de la historia, muchas mujeres han enfrentado patrones de relaciones dañinas antes de encontrar el equilibrio en el amor. No se trata de cuentos de hadas ni de finales perfectos, sino de procesos reales de sanación, autoconocimiento y transformación. A continuación, exploramos las historias de dos mujeres famosas que lograron romper ciclos negativos y construir relaciones más conscientes.

Demi Moore: Rompiendo patrones y redescubriendo el amor propio

Demi Moore, una de las actrices más icónicas de Hollywood, tuvo una vida amorosa marcada por patrones de codependencia y búsqueda de validación en sus parejas. Desde su infancia, la inestabilidad y el abandono afectaron su autoconfianza, llevándola a desarrollar relaciones en las que constantemente sacrificaba su bienestar por el otro.

Su matrimonio con Bruce Willis fue una de sus primeras experiencias públicas con el amor y, aunque mantuvieron una relación de respeto, Demi aún no había trabajado en su autoestima. Luego, con Ashton Kutcher, repitió ciertos patrones de dependencia emocional, llegando a perderse en la relación y descuidando su propio bienestar. Tras su divorcio, enfrentó una crisis personal que la llevó a cuestionar sus elecciones y la forma en que se vinculaba con el amor.

Fue en este proceso cuando Demi decidió enfocarse en su sanación. A través de la terapia, la introspección y el trabajo en su amor propio, logró comprender que el amor no se trata de aferrarse a alguien, sino de compartir desde la plenitud. Con el tiempo, aprendió a establecer límites, a reconocer su valor y a priorizarse sin culpa. Hoy, Demi Moore ha construido relaciones más equilibradas y, más importante aún, ha cultivado una relación sana consigo misma.

Michelle Obama: El crecimiento mutuo como base del amor

Antes de convertirse en la primera dama de Estados Unidos, Michelle Obama era una mujer con grandes aspiraciones y una fuerte personalidad. Sin embargo, su relación con Barack Obama también pasó por momentos de desafío, especialmente cuando sus carreras y la crianza de sus hijas pusieron a prueba su vínculo.

En su libro Becoming, Michelle compartió cómo, en ciertos momentos, sintió que el peso de la relación recaía más en ella, lo que la llevó a cuestionar sus expectativas sobre el matrimonio. En lugar de rendirse ante las dificultades o culpar a su pareja, decidió trabajar en sí misma. Buscó terapia, reflexionó sobre sus propias necesidades y aprendió a comunicarlas sin esperar que el otro adivinara lo que le pasaba.

Gracias a este proceso de autoconocimiento, Michelle y Barack fortalecieron su relación. Aprendieron a escucharse, a apoyarse y a evolucionar juntos, en lugar de esperar que el amor simplemente se mantuviera por sí solo. Hoy, su matrimonio es un ejemplo de cómo una relación puede crecer con el tiempo cuando ambos están dispuestos a trabajar en ella con conciencia y respeto.

Estas historias nos enseñan que el amor no es cuestión de suerte, sino de decisiones. Cuando sanamos nuestra relación con nosotras mismas, el amor que construimos con otros se vuelve más real, sólido y libre.

Rompiendo patrones de apego

El amor es una de las experiencias más hermosas y, a la vez, más complejas de la vida. Pero cuando el amor se convierte en una lucha constante, en una búsqueda desesperada de aprobación o en un juego de atracción y rechazo, es momento de preguntarse: ¿Estoy amando de manera sana o estoy atrapada en un patrón que me hace daño?

Muchas mujeres han vivido relaciones en las que sienten que tienen que esforzarse demasiado para ser vistas, escuchadas o valoradas. Se aferran a parejas que, por una u otra razón, no pueden o no quieren comprometerse, y justifican su indiferencia con la esperanza de que, con el tiempo, cambien. En el fondo, la raíz de este comportamiento suele estar en los patrones de apego formados desde la infancia.

El ciclo del apego inseguro

El apego es la forma en que aprendemos a relacionarnos con los demás desde que somos niños. Si creciste en un ambiente donde el amor era inconsistente—donde tal vez recibías cariño, pero también momentos de abandono o desapego emocional—es posible que hayas desarrollado un apego ansioso. Esto significa que, sin darte cuenta, asocias el amor con la incertidumbre y sientes la necesidad de aferrarte a quienes no te dan seguridad.

Por otro lado, hay quienes han aprendido a reprimir sus emociones y a evitar la cercanía, lo que los lleva a un apego evitativo. Estas personas suelen alejarse cuando sienten que alguien se acerca demasiado, no porque no sientan amor, sino porque el compromiso les genera ansiedad.

Si alguna vez te has encontrado en una relación donde sientes que amas más de lo que te aman, donde pasas más tiempo preocupada por perder a la otra persona que disfrutando su compañía, es posible que estés repitiendo un patrón inconsciente. Y lo más peligroso de estos patrones es que, si no los reconocemos, seguimos atrayendo las mismas relaciones una y otra vez, sin darnos cuenta de que el problema no está afuera, sino en la forma en que nos relacionamos con el amor.

Sanando el apego para atraer relaciones sanas

El primer paso para romper estos ciclos es reconocerlos. Pregúntate:

- ¿Por qué me atraen personas que no pueden darme lo que necesito?
- ¿Siento ansiedad cuando mi pareja se aleja, incluso por poco tiempo?
- ¿Me esfuerzo demasiado por mantener a alguien a mi lado, incluso cuando sé que no es lo mejor para mí?

La clave no está en cambiar a la otra persona, sino en cambiar la manera en que te relacionas contigo misma. Una mujer que se ama y se respeta no persigue a quien no quiere quedarse. No justifica el desinterés ni sacrifica su bienestar por miedo a estar sola. Aprender a poner límites, valorar tu tiempo y priorizarte no es egoísmo; es la base para construir relaciones más sanas y equilibradas.

El despertar de Alicia

Alicia siempre había sido la que más amaba en sus relaciones. Se entregaba por completo, hacía planes, enviaba mensajes largos cuando algo le preocupaba y siempre estaba dispuesta a perdonar el desinterés de su pareja con la esperanza de que, algún día, él se diera cuenta de cuánto valía.

Su última relación no fue diferente. Salió con un hombre que, al principio, parecía atento y cariñoso, pero que con el tiempo empezó a alejarse. Respondía menos sus mensajes, cancelaba planes a último minuto y cuando Alicia le pedía más compromiso, él decía que necesitaba su espacio.

Antes, ella habría aceptado esas migajas de amor con tal de no perderlo. Pero algo en ella cambió. Se recordó a sí misma que no debía convencer a nadie de amarla, que su valor no dependía de si alguien estaba o no dispuesto a quedarse. Así que, por primera vez, en lugar de insistir, decidió soltar.

Fue difícil, pero también liberador. Con el tiempo, dejó de idealizar a quienes no podían darle lo que merecía y empezó a atraer a personas que, en lugar de hacerla sentir insuficiente, la amaban con claridad y certeza.

Porque cuando una mujer aprende a amarse a sí misma, deja de mendigar amor y empieza a recibirlo en su forma más pura.

La comunicación como puente de sanación

Si hay algo que puede salvar una relación en crisis o fortalecer un vínculo ya existente, es la comunicación. No se trata solo de hablar, sino de saber cómo expresar lo que sientes y, aún más importante, cómo escuchar a la otra persona sin juzgar ni atacar.

Muchas parejas enfrentan dificultades porque creen que el amor, por sí solo, es suficiente. Pero la realidad es que, sin una comunicación clara y sincera, incluso la relación más fuerte puede debilitarse. Las heridas no surgen únicamente por lo que se dice, sino por lo que no se dice, por las palabras que se callan y por los sentimientos que se acumulan sin encontrar una salida.

El impacto de la comunicación en las relaciones

Una relación sana no se basa en evitar conflictos, sino en saber manejarlos de manera consciente. Muchas veces, el problema no es lo que se discute, sino cómo se discute. Las críticas constantes, los silencios prolongados, el tono de voz agresivo o las respuestas defensivas pueden hacer que cualquier conversación se convierta en una batalla.

Cuando las parejas aprenden a comunicarse con empatía, la dinámica cambia por completo. En lugar de buscar quién tiene la razón, buscan entenderse. En lugar de reaccionar impulsivamente, responden con conciencia. Y en lugar de ver a la otra persona como un oponente, la ven como un compañero con quien resolver los problemas en equipo.

Las claves de una comunicación efectiva incluyen:

- Escucha activa: No se trata solo de oír, sino de entender realmente lo que la otra persona quiere decir.
- Expresión asertiva: Decir lo que sientes sin agresividad ni culpa.
- Validación emocional: Reconocer y respetar los sentimientos del otro, incluso si no los compartes.
- Diálogo en lugar de confrontación: Evitar acusaciones y en su lugar usar frases como "Me siento así cuando esto sucede" en vez de "Tú siempre haces esto mal."

Cuando la comunicación se vuelve un puente y no una barrera, la relación florece.

La transformación de Ana y Luis

Ana y Luis llevaban ocho años juntos, pero últimamente su relación se había convertido en una serie de discusiones interminables. Parecía que todo terminaba en pelea: desde la forma en que Luis llegaba tarde del trabajo hasta la manera en que Ana organizaba la casa.

Ambos se sentían incomprendidos. Luis pensaba que Ana exageraba todo y que nada de lo que hacía era suficiente para ella. Ana, por su parte, sentía que Luis no la valoraba y que siempre tenía que repetir las mismas cosas sin ser escuchada.

El punto de quiebre llegó cuando, en medio de una discusión, Ana amenazó con separarse. No era la primera vez que lo decía, pero esta vez, Luis sintió que realmente podía perderla.

Decidieron buscar ayuda y, por primera vez, se sentaron a hablar sin interrupciones, sin gritos y sin defensas. Descubrieron que ambos estaban atrapados en una dinámica donde solo reaccionaban, pero no se escuchaban.

Luis aprendió a validar los sentimientos de Ana, en lugar de minimizarlos. Ana aprendió a expresar sus necesidades sin atacar. Poco a poco, dejaron de verse como enemigos y comenzaron a verse como aliados.

Su relación no cambió de la noche a la mañana, pero sí evolucionó hacia una más consciente y amorosa. Porque cuando aprendes a comunicarte con el corazón, el amor encuentra su camino de vuelta.

El amor como camino de crecimiento

El amor no es un destino al que llegas cuando encuentras a la persona "correcta". Es un camino en constante evolución, un reflejo de quién eres y de cómo te relacionas contigo misma. Muchas veces, buscamos afuera lo que aún no hemos cultivado dentro. Esperamos que alguien más nos dé el amor, la seguridad y la estabilidad que nos falta, sin darnos cuenta de que solo podemos recibir aquello que estamos dispuestas a dar.

Si quieres una relación consciente y equilibrada, pregúntate primero: ¿Cómo me amo y me respeto a mí misma? Porque el amor que atraes es un espejo de la relación que tienes contigo. Si toleras menos de lo que mereces, si aceptas migajas de afecto, si te adaptas hasta perderte a ti misma, es posible que termines en relaciones que refuercen esos mismos patrones.

Pero cuando comienzas a tratarte con amor, a establecer límites sanos y a priorizar tu bienestar, las personas que se acercan a ti también reflejan ese respeto y esa plenitud. Ya no buscas a alguien que te complete, sino a alguien con quien compartir tu camino, desde la abundancia y no desde la carencia.

El amor consciente no se trata de encontrar a alguien perfecto, sino de caminar juntos en un crecimiento mutuo. Es entender que ambos están en un proceso de evolución, y que la relación es un espacio para aprender, sanar y fortalecerse.

Ahora imagina que el amor es una danza, no es un baile rígido donde uno marca el paso y el otro sigue, sino una sincronía donde ambos se escuchan y se ajustan al ritmo del otro. A veces uno avanza y el otro retrocede, a veces se mueven al mismo compás, pero siempre hay conexión, comunicación y presencia.

En una relación consciente, el amor no se da por sentado. Se nutre con pequeños gestos, con palabras sinceras, con momentos de conexión real. Se construye con respeto, con admiración, con la capacidad de sostenerse en los momentos difíciles sin huir ni atacar.

Cuando entiendes que el amor es un camino y no un destino, dejas de obsesionarte con encontrar a "la persona indicada" y te enfocas en ser la persona indicada. Te conviertes en alguien que sabe amar y recibir amor sin miedo, sin expectativas irreales, sin depender de que el otro llene vacíos que solo tú puedes sanar.

Porque al final, el amor no es encontrar a alguien que camine a tu ritmo, sino alguien dispuesto a bailar contigo, incluso cuando la música cambia.

A continuación veremos estos puntos con mayor profundidad.

Atrayendo lo que reflejas

Si te miraras en un espejo y vieras reflejada tu relación más importante, ¿qué imagen aparecería? No me refiero a la relación con tu pareja, sino a la que tienes contigo misma. Porque esa es la base de todas las demás. La forma en que te hablas, te cuidas y te valoras define el tipo de amor que permites entrar en tu vida.

Muchas veces, sin darnos cuenta, repetimos los mismos patrones de relación una y otra vez. Nos encontramos con parejas que no nos priorizan, que nos hacen sentir insuficientes o que nos llenan de promesas vacías. Y entonces nos preguntamos: ¿Por qué siempre me pasa lo mismo? La respuesta es incómoda, pero liberadora: porque atraemos lo que creemos merecer.

El amor propio no es una frase bonita para decorar agendas, es la clave para transformar tu vida amorosa. Si no te respetas, atraerás a personas que tampoco lo harán. Si no te valoras, encontrarás a quienes confirman esa percepción. Pero cuando empiezas a priorizarte, el mundo a tu alrededor cambia.

Lo que aceptas es lo que recibes

Piensa en esto: ¿alguna vez has dejado pasar actitudes que te lastimaban solo por miedo a perder a alguien? Tal vez justificaste su indiferencia, minimizaste sus palabras hirientes o aceptaste menos de lo que merecías. Eso no significa que la otra persona sea completamente responsable del daño, sino que, de alguna manera, permitiste que esas dinámicas se instalaran en tu vida.

El problema no es atraer a personas incorrectas, sino dejar que se queden. Y eso cambia cuando decides establecer límites. Decir "no" al amor a medias no es un acto de arrogancia, es un acto de respeto propio.

Las relaciones equilibradas no empiezan con encontrar a la persona correcta, sino con convertirte en alguien que no tolera lo incorrecto.

Cuando te das cuenta de tu valor, no necesitas convencer a nadie de que te trate bien. La gente que no está a la altura se aleja sola, y las personas que realmente saben amar se sienten atraídas por tu seguridad.

El amor como un reflejo de ti misma

Si quieres un amor sano, trabaja en tu bienestar. Si deseas una pareja que te respete, empieza por respetarte a ti misma. Si anhelas un vínculo basado en la confianza, asegúrate de confiar primero en ti.

El amor no debería ser una lucha constante por ser elegida. No deberías mendigar atención, ni sentir que necesitas demostrar tu valía todo el tiempo. Cuando alguien realmente te ama, no tienes que convencerlo de que lo haga. Y cuando tú te amas, no aceptas menos de lo que sabes que mereces.

Helen y su transformación

Helen pasó años atrapada en relaciones donde siempre se sentía en segundo plano. Parecía que, sin importar cuánto se esforzara, sus parejas nunca la priorizaban. Al principio, pensaba que solo había tenido mala suerte. Pero con el tiempo, se dio cuenta de un patrón: ella siempre era la que daba más, la que aceptaba menos, la que se conformaba con migajas de amor.

Un día, después de una relación especialmente dolorosa, decidió hacer algo diferente. En lugar de preguntarse por qué no encontraba a alguien que la valorara, se preguntó: ¿Me estoy valorando yo?

Empezó a poner límites, a decir "no" cuando algo no se sentía bien. Dejó de buscar aprobación y comenzó a enfocarse en su propio bienestar. Por primera vez en su vida, se priorizó.

Meses después, conoció a alguien diferente. Alguien que no la hacía dudar de su valor, que no jugaba con su tiempo ni con sus emociones. Pero la diferencia no estaba solo en él, sino en ella. Ya no tenía miedo de pedir lo que quería, de exigir respeto, de alejarse si era necesario.

Y fue en ese momento que entendió: cuando cambias la relación contigo misma, cambias la calidad de amor que aceptas en tu vida.

Transformando el amor en una danza consciente

El amor, en su forma más pura, no es estático ni rígido. Al contrario, es un flujo continuo, una danza entre dos personas que, aunque caminan por el mismo sendero, a veces se mueven de maneras diferentes. La evolución en pareja requiere de una flexibilidad constante, un ajuste a los cambios que la vida nos presenta y una disposición a crecer juntos. En este proceso, el amor se transforma en algo más profundo: una danza consciente en la que ambos se esfuerzan por estar presentes, comprenderse y apoyarse mutuamente a medida que avanzan.

Las relaciones, como todo en la vida, pasan por diversas fases. No siempre son perfectas ni predecibles. Hay momentos de calma, pero también de turbulencia. Lo que mantiene viva una relación a lo largo del tiempo no es solo el amor, sino la capacidad de ambos para adaptarse y aprender el uno del otro. La vida cambia constantemente, y por ello, las parejas deben aprender a bailar al ritmo de esos cambios. La adaptación se convierte en un acto consciente, una decisión diaria de estar allí, de ser flexibles y resilientes frente a lo que se presenta.

Imagina que el amor es como una danza. Al principio, los movimientos pueden ser torpes, porque no conoces del todo a tu pareja ni sus pasos. Pero con el tiempo, aprendes a moverte al unísono, a entender cuándo dar un paso adelante y cuándo esperar, cuándo abrazar y cuándo soltar. Sin embargo, de repente llega un cambio inesperado: una nueva oportunidad de trabajo, un giro en la vida personal o incluso una crisis familiar. La danza se ve interrumpida, los pasos ya no son los mismos, pero si ambos son lo suficientemente conscientes, sabrán cómo seguir adelante, encontrar un nuevo ritmo y ajustar los movimientos.

El crecimiento en pareja es un proceso continuo que no solo implica amor, sino también la disposición de ambos a transformarse. A medida que las personas crecen individualmente, sus necesidades, deseos y perspectivas pueden cambiar. Si ambos están comprometidos con el amor y el respeto mutuo, ese cambio no es un obstáculo, sino una oportunidad para fortalecer la relación. El verdadero desafío está en cómo reaccionamos ante esos cambios. Una pareja resiliente no se ve afectada por las tormentas, sino que encuentra la manera de navegar juntas.

Es aquí donde entra la "danza consciente", que no solo implica entender al otro, sino también comprenderse a uno mismo. Ser consciente de lo que necesitamos, de lo que nos hace sentir amados y, al mismo tiempo, ser capaces de ofrecer ese mismo espacio y apoyo a nuestra pareja. Cada paso debe ser un acto deliberado de amor, paciencia y flexibilidad. Cuando se practica la danza consciente, la relación se convierte en un terreno fértil donde ambos pueden crecer, evolucionar y aprender.

Anécdota:

José y Ana llevan casados más de 15 años. Al principio, su relación era como un vals: suave, predecible, con pasos marcados que ambos conocían perfectamente. Pero a medida que pasaron los años, las circunstancias cambiaron. Ana decidió comenzar un nuevo proyecto profesional, lo que implicaba muchas horas fuera de casa y un enfoque diferente en su vida. José, por su parte, se sintió un poco desplazado. En el pasado, solían pasar mucho tiempo juntos, pero ahora él sentía que estaba solo, aunque su esposa seguía a su lado.

Al principio, José se sintió frustrado. No entendía cómo Ana podía estar tan absorta en su trabajo. ¿Dónde había quedado su tiempo juntos? ¿Qué pasaba con esos pequeños momentos que solían compartir? Pero en lugar de entrar en conflicto, decidió dar un paso atrás y reflexionar. Decidió hablar con Ana de manera abierta y sincera, compartiendo cómo se sentía, pero también reconociendo que ella tenía sus propios sueños y metas.

Ana, por su parte, también había notado el distanciamiento, pero no sabía cómo abordarlo. Ella también deseaba que José comprendiera la importancia de su proyecto, pero no quería que eso afectara su relación. Así que, tras una profunda conversación, ambos decidieron adaptarse a la nueva etapa que estaban viviendo. José empezó a apoyarla más en sus desafíos laborales, y Ana, por su parte, se esforzó por encontrar un equilibrio y dedicarle tiempo a él.

Fue entonces cuando José se dio cuenta de algo importante: el amor no era una rutina, sino una danza que debía adaptarse a los nuevos tiempos. Al principio, sus pasos fueron vacilantes, pero poco a poco aprendieron a moverse al mismo ritmo, cada uno respetando el espacio y las metas del otro, pero siempre manteniendo la conexión.

Hoy en día, José y Ana siguen bailando esa danza consciente. Aunque las circunstancias siguen cambiando, han aprendido que la clave está en la flexibilidad y la disposición de crecer juntos, sin perder de vista lo que realmente importa: el amor y el respeto mutuos. Y así, su relación se mantiene viva, evolucionando con cada paso que dan.

Reflexión Final:

Como José y Ana, todas las parejas deben entender que el amor es un viaje de adaptación y crecimiento. No se trata de permanecer estáticos, sino de aprender a moverse juntos, sin dejar que las diferencias o los cambios nos separen.

"El amor no es encontrar a alguien que camine a tu ritmo, sino encontrar a alguien dispuesto a bailar contigo, incluso cuando cambie la música."

– **Autora Anónima**

UN LEGADO DE AMOR Y LUZ

Parte 4: Un legado de amor y luz

He aprendido que el verdadero legado que dejamos en este mundo no se mide en bienes materiales ni en los logros que acumulamos, sino en la huella que imprimimos en quienes nos rodean, especialmente en nuestros hijos y en las generaciones que vienen detrás de nosotros. Y si hay algo que he visto a lo largo del tiempo, es el enorme poder que tienen las mujeres en la construcción de ese legado. No solo son el corazón de sus familias, sino que también son las que transmiten, a veces sin darse cuenta, las creencias, los miedos y los patrones emocionales que modelan la vida de quienes las rodean.

Muchas veces, sin quererlo, cargan con historias que no les pertenecen. Las heridas no resueltas de sus madres y abuelas se filtran en sus propias vidas, en la manera en que aman, en cómo se relacionan y, más importante aún, en lo que enseñan sin palabras a sus hijos. Porque los niños no aprenden solo de lo que se les dice, sino de lo que ven. Si una mujer ha aprendido que el amor implica sacrificio y renuncia, es posible que su hija crezca con la idea de que para ser amada debe olvidarse de sí misma. Si ha vivido bajo el peso del miedo, tal vez sin darse cuenta les enseñe a sus hijos a temerle a la vida en lugar de abrazarla.

Pero lo maravilloso de todo esto es que no estamos condenados a repetir el pasado. Las cadenas se pueden romper. Los ciclos pueden transformarse. Y aquí es donde entra la responsabilidad de cada una de ustedes. Porque cuando una mujer decide sanar, cuando toma conciencia de lo que lleva dentro y se atreve a enfrentarlo, no solo se libera a sí misma, sino que cambia el destino de quienes la rodean. La transformación de una mujer tiene el poder de impactar a toda una familia, a toda una comunidad.

Sé que no es fácil. Sanar implica mirar de frente aquello que duele, enfrentar los miedos y cuestionar las creencias que han sido heredadas generación tras generación. Implica aprender a reconocerse, a valorarse y, sobre todo, a ser auténticas. Porque cuando una mujer se atreve a ser quien realmente es, sin máscaras ni miedo al juicio, su sola presencia se convierte en una inspiración para quienes la rodean.

En este apartado exploraremos juntos cómo identificar esos patrones heredados que tal vez han pasado desapercibidos para ti, cómo sanar las heridas que no deberían seguir marcando el presente y cómo empezar a construir un legado diferente, uno basado en el amor, la autenticidad y la confianza. Veremos cómo la conexión con la propia esencia femenina no solo transforma la vida de una mujer, sino también la de sus hijos, su pareja y su entorno.

Este no es solo un llamado a la reflexión, sino una invitación a la acción. Porque cada paso que des hacia tu propia sanación es un paso que abre camino para las que vienen detrás. No estás sola en este proceso. A lo largo de estas páginas te compartiré herramientas, historias e ideas que pueden ayudarte a crear un legado distinto, uno que realmente refleje quién eres y lo que quieres dejar en este mundo. Porque al final del día, lo que realmente permanece no es lo que tenemos, sino lo que somos.

Capítulo 19. ¿Qué es un legado emocional?

Cuando pensamos en el concepto de legado, la mayoría de las personas lo asocia con lo tangible: bienes materiales, propiedades, empresas o incluso logros profesionales. Sin embargo, existe una herencia más profunda e influyente, una que trasciende generaciones sin necesidad de documentos notariales ni cuentas bancarias. Se trata del legado emocional, esa impronta invisible que dejamos en quienes nos rodean, especialmente en nuestros hijos, hermanos y en todas aquellas personas que forman parte de nuestras vidas.

Desde el momento en que nacemos, absorbemos creencias, actitudes y patrones emocionales de nuestro entorno. No solo heredamos el color de ojos o la estructura ósea de nuestros ancestros, sino también su manera de amar, de afrontar los desafíos y de definir el éxito. Así como una abuela transmite su receta secreta de cocina a su nieta, también le transfiere su forma de lidiar con la adversidad, su capacidad de resiliencia o su manera de gestionar la tristeza y la alegría. Este es el poder del legado emocional: modela quiénes somos y, en consecuencia, quiénes seremos para los demás.

El legado emocional se compone de tres elementos esenciales: las creencias sobre el amor, el éxito y la vida; los patrones emocionales y de comportamiento; y la manera en que enfrentamos desafíos y cultivamos relaciones. Cada uno de estos aspectos conforma un mapa interno que, muchas veces de manera inconsciente, nos guía en la toma de decisiones y en la construcción de nuestras experiencias. A continuación los detallaré un poco más.

Creencias sobre el amor, el éxito y la vida

Lo que pensamos sobre el amor, la felicidad o el trabajo no surge espontáneamente; es el resultado de años de observación y aprendizaje. Una mujer que creció viendo relaciones saludables, basadas en la comunicación y el respeto, tendrá más probabilidades de replicar esos mismos modelos en su vida adulta. Por el contrario, si el mensaje predominante fue que el amor es sacrificio o que la felicidad se encuentra en la validación externa, entonces esas ideas moldearán su autoestima y sus expectativas.

El éxito también es una construcción mental heredada. ¿Qué significa ser exitosa para ti? Para algunas mujeres, puede significar independencia financiera y realización profesional; para otras, la plenitud en la vida familiar. Las creencias inculcadas desde la infancia pueden definir si una mujer se siente con derecho a perseguir sus sueños o si, por el contrario, cree que debe conformarse con lo que se le presenta.

La vida, con sus retos y oportunidades, también está determinada por los esquemas mentales que hemos absorbido. ¿Es el mundo un lugar de oportunidades o de amenazas? ¿Somos dueños de nuestro destino o víctimas de las circunstancias? Las respuestas a estas preguntas no surgen de la nada; son el reflejo del legado emocional recibido.

Patrones emocionales y de comportamiento

Más allá de lo que pensamos, el legado emocional también se manifiesta en la forma en que manejamos nuestras emociones y comportamientos. Existen familias donde la ira es el modo predominante de comunicación, mientras que en otras se evita cualquier confrontación a toda costa. Algunas personas han aprendido a enfrentar la tristeza con resiliencia, mientras que otras han heredado patrones de evasión o negación.

Las mujeres, en particular, han sido socialmente condicionadas a desarrollar ciertas respuestas emocionales, como la complacencia o la autocensura, mientras que otras emociones, como la ira o la ambición, han sido culturalmente desalentadas. Si no somos conscientes de estos patrones heredados, podemos repetirlos sin darnos cuenta, perpetuando ciclos emocionales que, en ocasiones, pueden ser limitantes o dañinos.

Ser consciente de estos patrones es el primer paso para cambiarlos. Cuando una mujer se detiene a reflexionar sobre cómo gestiona el miedo, la tristeza o la frustración, puede comenzar a transformar esos hábitos emocionales en respuestas más saludables y equilibradas.

Cómo enfrentamos desafíos y cultivamos relaciones

El tercer elemento del legado emocional es la forma en que enfrentas los desafíos y construyes vínculos con los demás. ¿Nos enseñaron a perseverar en la adversidad o a rendirnos ante la primera dificultad? ¿Aprendimos que las relaciones requieren esfuerzo y compromiso o que las personas son fácilmente reemplazables?

Cada mujer hereda un modelo de afrontamiento de sus predecesores. Algunas crecen viendo a sus madres y abuelas luchar con valentía ante la adversidad, lo que les inculca un sentido de fortaleza interna. Otras, en cambio, pueden haber presenciado dinámicas de dependencia emocional o de evitación del conflicto, lo que las lleva a repetir patrones similares en sus relaciones personales y profesionales.

Sin embargo, el hecho de haber heredado ciertos esquemas no significa que estén condenadas a repetirlos. Una de las grandes fortalezas de la inteligencia emocional es la capacidad de reconfigurar nuestras respuestas, de aprender nuevas formas de actuar y de transmitir un legado diferente a las siguientes generaciones.

Las emociones y el poder de entenderlas

Las emociones nos revelan quiénes somos, cómo sentimos y de qué manera enfrentamos las situaciones diarias. Son parte esencial de la experiencia humana, sin ser positivas o negativas en sí mismas. Sin embargo, la percepción y gestión de las emociones están fuertemente influenciadas por el género. Aunque hombres y mujeres experimentan las mismas emociones, la manera en que las interpretan, expresan y manejan suele ser distinta debido a factores socioculturales arraigados desde la infancia.

Desde temprana edad, la educación de género establece patrones sobre qué emociones son aceptables para cada persona según su sexo. A las mujeres se les ha enseñado a ser comprensivas, a priorizar el bienestar de los demás y a evitar el conflicto. Como resultado, muchas veces reprimen el enojo, una emoción que en realidad es una señal clara de que se han sobrepasado sus límites personales. En lugar de expresar molestia, tienden a canalizar su frustración a través de la tristeza o la culpa, lo que les dificulta establecer límites firmes.

Por otro lado, a los hombres se nos inculca la idea de que debemos ser fuertes, independientes y poco emocionales. Expresar miedo o tristeza se asocia erróneamente con debilidad, por lo que muchos aprenden a ocultar estas emociones bajo una máscara de ira o indiferencia. Un hombre que enfrenta una situación que lo hace sentir vulnerable, como un problema de salud o una dificultad profesional, puede reaccionar con enojo o frialdad, cuando en realidad lo que experimenta es incertidumbre o temor.

Este condicionamiento emocional no solo influye en el bienestar individual, sino que también impacta las relaciones interpersonales y el éxito profesional. Una mujer que no sabe cómo establecer límites puede terminar sobrecargada en su entorno laboral o personal, mientras que un hombre que no sabe expresar vulnerabilidad puede tener dificultades para construir relaciones profundas y significativas.

La clave está en desarrollar la inteligencia emocional, un recurso fundamental para comprender, gestionar y canalizar adecuadamente las emociones. Cuando una persona aprende a identificar lo que siente sin prejuicios ni restricciones impuestas por el género, adquiere mayor control sobre sus decisiones y relaciones. Una mujer que reconoce su enojo y lo usa como motor para marcar límites saludables gana seguridad en sí misma. Un hombre que acepta y expresa su miedo de manera asertiva se vuelve más resiliente y accesible emocionalmente.

Aprender a gestionar las emociones con inteligencia no es solo una herramienta para el crecimiento personal, sino también un legado. Las generaciones futuras absorberán los ejemplos que vean a su alrededor. Si queremos una sociedad más equilibrada y consciente, debemos replantear la manera en que interpretamos las emociones y liberarnos de los condicionamientos que limitan nuestra expresión genuina.

Al final, la inteligencia emocional no es solo un concepto teórico, sino una habilidad práctica que impacta todos los ámbitos de la vida. Conocer nuestras emociones, comprender su origen y permitirnos sentirlas plenamente es un acto de empoderamiento que nos acerca a una vida más auténtica y satisfactoria.

Construyendo un legado emocional consciente

Si el legado emocional influye tanto en la vida de una mujer, entonces la pregunta clave es: ¿qué tipo de herencia emocional quieres dejar? Más allá de lo que haya recibido, cada una tiene el poder de redefinir su propia historia.

Esto implica cuestionar creencias y desaprender aquellas que ya no sirven. Implica cultivar una inteligencia emocional que permita gestionar tus emociones de manera saludable y, sobre todo, implica asumir la responsabilidad de cómo influir en quienes te rodean.

El legado emocional es, en última instancia, la huella que dejas en los demás. No se mide en títulos ni en bienes materiales, sino en las lecciones que enseñas con tu ejemplo, en la forma en que inspiras a otras mujeres a valorarse y en la capacidad de transmitir fortaleza, amor y autenticidad.

Cada conversación, cada gesto de apoyo, cada elección consciente contribuye a la construcción de este legado. Y al final del camino, lo que realmente importa no es lo que acumulas, sino lo que dejas en el corazón y la mente de quienes siguen tus pasos.

¿Qué estás transmitiendo a tus hijos?

Cuando pensamos en la educación de nuestros hijos, a menudo nos centramos en lo que podemos hacer por ellos en términos de bienestar material, educación formal y oportunidades. Sin embargo, hay una transmisión aún más sutil e impactante: la emocional. Lo que sentimos, cómo enfrentamos la vida y la manera en que gestionamos nuestras emociones se convierten en un modelo que nuestros hijos absorben, muchas veces sin que seamos conscientes de ello.

Según la psicóloga clínica Shefali Tsabary, los padres, y en especial las madres, suelen proyectar en sus hijos sus propias inseguridades, miedos y expectativas no resueltas. Esta transmisión inconsciente puede convertirse en un ciclo que limita a las nuevas generaciones, perpetuando patrones emocionales que quizás han afectado a varias generaciones dentro de una familia.

Si no evaluamos nuestras heridas, es probable que estas se reflejen en la relación con nuestros hijos. Los temores no resueltos pueden manifestarse como sobreprotección, exigencias desmedidas o la imposición de expectativas que no responden a la verdadera esencia del niño, sino a nuestras propias carencias emocionales. Esto puede generar en ellos una sensación de insuficiencia o de presión constante por cumplir con un ideal ajeno a su identidad.

Por otro lado, cuando una mujer se permite reconectar con su energía femenina, sanar sus heridas y abrazar su autenticidad, transmite a sus hijos un legado de amor y confianza. En lugar de proyectar sus inseguridades, modela una forma de vida basada en la aceptación y la plenitud. Sus hijos crecen en un entorno emocionalmente saludable, donde se sienten validados y libres para desarrollar su propio camino sin las cargas del pasado.

Las heridas invisibles: Cómo tu pasado moldea a tus hijos

Cada interacción que tienes con tus hijos deja una huella en ellos. No se trata solo de lo que les dices, sino de cómo lo dices, de lo que expresas con tus emociones y de lo que proyectas con tu actitud. Muchas veces, sin darnos cuenta, transmitimos a nuestros hijos nuestras propias heridas no resueltas, nuestras inseguridades y nuestros miedos. Estas experiencias pueden influir en su desarrollo emocional y en la manera en que perciben el mundo.

Desde la infancia, absorbemos la energía emocional de quienes nos rodean, al convertirte en madre, esos patrones pueden resurgir de maneras inesperadas. Tal vez te descubras reaccionando de forma desproporcionada ante los errores de tus hijos, imponiéndoles expectativas desmedidas o sintiendo una ansiedad constante por su bienestar. Estos comportamientos no surgen de la nada: son el eco de tus propias experiencias infantiles.

El desafío radica en la consciencia. Es fácil repetir los patrones del pasado sin darnos cuenta. Queremos lo mejor para nuestros hijos, pero si no hemos sanado nuestras propias heridas, corremos el riesgo de proyectar en ellos nuestras frustraciones y temores. Una madre que creció sintiéndose insuficiente puede, sin intención, hacer que su hijo sienta que debe demostrar constantemente su valía. Una madre que vivió en un ambiente de inseguridad emocional puede transmitirle el miedo al abandono, incluso cuando lucha por brindarle estabilidad.

La historia de Clara: Un legado de amor y superación

Clara siempre había sido una mujer fuerte, o al menos así lo percibía el mundo. Criada en un hogar donde el amor era escaso y las palabras de aliento inexistentes, aprendió a valerse por sí misma desde muy joven. Sin embargo, cuando nació su hija Valeria, algo dentro de ella se quebró. Cada vez que la pequeña buscaba consuelo en su madre, Clara sentía una barrera invisible. Quería abrazarla, decirle cuánto la amaba, pero algo dentro de ella le impedía demostrarlo abiertamente.

A medida que la niña crecía, Clara se daba cuenta de que, sin intención, estaba reproduciendo el mismo patrón emocional de su infancia. Respondía con distancia cuando su hija necesitaba afecto, le exigía demasiado en sus estudios y la corregía con dureza, tal como su madre lo había hecho con ella. No quería que Valeria creciera con la misma sensación de vacío que ella había sentido, pero sin darse cuenta, estaba perpetuando la misma herida.

Un día, durante una discusión, Valeria la miró con lágrimas en los ojos y le dijo: "Mamá, ¿por qué nunca estás orgullosa de mí?". Esa pregunta resonó en Clara como un eco de su propia infancia. Fue en ese instante cuando comprendió que estaba criando a su hija desde sus propias heridas, en lugar de desde el amor.

Decidió buscar ayuda. Comenzó terapia, leyó sobre crianza consciente y, lo más importante, se permitió sentir. Por primera vez en su vida, lloró por la niña que alguna vez fue, por el amor que no recibió y por la madre que no supo ser hasta entonces. Poco a poco, comenzó a cambiar. Aprendió a expresar su amor sin miedo, a reconocer los logros de Valeria y, sobre todo, a perdonarse a sí misma por los errores del pasado.

Hoy, años después, Clara y Valeria tienen una relación fuerte y amorosa. La pequeña niña que una vez dudó del amor de su madre ahora crece con la certeza de que es valiosa, amada y suficiente. Clara no solo sanó por sí misma, sino que también rompió un ciclo de dolor, dejando en su hija un legado de amor y superación.

Reconectar con la energía femenina: El poder del equilibrio

La energía femenina no se trata de roles de género o estereotipos culturales; es una cualidad intrínseca que todos poseemos, pero que en las mujeres suele manifestarse de manera más natural. Es la capacidad de sentir profundamente, de conectar con la intuición, de crear y sostener espacios emocionales seguros. En un mundo que a menudo celebra la autosuficiencia y la competencia, muchas mujeres han aprendido a desconectarse de esta parte de sí mismas, creyendo que ser emocionalmente expresivas es una debilidad o que confiar en su intuición es irracional.

Sin embargo, cuando una mujer se permite honrar su energía femenina, encuentra un equilibrio que le permite vivir con mayor autenticidad. Aprende a escuchar su voz interior sin miedo, a poner límites sin culpa y a cultivar relaciones basadas en la reciprocidad y el respeto. Este proceso no solo le permite sentirse más plena, sino que también impacta en la manera en que cría a sus hijos.

Transmitir un legado de amor, confianza y autenticidad

Cuando una mujer sana, no solo se libera a sí misma, sino que también libera a las generaciones que vienen después de ella. Sus hijos crecen con la certeza de que son valiosos por quienes son, no por lo que hacen o por lo que logran. Aprenden que está bien sentir, que la vulnerabilidad no es una debilidad y que pueden confiar en su intuición para tomar decisiones en la vida.

Este legado emocional es un regalo invaluable. A diferencia de las posesiones materiales, que pueden perderse o desvanecerse con el tiempo, la herencia emocional que una madre deja en sus hijos perdura en su manera de amar, en la forma en que se relacionan con el mundo y en la seguridad con la que enfrentan la vida. Es una inversión en el futuro, una semilla que, cuando se cultiva con amor y consciencia, da frutos durante generaciones.

Mujer emocionalmente fuerte, hijos emocionalmente libres

Comprender las propias emociones es el primer paso hacia la transformación. Una mujer que se conoce a sí misma tiene la capacidad de identificar lo que siente y por qué lo siente, lo que le permite reaccionar con mayor claridad ante las dificultades. En el mundo profesional, esta habilidad se traduce en liderazgo, resiliencia y una comunicación efectiva. Una persona que domina sus emociones toma mejores decisiones bajo presión, construye relaciones laborales sanas y tiene la capacidad de inspirar a otros con su estabilidad emocional.

Pero la inteligencia emocional no solo impacta en el éxito profesional, sino que también define la manera en que una mujer experimenta sus relaciones personales. Quien aprende a gestionar sus emociones evita caer en patrones tóxicos de dependencia, inseguridad o sacrificio extremo. En su lugar, construye vínculos basados en la empatía, el respeto y el equilibrio. El amor propio se fortalece cuando hay autoconciencia y regulación emocional, permitiendo establecer límites saludables sin culpa ni miedo.

El legado emocional que una madre deja a sus hijos es quizás el aspecto más significativo de la inteligencia emocional. Los niños no aprenden por lo que se les dice, sino por lo que observan y sienten en su entorno. Una madre que reacciona con impulsividad y no controla sus emociones les transmite una sensación de inestabilidad. En cambio, una madre que maneja el estrés con inteligencia y enfrenta los problemas con serenidad les da herramientas para gestionar su propia vida de manera saludable.

La inteligencia emocional no significa evitar el dolor o ignorar las emociones difíciles. Al contrario, se trata de enfrentarlas con conciencia y madurez. La tristeza, la frustración y la ira forman parte de la vida, pero saber cómo procesarlas y canalizarlas marca la diferencia entre una vida llena de caos y una vida con propósito.

Invertir en el desarrollo emocional es invertir en el futuro. Una mujer con inteligencia emocional es capaz de transformar su entorno, elevar su bienestar y dejar una huella en quienes la rodean. No es solo una habilidad complementaria, es la base sobre la cual se construye el verdadero éxito.

Cuando las emociones te dominan: El caso de la princesa Diana

Diana de Gales, una de las mujeres más icónicas del siglo XX, cautivó al mundo con su carisma y humanidad. Sin embargo, detrás de su imagen de princesa, había una mujer que luchaba con sus emociones. Creció con una infancia marcada por el abandono de su madre y, ya en su matrimonio, enfrentó desamor y traición. Su inestabilidad emocional se reflejaba en su vida pública y personal, algo que ella misma reconoció en entrevistas.

A pesar de ello, Diana decidió trabajar en sí misma, canalizando sus emociones hacia el servicio a los demás. Con el tiempo, su inteligencia emocional creció y logró criar a dos hijos con un profundo sentido de humanidad y fortaleza. Su historia nos deja una lección poderosa: no se trata de lo que vivimos, sino de cómo aprendemos a manejarlo.

La madre emocionalmente inteligente: Un legado que trasciende

Si eres madre, debes saber que tus emociones no solo te afectan a ti, sino que moldean a tus hijos. Si no sabes manejar el estrés, la ira o la tristeza, ellos aprenderán lo mismo. Pero si desarrollas inteligencia emocional, les estarás dando una herramienta que los acompañará toda la vida.

Aquí tienes cuatro claves esenciales:

- Autoconciencia: Antes de reaccionar, pregúntate: ¿qué estoy sintiendo y por qué? La introspección es el primer paso para romper patrones emocionales negativos.
- Regulación emocional: No reprimas, pero tampoco te dejes llevar por impulsos. Aprende a canalizar tu enojo, tu ansiedad y tu frustración sin que dominen tus decisiones.
- Empatía: Tus hijos no necesitan una madre perfecta, sino una madre que los entienda. Conéctate con sus emociones y enséñales a gestionar las suyas.
- Comunicación asertiva: Habla sin gritar, corrige sin herir y expresa sin miedo. La manera en que te comunicas con ellos será la forma en la que aprendan a comunicarse con el mundo.

La inteligencia emocional es el mejor legado que puedes dejarles. Cuando aprendes a manejarte a ti misma, les enseñas a enfrentar la vida con seguridad, equilibrio y amor.

Capítulo 20. Sanando para transformar generaciones

Las historias familiares no solo se transmiten a través de relatos o fotografías; muchas veces, llevamos en nosotros las huellas invisibles de experiencias pasadas, incluso aquellas que nunca vivimos directamente. La psicóloga Anne Ancelin Schützenberger, en su trabajo sobre el árbol genealógico, nos muestra cómo los traumas no resueltos y las emociones reprimidas pueden atravesar generaciones, dejando una marca profunda en la identidad y la forma en que enfrentamos la vida.

En este capítulo, exploraremos la cadena generacional de patrones negativos y cómo se perpetúan en las dinámicas familiares. Imagina a una abuela que experimentó abandono emocional en su infancia. Para protegerse, aprendió a distanciarse de sus propios sentimientos y, sin darse cuenta, transmitió esa misma frialdad emocional a su hija. Esta última, carente de un modelo de conexión afectiva, podría repetir el mismo patrón con su propia descendencia, sin saber que está perpetuando un ciclo de desconexión. A lo largo de este capítulo, abordaremos tres pasos fundamentales para transformar la herencia emocional que puedes dejar a tus hijos:

1. Identificar los patrones: El primer paso para romper la cadena es la autoconciencia. Reflexionar sobre los comportamientos y actitudes que han sido constantes en tu familia puede ayudarte a detectar tendencias nocivas. ¿Existe un patrón de evitación emocional? ¿Se repiten los mismos conflictos en distintas generaciones? Comprender la fuente de estos patrones te permitirá empezar a desmontarlos.

2. Sanar tus heridas: La transformación no puede ocurrir sin un trabajo interno profundo. Terapia, escritura terapéutica y prácticas como la meditación pueden ser herramientas valiosas para liberar el

dolor acumulado y evitar transmitirlo a las siguientes generaciones. Sanar significa darle un nuevo significado a la historia familiar y encontrar formas más saludables de relacionarte con los demás.

3. Tomar decisiones conscientes: Una vez que has identificado y trabajado en sanar las heridas emocionales, el siguiente paso es decidir qué legado deseas dejar. Esto implica definir los valores y actitudes que quieres que sean parte de tu herencia emocional. Pregúntate: ¿Qué tipo de relación quiero construir con mis hijos? ¿Cómo puedo enseñarles amor y resiliencia en lugar de transmitir miedo o desconexión?

Para acompañar este proceso, realizaremos un ejercicio práctico: el "mapa emocional familiar". A través de este ejercicio, podrás trazar tu árbol genealógico desde una perspectiva emocional, identificando los patrones que te gustaría transformar. Este ejercicio no solo te ayudará a visualizar de manera clara la herencia emocional que has recibido, sino que también te permitirá tomar decisiones más conscientes sobre lo que deseas transmitir a tus hijos.

Transformar la herencia emocional familiar no es una tarea sencilla, pero cada paso que das hacia la sanación personal también es un paso hacia el bienestar de las futuras generaciones. Acompáñanos en este recorrido de autodescubrimiento y toma de conciencia, en el que aprenderás a romper con los ciclos limitantes y construir un legado basado en amor, confianza y autenticidad.

La cadena generacional de patrones negativos

La cadena generacional de patrones negativos se refiere a la perpetuación de traumas no resueltos y emociones reprimidas que impactan a las siguientes generaciones.

Estos traumas, que pueden parecer remotos o ajenos, siguen vivos en las emociones y actitudes que nos afectan, incluso cuando no los hemos vivido directamente. El dolor de generaciones pasadas puede reflejarse en los comportamientos y relaciones de las generaciones actuales y futuras. Este fenómeno, conocido como memoria transgeneracional, moldea las relaciones y comportamientos dentro de una familia, perpetuando patrones emocionales a lo largo del tiempo.

¿Cómo se transmite la cadena generacional de patrones negativos?

Los patrones negativos no solo se heredan a través de lo que se dice, sino a través de lo que se siente y lo que se omite. Cuando un miembro de la familia no sabe cómo expresar o procesar adecuadamente sus emociones, puede terminar enseñando, sin quererlo, a los demás a hacer lo mismo. Es así como la desconexión emocional, la evasión de los conflictos o la perpetuación de creencias limitantes se convierte en un ciclo que se repite sin cesar.

Por ejemplo, si una abuela experimentó abandono emocional o una pérdida significativa en su vida, es probable que haya desarrollado una forma de protegerse a sí misma, cerrándose emocionalmente como mecanismo de defensa. Esta abuela podría haber transmitido, sin intención, esta misma estrategia a su hija, quien, al no haber aprendido otras formas de lidiar con sus emociones, replicó el mismo comportamiento. La hija, entonces, enseña a su propio hijo o hija a evitar el contacto emocional y a crear una distancia afectiva como forma de protección.

Este patrón de desconexión emocional puede perpetuarse a lo largo de las generaciones, sin que las nuevas generaciones se den cuenta de la raíz de estas conductas. La idea de "no hablar de los sentimientos" o "mantener la calma a toda costa" puede pasar de abuelos a padres y, de estos, a los hijos, como un comportamiento casi automático. En muchas familias, este patrón no solo afecta la comunicación, sino que también impacta la manera en que los individuos se relacionan entre sí, la forma en que manejan los conflictos y la calidad de las relaciones afectivas y familiares.

El impacto de los traumas no resueltos

Los traumas no resueltos de una generación pueden manifestarse de diversas maneras en la siguiente. A menudo, las emociones reprimidas se "heredan" a través de la conducta, los miedos, los complejos y las expectativas. Un trauma no procesado, como el abandono emocional, puede convertirse en un patrón de desconfianza hacia los demás, lo que lleva a la siguiente generación a vivir con inseguridades y dificultades para abrirse emocionalmente.

Imaginemos el caso de una persona que creció en un hogar donde el maltrato verbal era frecuente. Aunque la persona nunca haya experimentado directamente un abuso físico, el trauma emocional de los gritos, las críticas constantes o el desdén puede seguir siendo una influencia en su vida adulta. La persona puede internalizar la creencia de que no es suficiente, de que siempre tiene que luchar por la aceptación o de que no es merecedora de amor y respeto. Sin darse cuenta, esta creencia puede transmitirse, ya sea por modelaje o por las expectativas familiares, a la siguiente generación, creando un ciclo de abuso emocional o falta de autoestima.

Patrones heredados y comportamientos inconscientes

A menudo, los patrones negativos no son fáciles de detectar, ya que las personas tienden a vivir su vida siguiendo lo que les es familiar. Si una persona ha crecido en un hogar donde el miedo y la evasión eran respuestas comunes ante el conflicto, es probable que, al formar su propia familia, reproduzca estas actitudes. De esta forma, lo que parecía ser una "normalidad" durante la infancia se convierte en un patrón inconsciente, transmitido sin saberlo a los hijos.

Estos comportamientos a menudo se mantienen porque las personas no tienen conciencia de que están repitiendo algo que no les beneficia. La familia se convierte en un lugar donde los patrones se refuerzan a través de la interacción constante y la falta de cuestionamiento de esos comportamientos. Esto no significa que haya una mala intención, sino simplemente una falta de conciencia o un miedo profundo de enfrentarse a los propios miedos y emociones reprimidas.

Ejemplo práctico: El ciclo del abandono emocional

Un claro ejemplo de cómo los patrones negativos se transmiten en una familia podría ser el siguiente:

Una abuela que sufrió el abandono emocional de su propia madre, debido a la incapacidad de la madre para dar afecto o atención, crece con una sensación constante de vacío emocional. A lo largo de su vida, esta abuela desarrolla una forma de cerrar su corazón y evita profundizar en sus relaciones emocionales. Su hija, aunque crece en un ambiente diferente, hereda sin saberlo la misma estrategia defensiva. La hija, ahora madre, tiene dificultad para conectar con sus propios sentimientos y con los de sus hijos, y esta desconexión se convierte en una barrera en su relación con ellos. Los nietos, que no vivieron directamente el abandono emocional de la abuela, se encuentran con una madre distante y emocionalmente inaccesible, perpetuando el patrón de desconexión sin saber cómo romperlo.

Este ciclo de abandono emocional es un claro ejemplo de cómo un trauma no resuelto en una generación afecta profundamente a las siguientes, creando una cadena de patrones negativos que se perpetúan a través del tiempo.

Cómo romper la cadena

Romper estas cadenas no solo es posible, sino necesario para crear un futuro más libre y consciente. El proceso comienza con la identificación de esos patrones que han sido heredados, para luego sanarlos y tomar decisiones más conscientes que nos permitan transmitir a las siguientes generaciones valores positivos y saludables.

En este apartado, exploraremos cómo romper la cadena generacional de patrones negativos en tres pasos fundamentales: identificar los patrones, sanar las heridas emocionales, y tomar decisiones conscientes. A través de estas etapas, podrás empezar a tomar control de tu vida y a dejar atrás el legado de las emociones no resueltas que te limitan.

Identificar los patrones

El primer paso para romper cualquier ciclo negativo es la toma de conciencia. Reflexionar sobre qué actitudes y comportamientos de tu familia se han repetido en tu vida es crucial para empezar a comprender cómo los patrones se han transmitido. Este proceso de identificación requiere que mires más allá de las apariencias y busques los mecanismos ocultos que siguen operando en tus reacciones y decisiones cotidianas.

Los patrones pueden ser de todo tipo: conductas emocionales, maneras de manejar los conflictos, creencias limitantes, o formas de relacionarse con los demás. Por ejemplo, si en tu familia siempre hubo una tendencia a evitar el conflicto o a reprimir los sentimientos, es posible que tú también hayas adoptado esa misma estrategia sin ser completamente consciente de ello. Quizá creciste en un hogar donde las emociones eran minimizadas, y ahora, como adulto, tiendes a evitar confrontaciones o negar lo que sientes, lo que afecta tanto tus relaciones personales como tu bienestar emocional.

Al identificar estos patrones, es importante hacerlo con compasión y sin juzgarte. No se trata de culpar a los miembros de tu familia, sino de reconocer cómo esos comportamientos han influido en tu vida y cómo, de manera inconsciente, los has integrado en tu propio ser. El primer paso es observar patrones de comportamiento recurrentes en áreas como el manejo del dinero, la expresión emocional, la comunicación, el amor y la autoestima.

Por ejemplo, imagina que en tu familia siempre se ha priorizado el sacrificio personal sobre las necesidades emocionales. Quizás tu madre o abuela siempre se sacrificaron por los demás, sin cuidar de sí mismas. Es posible que, como resultado, tú hayas internalizado la idea de que "para ser valiosa, debo anteponer las necesidades de los demás". Esto puede llevarte a un agotamiento emocional y físico, y a la vez a la tendencia de relacionarte con personas que no respetan tus límites. Reconocer este patrón es el primer paso para cambiarlo.

Sanar tus heridas

Una vez que hayas identificado los patrones negativos que has heredado, el siguiente paso es sanar las heridas emocionales que los acompañan. A menudo, los traumas familiares y los patrones negativos están profundamente arraigados en nuestra psique y, por lo tanto, requieren trabajo y tiempo para liberarlos. Aquí es donde entran en juego diversas herramientas terapéuticas y de autocuidado, como la terapia, la escritura y la meditación.

La terapia es una de las formas más efectivas para sanar las heridas emocionales. Un terapeuta capacitado puede ayudarte a procesar emociones reprimidas, entender los orígenes de los patrones familiares y, lo más importante, enseñarte nuevas herramientas para afrontar la vida de una manera más saludable. La terapia no solo se trata de hablar sobre el pasado, sino de adquirir las herramientas necesarias para transformar el presente y el futuro.

La escritura también puede ser una herramienta poderosa para sanar. Escribir sobre tus experiencias emocionales, tus miedos y tus deseos puede ayudarte a liberar sentimientos guardados y poner en perspectiva los patrones familiares que aún influyen en tu vida. La escritura no solo permite expresar lo que sientes, sino también crear espacio para la reflexión y la autocomprensión. Escribir una carta a tus antepasados o a ti mismo en el pasado puede ser una forma poderosa de liberar emociones y, a su vez, perdonar.

La meditación es otra herramienta fundamental en el proceso de sanación. Esta práctica te permite calmar tu mente y conectar con tu interior, proporcionando claridad emocional. Meditar te ayudará a estar presente en el momento y a liberar las tensiones acumuladas que provienen de los patrones familiares. Al meditar, puedes visualizar el corte de los lazos emocionales con aquellos traumas heredados, permitiéndote sentirte más libre y ligera.

Un ejemplo es el caso de Marta, una joven mujer que quería emprender, quien creció en una familia donde el miedo al fracaso y la competencia eran predominantes, su sanación comenzó cuando se dio cuenta de que, a lo largo de su vida, había replicado esa creencia de que nunca era suficiente. Decidió empezar terapia para trabajar en su autoestima y entendió que su valía no dependía de las expectativas familiares. Al mismo tiempo, Marta comenzó a escribir sobre sus experiencias, lo que le permitió entender sus miedos y, poco a poco, liberarlos.

Tomar decisiones conscientes

Finalmente, una vez que hayas identificado los patrones y comenzado a sanar tus heridas, llega el momento de tomar decisiones conscientes. Este paso implica ser proactivo en la forma en que decides vivir tu vida y en los valores que deseas transmitir a las próximas generaciones. En lugar de reaccionar automáticamente de acuerdo con los patrones familiares heredados, empezarás a tomar decisiones fundamentadas en lo que realmente deseas para ti mismo.

Tomar decisiones conscientes significa ser el creador de tu propia vida, en lugar de dejar que los patrones familiares o las expectativas ajenas te controlen. Es un acto de empoderamiento, de elegir conscientemente lo que quieres ser, lo que valoras y cómo te relacionas con los demás.

Este proceso de tomar decisiones conscientes también implica ser un modelo para las futuras generaciones. Si tienes hijos, por ejemplo, tienes la oportunidad de enseñarles a manejar sus emociones de manera saludable, a establecer límites claros y a fomentar relaciones equilibradas. A través de tu propia transformación, puedes ofrecerles herramientas más saludables que las que te fueron enseñadas, permitiendo que rompan la cadena de patrones negativos.

Para ilustrar este apartado veamos la historia de Rossana, una mujer que creció en un pequeño apartamento en el corazón de la Ciudad de México, donde las paredes parecían susurrar las exigencias de una vida dedicada al trabajo. En su hogar, las emociones eran un lujo desconocido, un territorio inexplorado donde solo el deber y la productividad tenían cabida. Su padre, un hombre de pocas palabras y muchas horas de trabajo, le inculcó la idea de que la valía personal se medía en logros y sacrificios.

Años después, Rossana, convertida en madre de dos niños, decidió que su hogar sería un refugio emocional, un lugar donde las lágrimas y las risas tuvieran el mismo valor. En lugar de replicar el silencio emocional que marcó su infancia, Rossana se convirtió en una oyente atenta, validando cada sentimiento, cada miedo, cada alegría de sus hijos.

Las tardes en el parque se transformaron en sesiones de catarsis, donde los columpios y los toboganes eran testigos de conversaciones profundas sobre la tristeza, la frustración y el amor. Rossana les enseñó a sus hijos que las emociones no eran debilidades, sino brújulas internas que guiaban sus vidas.

Además, Rossana promovió la importancia del autocuidado, recordándoles que un cuerpo y una mente descansados eran esenciales para enfrentar los desafíos de la vida. Les enseñó a equilibrar sus responsabilidades con momentos de ocio, a disfrutar de un buen libro, una película o simplemente de un paseo por el parque.

Con el tiempo, Rossana observó cómo sus hijos crecían seguros de sí mismos, capaces de expresar sus emociones sin temor al juicio. Había logrado romper con el patrón de sacrificio extremo que había marcado a su familia, construyendo un legado de amor, comprensión y bienestar emocional.

Ejercicio práctico: Crea tu "Mapa Emocional Familiar"

Un ejercicio poderoso para explorar y transformar los patrones emocionales que se transmiten de generación en generación es el "mapa emocional familiar". Este ejercicio te permite tomar consciencia de las historias y emociones que han marcado a tu familia y cómo esos patrones se reflejan en tu vida. Al trazar estos mapas, puedes identificar lo que necesitas sanar y las áreas que deseas transformar para crear un futuro diferente.

Instrucciones para crear tu mapa emocional familiar:

1. Dibuja tu árbol genealógico: Comienza creando una representación visual de tu árbol genealógico. En el centro, coloca tu nombre y, a partir de ahí, ve agregando a tus padres, abuelos, bisabuelos, etc. Intenta hacerlo hasta donde puedas llegar, agregando tantos niveles como sea posible. No te preocupes si no

tienes toda la información, lo importante es empezar con lo que sabes.

2. Identifica las historias de cada generación: A medida que vayas completando tu árbol genealógico, reflexiona sobre las historias o patrones que recuerdas o conoces de cada generación. Pregúntate: ¿Qué situaciones o eventos emocionales fueron significativos para los miembros de tu familia? ¿Cómo se manejaron las emociones en tu hogar? Escribe brevemente los eventos clave que marcaron la vida de tus padres, abuelos, bisabuelos, etc.

3. Identifica los patrones emocionales: Una vez que hayas marcado los eventos clave, observa si hay patrones que se repiten. Estos pueden incluir cosas como: ¿Existen situaciones de abuso, abandono o sacrificio personal? ¿Se repiten patrones de miedo, tristeza o estrés en diferentes generaciones? ¿Alguien en tu familia ha tenido dificultades con el manejo de las emociones, la salud mental o las relaciones interpersonales? Anota estos patrones y relaciona las historias familiares que podrían haber dado lugar a ellos.

4. Marca lo que te gustaría transformar: Ahora, revisa los patrones que has identificado y reflexiona sobre cuáles te gustaría transformar en tu vida. Señala aquellos que sientes que aún afectan tu bienestar emocional o tus relaciones. ¿Hay creencias limitantes que heredaste? ¿Hay emociones reprimidas que te gustaría liberar? ¿Existen actitudes o comportamientos que desearías cambiar para mejorar tu calidad de vida y las de tus hijos, si los tienes?

5. Trazar tus objetivos de transformación: Finalmente, al lado de los patrones que deseas transformar, escribe los cambios que te gustaría hacer. Estos pueden ser metas emocionales o conductuales que te ayudarán a romper con el pasado y a crear nuevas formas de relacionarte contigo mismo y con los demás. Pueden incluir cosas como aprender a expresar tus emociones de forma saludable, sanar

viejas heridas familiares o incluso enseñar a tus hijos nuevas formas de manejar el estrés y los conflictos.

Ejemplo de mapa emocional familiar

Imaginemos el caso de Laura que está creando su mapa emocional familiar. Comienza a dibujar su árbol genealógico y coloca su nombre en el centro. A continuación, agrega a sus padres, abuelos y bisabuelos, como se muestra a continuación:

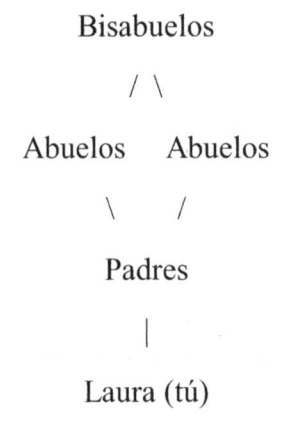

```
            Bisabuelos
              / \
        Abuelos   Abuelos
              \   /
             Padres
               |
            Laura (tú)
```

1. Historias familiares:

- Bisabuela materna: Sufrió abuso emocional por parte de su esposo y vivió una vida llena de sacrificios. Nunca expresó sus emociones, manteniendo una fachada de fortaleza.
- Abuela materna: Creció en un ambiente emocionalmente distante, donde la importancia de cuidar las emociones era ignorada. Su madre nunca le mostró cómo manejar sus sentimientos.
- Madre de Laura: Creció con la creencia de que para ser amada debía ser perfecta y siempre anteponer las necesidades de los demás a las propias. Esto la llevó a una vida de agotamiento emocional y estrés, donde las

emociones eran reprimidas y no había espacio para hablar sobre lo que realmente sentía.

2. Patrones emocionales:

- El patrón de represión emocional es evidente en varias generaciones. Tanto la bisabuela como la abuela y la madre de Laura nunca aprendieron a gestionar sus emociones de manera saludable. Laura también ha internalizado esta creencia de que las emociones son algo que debe ocultarse para no ser vista como débil o vulnerable.
- Sacrificio personal: En la familia de Laura, siempre ha prevalecido la idea de que el sacrificio personal por los demás es la forma de ser valioso y querido. Esto ha afectado las relaciones familiares, creando tensiones y resentimientos a lo largo del tiempo.

3. Patrones que Laura quiere transformar:

- Reprimir las emociones: Laura reconoce que ha aprendido a ignorar sus propios sentimientos y que esto afecta su capacidad para conectar emocionalmente con los demás, especialmente con su pareja y amigos.
- Sacrificio excesivo: Laura también se da cuenta de que tiende a anteponer las necesidades de los demás a las suyas propias, lo que a menudo la lleva al agotamiento físico y emocional.

4. Metas de transformación:

- Expresión emocional saludable: Laura se propone ser más abierta con sus emociones y aprender a expresarlas sin temor al juicio. Para ello, comenzará a practicar la escritura terapéutica y se comprometerá a compartir sus sentimientos con su pareja y seres queridos de manera honesta.
- Establecer límites saludables: Laura decide aprender a poner límites con las personas a las que ama, sin sentir que necesita

sacrificarse constantemente. Esto incluirá decir "no" cuando sea necesario y cuidar de su bienestar emocional sin sentirse culpable por ello.

El mapa emocional familiar es una herramienta invaluable para comprender cómo los patrones emocionales y las historias familiares impactan en tu vida actual. Al trazar tu árbol genealógico y reflexionar sobre los eventos que marcaron a tus antepasados, puedes identificar los patrones negativos que deseas transformar. Al señalar los cambios que te gustaría hacer y comprometerte a sanar tus heridas emocionales, estarás dando el primer paso hacia la creación de un futuro más saludable y equilibrado.

Capítulo 21. Criando hijos conscientes y libres

La crianza consciente es mucho más que un enfoque educativo; es un estilo de vida que invita a la transformación tanto para los padres como para los hijos. El amor consciente no solo se trata de dar, sino de ser; de conectar con tu verdadera esencia y enseñar desde la autenticidad, la vulnerabilidad y el respeto. En este capítulo, quiero que explores cómo criar hijos que no solo sean felices, sino también seguros de sí mismos, capaces de vivir desde su autenticidad, libres de las expectativas y limitaciones impuestas por el entorno.

Vivimos en un mundo en el que, a menudo, las expectativas sociales, familiares y culturales intentan moldearnos a todos de manera uniforme, sin tener en cuenta la singularidad de cada individuo. Como padres, muchas veces queremos lo mejor para nuestros hijos, pero el desafío radica en ser conscientes de cómo nuestras propias creencias, miedos y experiencias pasadas pueden influir en ellos. A través de la crianza consciente, podemos evitar caer en el error de proyectar nuestras inseguridades o expectativas sobre ellos, permitiéndoles ser quienes realmente son y desarrollando su propio camino en la vida.

Es crucial que, como mujer y madre, reconozcas que tus hijos son esponjas emocionales que absorben las actitudes, creencias y comportamientos que modelas. Si vives desde tu autenticidad, si eres capaz de abrazar tu energía femenina, reconociendo tu vulnerabilidad y fortaleza, ellos también aprenderán a ser auténticos. Al observarte, tus hijos aprenden no solo lo que haces, sino cómo te sientes y cómo manejas tus emociones. Por eso, como madre, es fundamental que seas consciente de tu propio proceso emocional, pues es a través de tus acciones y palabras que les enseñas las herramientas para afrontar sus propias emociones y desafíos.

Este capítulo está dedicado a las claves esenciales para criar hijos conscientes y libres, especialmente enfocado en cómo puedes hacer esto desde tu rol como mujer y madre. En primer lugar, hablaremos sobre la validación emocional, que es fundamental para permitir que tus hijos se expresen de manera auténtica. Darles el espacio necesario para que se sientan escuchados, comprendidos y aceptados, sin juzgar ni minimizar lo que sienten, les permitirá desarrollar confianza en sí mismos y en su capacidad para gestionar sus emociones.

Además, verás el concepto de liderazgo compasivo. Como madre, eres uno de los primeros modelos a seguir de tus hijos. La forma en que los guías, con paciencia y empatía, no solo determina su comportamiento, sino también su capacidad para ser compasivos consigo mismos y con los demás. Este tipo de liderazgo no se basa en el control, sino en el acompañamiento desde el amor y la comprensión. Ser una madre que lidera con compasión es uno de los regalos más grandes que puedes darles.

Por último, comprenderás cómo fomentar la independencia en tus hijos. Aunque es natural querer protegerlos, el verdadero acto de amor es permitirles explorar y descubrir su propio camino, sin imponerles tus propias expectativas. Ser una guía amorosa, no una controladora, les dará las herramientas necesarias para ser autónomos y resilientes en su vida adulta.

También exploraremos cómo evitar proyectar tus propios miedos y expectativas sobre ellos, y cómo puedes fortalecer el vínculo familiar a través de rituales familiares que refuercen la conexión emocional entre todos los miembros del hogar. Estos momentos de unión son fundamentales para crear un ambiente en el que el amor, la gratitud y la seguridad emocional florezcan.

Criar a un hijo es una de las tareas más desafiantes y transformadoras que enfrentamos. No solo implica guiarlos y darles herramientas para la vida, sino también entender que su desarrollo emocional, mental y físico está profundamente influenciado por nuestras acciones, palabras y energía. La manera en que nos relacionamos con ellos establece las bases para su futuro, y el amor consciente es una de las formas más poderosas de acompañar su crecimiento.

Al hablar de amor consciente, nos referimos a un enfoque que va más allá de los gestos de cariño o la protección. Se trata de ser plenamente conscientes de las emociones, las necesidades y los límites de nuestros hijos, y de guiarlos con respeto y amor. Para ello, es esencial tener en cuenta tres claves fundamentales en la crianza: validación emocional, liderazgo compasivo y fomentar su independencia. Estas tres herramientas no solo permiten que nuestros hijos crezcan emocionalmente sanos, sino que también les dan las bases para ser adultos equilibrados y empáticos.

Validación emocional: Permitirles sentir y expresar sus emociones

Cuando un niño está pasando por una emoción intensa, como la frustración, la tristeza o el enojo, puede ser tentador tratar de calmarlo rápidamente con frases como "no pasa nada" o "no te enojes". Sin embargo, estas frases, aunque bien intencionadas, pueden enviar un mensaje equivocado: que sus emociones no son válidas o que no deben ser expresadas. Validar emocionalmente a nuestros hijos significa reconocer sus sentimientos y permitirles expresarlos sin juicio.

Esto no quiere decir que debamos aceptar o alimentar comportamientos destructivos. En lugar de ignorar la emoción o tratar de que desaparezca rápidamente, podemos decir algo como: "Veo que estás muy enojado, y eso está bien. Todos nos enojamos a veces. Vamos a hablar de lo que pasó". Este tipo de respuesta valida la emoción, mostrando que es normal sentir lo que sienten, y al mismo tiempo abre la puerta al diálogo y a la resolución de problemas.

Al permitirles sentir y expresar sus emociones, nuestros hijos aprenden que está bien ser vulnerables y que todas las emociones, incluso las difíciles, tienen un propósito. Esto fortalece su inteligencia emocional, un aspecto clave para su bienestar a largo plazo.

Liderazgo compasivo: Enseñar desde el ejemplo, con paciencia y empatía

El liderazgo no se trata solo de dar instrucciones o imponer reglas. Es un modelo de comportamiento, un conjunto de acciones y actitudes que guían y enseñan sin necesidad de forzar. Los hijos aprenden más de lo que ven que de lo que se les dice. Esto significa que la manera en que tú te comportas, cómo manejas las situaciones, cómo te relacionas con los demás, todo eso se convierte en un ejemplo para ellos.

El liderazgo compasivo se basa en la empatía y la paciencia. Se trata de enseñarles a través de acciones que demuestren cómo manejar los retos, cómo ser respetuosos, cómo actuar con amabilidad. Por ejemplo, si un hijo está pasando por una dificultad, en lugar de simplemente decirle "no te preocupes", se puede guiar con paciencia: "Sé que esto es difícil, pero juntos podemos encontrar una solución. A veces las cosas no salen como queremos, pero lo importante es seguir intentándolo y aprender de cada experiencia".

Este tipo de liderazgo no exige, sino que acompaña y guía. Es un liderazgo que inspira confianza, que enseña sin necesidad de gritar o imponer, sino más bien mostrando con cada acción que siempre hay espacio para la comprensión y la reflexión.

Fomentar su independencia: Guiar sin controlar

Una de las lecciones más importantes que podemos enseñar a nuestros hijos es la independencia. Si bien es nuestra responsabilidad guiarlos y protegerlos, también es esencial darles el espacio necesario para que descubran su propio camino, tomen sus propias decisiones y aprendan a enfrentar las consecuencias de sus actos.

Fomentar la independencia no significa dejar a los niños a su suerte o desentenderse de su bienestar. Se trata de guiarlos, pero sin imponer un control absoluto sobre cada decisión que tomen. Un ejemplo de esto puede ser permitir que el niño elija su ropa, aún cuando tal vez no sea la mejor combinación. Es un pequeño paso hacia la autonomía que, a medida que crecen, se convierte en una habilidad crucial para tomar decisiones en la vida.

Cuando los hijos tienen la oportunidad de tomar decisiones y aprender de sus errores, desarrollan confianza en sí mismos. Aprenden a ser responsables de sus actos y a entender las consecuencias de sus decisiones. En lugar de sentir miedo por equivocarse, se sienten capaces de enfrentar lo que venga.

Guiar sin controlar también implica respetar sus intereses, incluso si no coinciden con los nuestros. Si un niño se siente atraído por una actividad o una pasión que no entendemos, lo mejor que podemos hacer es brindarle apoyo y aliento, permitiéndole explorar y desarrollar su independencia de acuerdo con sus propios intereses.

La crianza consciente es un viaje, no una meta. Cada día ofrece nuevas oportunidades para aplicar estas claves, para conectar con nuestros hijos de manera más profunda y para guiarlos con amor y sabiduría hacia un futuro lleno de posibilidades.

Evitando proyectar tus miedos y expectativas

Como madre, tu amor por tus hijos es profundo y sincero. Día a día, te entregas con sacrificio y dedicación para guiarlos, protegerlos y ayudarlos a convertirse en la mejor versión de sí mismos. Sin embargo, en ese proceso, hay algo fundamental que a veces queda en el olvido: al igual que ellos, también eres humana. Tus experiencias, miedos e inseguridades pueden influir, de manera sutil pero significativa, en la forma en que te relacionas con ellos.

Es natural que lo que has vivido impacte tu manera de criar. El verdadero desafío surge cuando, sin darte cuenta, proyectas en tus hijos esos temores y expectativas que en realidad pertenecen a tu propia historia. Comprender esta dinámica es esencial en la maternidad: diferenciar entre lo que ellos realmente necesitan y lo que, en el fondo, es un reflejo de aquello que aún debes sanar dentro de ti.

¿Es esto algo que quieres para tu hijo, o es algo que te falta resolver en ti?

Esta pregunta, aunque simple, es sumamente poderosa. Nos invita a cuestionar nuestras acciones y las motivaciones detrás de ellas. Si alguna vez te encuentras exigiendo algo de tu hijo que no parece ser apropiado para su edad, o que realmente no se ajusta a sus intereses o habilidades, pregúntate: ¿Realmente esto es lo que quiero para él, o es algo que me falta resolver en mí misma?

Por ejemplo, si en tu infancia te sentiste constantemente rechazada por tus padres y ahora, como madre, sientes que tu hijo debe ser socialmente perfecto, con una amplia red de amigos y una actitud extrovertida, quizás sea el reflejo de un vacío emocional no resuelto. El hecho de que tu hijo sea popular o querido no va a sanar las heridas de tu niñez. Al contrario, estarás imponiendo en él una expectativa que no le pertenece, y puede que el niño ni siquiera desee ser ese tipo de persona. Lo que él necesita es tu aceptación incondicional de quién es, no una obligación de cumplir con tus deseos no resueltos.

Este tipo de cuestionamiento profundo también se aplica a las expectativas académicas, deportivas o profesionales. Tal vez, al no haber logrado ciertas metas cuando eras joven, sientes que tus hijos deben alcanzarlas por ti. Pero es fundamental entender que cada niño es un individuo único, con su propio ritmo, intereses y caminos que recorrer. Proyectar tus frustraciones o sueños no cumplidos en ellos es una carga que no les pertenece y puede interferir en su bienestar emocional.

Por supuesto, este proceso de reflexión no es fácil. Como madres, deseamos lo mejor para nuestros hijos, y esa es una motivación genuina. Pero cuando nuestras expectativas se basan en lo que creemos que ellos necesitan para sanar nuestras propias heridas, estamos equivocándonos. Ellos no son una extensión de nuestras vidas pasadas, ni tienen que vivirlas a través de nosotros. Si realmente los amamos, debemos darles el espacio para ser quienes son, sin ataduras a nuestras proyecciones.

Madres sobreprotectoras: Cuando el amor se convierte en un obstáculo para el crecimiento

Como hombre, como padre y como observador de tantas historias de vida, veo que muchas mujeres, con la mejor de las intenciones, terminan cayendo en la trampa de la sobreprotección con sus hijos. Criamos desde el amor, desde el deseo de que nada les falte, de evitarles cualquier sufrimiento, pero en esa entrega desmedida, a veces sin darnos cuenta, podemos estar limitando su crecimiento.

Las madres tienen una conexión única con sus hijos, un vínculo que se construye desde el nacimiento y que muchas veces les hace sentir que deben estar en todo momento, solucionando, previniendo, facilitando. No es extraño ver a una madre preparando la mochila de su hijo adolescente antes de que salga a entrenar, anticipándose a lo que pueda olvidar. Tampoco es raro verlas resolviendo los conflictos que sus hijos tienen en la escuela, interviniendo sin darles espacio para manejar sus propias diferencias. Y qué decir de aquellas que prácticamente hacen los deberes con ellos, evitando que cometan errores, sin darse cuenta de que el error es parte fundamental del aprendizaje.

Este tipo de crianza, que podríamos llamar "crianza sobreprotectora materna", no solo obstaculiza el desarrollo del niño, sino que también coloca una carga enorme sobre los hombros de la madre. Ser madre no significa tener que allanarle el camino a un hijo hasta el punto de impedirle tropezar y levantarse por sí mismo. La vida es ensayo y error, y cada desafío que enfrentamos nos ayuda a crecer. Si eliminamos los retos de su camino, les privamos de herramientas esenciales para desenvolverse en el mundo.

Uno de los mayores peligros de este estilo de crianza es que inculca el miedo. Si una madre percibe el mundo como un lugar amenazante y lo transmite con su actitud, su hijo crecerá con esa misma sensación. Un ejemplo claro es cuando un niño no quiere irse a un campamento o a dormir a casa de un amigo porque su madre, consciente o inconscientemente, le ha transmitido la idea de que estar fuera de casa no es seguro. Criar desde el miedo es criar con cadenas.

Además del miedo, está la inseguridad. Un niño sobreprotegido crece pensando que no puede hacer las cosas solo, que siempre necesita a alguien más. Y así, cuando se convierte en un joven y luego en un adulto, dependerá de otros para tomar decisiones y enfrentarse a la vida. Será una persona que buscará apoyo constante, que dudará de sus propias capacidades, porque nunca le permitieron descubrirlas por sí mismo.

Otro problema que enfrentan los niños criados en un ambiente sobreprotector es la falta de tolerancia a la frustración. Si una madre soluciona todos los problemas de su hijo, ¿cómo aprenderá él a gestionar la frustración cuando algo no salga como esperaba? La frustración es parte de la vida, y enfrentarse a ella desde pequeños les ayuda a desarrollar resiliencia, a aprender que los fracasos no son el fin del mundo, sino oportunidades de crecimiento.

Sé que muchas madres actúan así porque están agotadas. La maternidad moderna es intensa. Entre el trabajo, la casa, la educación de los hijos y las exigencias diarias, hay veces en las que lo más fácil es hacerlo todo por ellos en lugar de enseñarles a hacerlo. Pero esta aparente solución solo genera más cansancio, porque cuanto más se acostumbra un hijo a depender de su madre, más carga lleva ella sobre los hombros.

Entonces, ¿qué se puede hacer? Primero, confiar en ellos. Dejarles tomar sus propias decisiones, aunque se equivoquen. Segundo, enseñarles a gestionar sus miedos. Si una madre siente temor de que su hijo vuelva solo a casa, en lugar de prohibírselo, puede acompañarlo en el proceso hasta que él mismo gane confianza. Tercero, permitirse descansar. Criar no es sinónimo de control absoluto. Una madre que descansa, que confía y que permite a su hijo aprender de la vida, está criando con amor real, no con miedo.

Ser madre no es sinónimo de anularse como mujer. Muchas veces, en la obsesión por ser la madre perfecta, se olvida la relación de pareja, la vida personal, los propios sueños y metas. Criar con amor no significa sobreproteger. Significa guiar, acompañar y, sobre todo, confiar en que nuestros hijos pueden y deben aprender a caminar su propio camino.

La importancia de romper el ciclo

Si bien es imposible liberarnos completamente de nuestras propias proyecciones (somos humanos, después de todo), el primer paso hacia una crianza más consciente y amorosa es la toma de conciencia. Reconocer cuándo nuestras heridas nos están guiando en lugar de nuestro amor genuino, y cuestionar si nuestras expectativas realmente reflejan lo que queremos para ellos, es el camino para criar niños más libres, seguros y emocionalmente sanos.

En última instancia, la maternidad consciente implica liberarse de las cargas del pasado para que nuestros hijos puedan tener el espacio necesario para crecer sin las limitaciones que nosotros hemos experimentado. Se trata de sanar nuestras propias heridas, para que podamos darles a nuestros hijos la libertad de ser quienes son, sin las sombras de nuestras expectativas.

Rituales familiares para fortalecer el vínculo

Como madre, uno de los aspectos más poderosos que puedes ofrecerle a tu familia es tu tiempo y tu energía, pero no cualquier tiempo: tiempo de calidad. En el ajetreo del día a día, con el trabajo, las responsabilidades y las preocupaciones, puede ser fácil olvidarse de la importancia de esos momentos de conexión genuina con los que compartimos nuestras vidas. A veces, lo que más necesitan tus hijos y tu pareja no es más material o más actividades, sino más tiempo auténtico juntos, sin distracciones. Crear rituales familiares puede ser la clave para fortalecer esos lazos y crear recuerdos duraderos.

Crear momentos semanales de conexión

Uno de los rituales más sencillos, pero poderosos, que puedes incorporar en tu vida familiar es establecer un momento fijo cada semana para estar juntos, sin importar las obligaciones que puedan surgir. Es cierto que la vida es ocupada, pero si hay algo que he aprendido, es que lo que realmente importa no es lo que dejas de hacer, sino lo que decides hacer con el tiempo que tienes. Los momentos de conexión, como una cena especial, una noche de juegos o una actividad al aire libre, pueden hacer maravillas por el vínculo familiar.

Imagina que, cada semana, te tomas un espacio específico, quizás los domingos por la tarde, para compartir una comida en la que todos están presentes y sin distracciones. Apagar los teléfonos, dejar de lado el trabajo y concentrarse exclusivamente en el momento presente. Durante esa cena, puedes aprovechar para hablar de lo que ha sucedido durante la semana, compartir logros, preocupaciones y también momentos de alegría. A veces, las conversaciones más significativas surgen de los espacios más sencillos.

Puede ser tan sencillo como preparar juntos una receta especial. Incluso si se trata de algo pequeño, como hacer una pizza casera o preparar un postre, esa actividad conjunta les da una oportunidad para colaborar, compartir y conectarse. Lo importante no es la magnitud del gesto, sino el acto de estar juntos de forma plena, sin prisas ni presiones. Esos momentos se convierten en recuerdos entrañables y en una base sólida sobre la que se construye una familia unida y emocionalmente saludable.

Y si la cena no es lo que te llama, tal vez prefieras salir a caminar, hacer una tarde de cine en casa o involucrar a tus hijos en una actividad manual como pintar o construir algo. Lo fundamental es que sea un ritual constante, un espacio sagrado donde cada miembro se sienta valorado y conectado con los demás.

Introducir prácticas de gratitud diaria

Otro ritual sencillo, pero profundamente transformador, es la práctica diaria de la gratitud. La gratitud tiene el poder de cambiar la energía de un hogar, de transformar una atmósfera cargada en un espacio más ligero y positivo. Como madre, tienes una gran oportunidad de modelar este comportamiento en tu familia, y lo mejor de todo es que no necesita ser complicado ni formal. Puede ser tan simple como tomarse unos minutos al final del día para que cada miembro de la familia comparta algo por lo que está agradecido.

Una idea práctica es hacerlo durante la cena, como parte del ritual familiar que ya mencioné. Al final de la comida, todos pueden decir algo por lo que están agradecidos. Este acto no solo fomenta el positivismo, sino que también crea una atmósfera de conexión emocional profunda. Y no tiene que ser algo grandioso; puede ser desde estar agradecido por una comida deliciosa, hasta estar agradecido por un momento de cariño recibido durante el día.

También es importante que tú, como madre, no solo guíes el ejercicio, sino que también lo practiques con tus hijos. Si tus hijos ven que tú te tomas un momento para reflexionar sobre lo que agradeces, ya sea un pequeño gesto de amabilidad o algo más grande como la salud, ellos también aprenderán a reconocer la importancia de esta práctica. A veces, lo que más necesitamos es recordarnos a nosotras mismas las bendiciones que tenemos, y la gratitud diaria tiene el poder de generar un cambio de perspectiva, especialmente en tiempos de dificultad.

Es fácil quedar atrapada en la rutina y olvidarse de apreciar lo que realmente importa, pero estos rituales de gratitud ayudan a crear una conciencia constante de lo afortunadas que somos, incluso en los días más desafiantes. Y lo mejor es que los niños, al aprender a practicar la gratitud, desarrollan una mayor empatía, se sienten más conectados con los demás y aprenden a valorar lo que tienen.

La conexión profunda que se construye

A medida que los días se convierten en semanas y los meses en años, estos rituales familiares fortalecerán el vínculo entre todos los miembros de la familia. Como mujer y madre, estás sembrando las semillas de una relación sólida, basada en la confianza, el amor y la conexión emocional. La magia de estos rituales no está en los momentos específicos en sí, sino en el acto de hacerlos parte de tu vida cotidiana. A través de estos gestos, les estás enseñando a tus hijos que la verdadera riqueza no está en lo material, sino en los momentos compartidos, en el tiempo invertido y en el amor expresado.

Recuerda que estos rituales no tienen que ser perfectos ni elaborados. No se trata de crear una versión idealizada de lo que una familia debe ser, sino de crear un espacio donde cada miembro pueda ser genuinamente él mismo, donde haya apertura para compartir y donde las emociones puedan ser expresadas libremente. En última instancia, lo que estás construyendo es un ambiente donde el amor y el respeto mutuo son la base de todo.

El vínculo que fortalezas hoy con tu familia, a través de estos rituales sencillos, será el que sostendrá las relaciones mañana. Así que, ¿por qué no empezar ahora?

Capítulo 22. Cómo dejar un legado de energía femenina

Recuerdo la conversación que tuve con Carmela, una mujer que asistió a uno de mis eventos. Se acercó después de mi charla y con una sonrisa serena me dijo: "Hace unos años, yo era una sombra de lo que soy hoy. Vivía para cumplir expectativas ajenas, sin darme cuenta de que estaba olvidando mi propia voz". Su historia no era única, pero sí poderosa. Con el tiempo, ella entendió que su transformación no solo impactaría su vida, sino la de todos los que la rodeaban.

Este apartado es un espacio para reflexionar sobre cómo una mujer consciente de su energía femenina puede dejar una huella mucho más profunda de lo que imagina. Su manera de vivir, las elecciones que hace y los valores que encarna no solo determinan su bienestar, sino que también inspiran y moldean a quienes la rodean. No se trata solo de criar hijos con amor, sino de irradiar esa energía en su pareja, en sus amigos, en su comunidad y en cada persona que tenga la fortuna de cruzarse con ella.

Cuando una mujer se reconoce como fuente de amor y fortaleza, su ejemplo se convierte en una guía silenciosa pero poderosa. No necesita decirle a los demás cómo vivir; simplemente lo demuestra con sus actos, con su autenticidad y con su forma de enfrentar la vida. En este camino, la coherencia entre lo que siente, piensa y hace es el mayor regalo que puede ofrecerle al mundo.

A lo largo de estas líneas, exploraremos cómo este legado de energía femenina se construye en el día a día. Veremos cómo el amor propio, la resiliencia y la creatividad se convierten en pilares fundamentales para transmitir valores esenciales. También compartiré herramientas prácticas que te permitirán plasmar ese legado de manera consciente, asegurando que cada acción que tomes hoy tenga un impacto positivo en el mañana.

No importa dónde te encuentres en tu viaje personal, lo esencial es que tomes las riendas de tu historia. Porque cuando una mujer se transforma, su legado no solo se queda en su familia: se expande, toca vidas y construye un mundo más equilibrado y lleno de propósito. Tal vez, como Laura, este sea el momento en el que decidas comenzar a escribir tu propia historia de impacto.

Vivir como ejemplo

Cuando pensamos en el impacto que una mujer puede tener en su entorno, solemos imaginar su influencia en sus hijos, su pareja o sus amigos más cercanos. Pero lo que muchas veces pasamos por alto es el poder transformador que tiene una mujer que se ama y se respeta a sí misma. Su luz no solo ilumina su hogar, sino que se expande, alcanzando a quienes la rodean, incluso a aquellos que ni siquiera conoce.

Recuerdo a Paula, una mujer que conoció el peso de una vida de complacencia. Durante años, se moldeó para encajar en los estándares de otros: fue la hija obediente, la esposa abnegada, la madre incansable. No se permitía fallar porque creía que su valor dependía de cuánto pudiera dar. Hasta que un día, se miró en el espejo y no reconoció a la mujer que veía. Fue un momento de quiebre, pero también de despertar. En ese mismo instante optó por cambiar. Decidió que no viviría otro día sin priorizarse.

Al principio, ese cambio fue desconcertante para quienes la rodeaban. Algunos la acusaron de egoísmo, otros de haberse vuelto distante. Pero con el tiempo, su nueva forma de vivir comenzó a inspirar. Su hija, que creció viendo a su madre postergarse, aprendió a poner límites sanos en sus relaciones. Sus amigas, que antes se conformaban con relaciones mediocres, empezaron a replantearse qué querían realmente. Incluso en su trabajo, su firmeza y seguridad hicieron que otros comenzaran a verla con respeto.

Esto es lo que significa vivir como ejemplo. No se trata de ser perfecta, sino de ser auténtica. De amarte tanto que el resto del mundo aprende a hacer lo mismo. Porque cuando una mujer se ama y se respeta, le está dando permiso a los demás para hacer lo mismo. Es una cadena de cambios silenciosos pero poderosos.

La autenticidad como fuerza transformadora

Ser auténtica en tus relaciones no es fácil, desde pequeñas, muchas mujeres aprenden que deben encajar, que deben ser complacientes, que su valor está en lo que hacen por los demás. Romper con esa idea no es solo desafiante, es revolucionario. Pero es una revolución necesaria.

Piensa en cuántas veces has dicho "sí" cuando querías decir "no". En cuántas ocasiones has ignorado tu intuición para no incomodar a alguien más. Ahora imagina cómo sería tu vida si cada decisión estuviera alineada con quien realmente eres. No con lo que otros esperan de ti, sino con tu verdad.

La autenticidad es un acto de valentía, no se trata de decir lo primero que se nos viene a la mente sin filtro, sino de actuar desde un lugar de coherencia. De ser la misma persona en todas partes: en el trabajo, en casa, con amigos, en una relación. La autenticidad es esa sensación de paz cuando sabes que no estás traicionándote a ti misma para agradar a alguien más.

Sofía lo descubrió cuando, después de años de vivir en una relación donde se minimizaba, decidió hablar desde su verdad. No gritó, no reclamó, no se victimizó. Simplemente dijo: "Esto es lo que necesito. Esto es lo que merezco". Su pareja no estaba lista para ese cambio y la relación terminó. Fue doloroso, pero también liberador. Porque en ese momento, se eligió a sí misma.

Tu ejemplo cambia el mundo

Vivir como ejemplo no significa ser perfecta. Significa ser consciente de que cada acción, cada palabra y cada decisión impacta a otros. Y cuando una mujer elige amarse y respetarse, el efecto dominó es imparable.

Tus hijos están viendo cómo te tratas a ti misma. Tus amigas están observando cómo te valoras. Tus compañeros de trabajo notan cómo pones límites. Y sin que te des cuenta, les estás enseñando cómo vivir desde la verdad.

Sofía no imaginó que su decisión de cambiar transformaría a tantos a su alrededor. Pero hoy, su hija crece sabiendo que el amor propio no es negociable. Sus amigas han encontrado el valor para salir de relaciones donde no eran valoradas. Y ella, cada día, sigue aprendiendo a elegir su felicidad sin culpa.

Y así como ella, tú también tienes el poder de ser esa chispa de cambio. No con discursos ni con exigencias, sino con tu ejemplo. Porque una mujer que se ama, que se respeta y que vive desde su verdad es, sin duda, la mayor revolución que existe.

Transmitir valores esenciales

Desde que comencé a observar con mayor profundidad la fuerza y el impacto de la energía femenina en la sociedad, comprendí que uno de los mayores legados que una mujer puede dejar es la transmisión de valores esenciales. No se trata solo de palabras bonitas o frases motivacionales, sino de enseñanzas que moldean generaciones y transforman entornos completos.

Amor propio: Enséñales que cuidarse y respetarse a uno mismo es una prioridad

Recuerdo a Mariana, una mujer brillante y entregada, pero atrapada en la constante necesidad de complacer a los demás. Durante años, postergó sus sueños, se descuidó y vivió en función de lo que otros esperaban de ella. Hasta que un día, su hija de siete años la miró fijamente y le dijo: "Mami, ¿por qué nunca haces cosas para ti?" Esa pregunta la sacudió. Fue el espejo que necesitaba para darse cuenta de que, sin querer, le estaba enseñando a su hija que el sacrificio propio era una forma de amor.

Pero el amor propio no es egoísmo, es responsabilidad. Cuando una mujer aprende a valorarse, a poner límites, a hablar con seguridad y a cuidarse, envía un mensaje poderoso a quienes la rodean. Le muestra a su familia, a sus amigos, a sus hijos y a su comunidad que la autoestima no es negociable. Que la felicidad no debe depender de la aprobación externa, sino de una conexión interna con lo que realmente se necesita y se merece.

Amarte a ti misma no solo te fortalece, sino que se convierte en un acto revolucionario. Porque una mujer que se respeta, inspira a otros a respetarla también.

Resiliencia emocional: Mostrarles cómo enfrentar desafíos con coraje y gratitud

Si hay algo que he aprendido al escuchar tantas historias de mujeres, es que la resiliencia no es un rasgo con el que se nace, sino una habilidad que se construye. Es el resultado de enfrentar la vida con valentía, de no permitir que las heridas se conviertan en anclas, sino en impulsores para seguir adelante.

Lucía, por ejemplo, perdió todo en un divorcio doloroso. Se quedó sin casa, con deudas y con el corazón hecho pedazos. Pero en lugar de rendirse, decidió transformar su dolor en aprendizaje. Se apoyó en sus amigos, buscó ayuda, trabajó en su sanación y, poco a poco, reconstruyó su vida. Hoy, es una de las personas más fuertes que conozco. Su historia no es solo suya; sus hijos la vieron caer, pero también la vieron levantarse. Y ahora saben que la adversidad no es el final, sino una oportunidad para comenzar de nuevo.

La resiliencia no se trata de evitar el dolor, sino de aprender a navegarlo. Se trata de enseñar a las próximas generaciones que la vida traerá momentos difíciles, pero que dentro de cada uno existe la capacidad de salir adelante. Cuando una mujer enfrenta sus desafíos con coraje y gratitud, no solo se fortalece a sí misma, sino que les muestra a los demás que las cicatrices pueden ser símbolos de crecimiento y no de derrota.

Creatividad y conexión: Fomentar el disfrute de la vida, la creatividad y la expresión personal

La creatividad es una de las formas más puras de expresión personal. No hablo solo de arte o música, sino de la capacidad de encontrar belleza en la vida cotidiana, de resolver problemas con ingenio y de conectarse con los demás desde la autenticidad.

Conocí a una mujer que, después de años de vivir en modo automático, redescubrió su amor por la pintura. Al principio, lo hacía en secreto, sin pensar que era algo importante. Pero cuando empezó a compartir su arte con su familia y amigos, algo cambió en su entorno. Sus hijos comenzaron a experimentar con colores, su esposo se animó a escribir y, de repente, la casa se convirtió en un espacio lleno de creatividad y conexión.

La creatividad es contagiosa, cuando una mujer se permite explorar sus pasiones, sin miedo al juicio o al fracaso, está dando permiso a los demás para hacer lo mismo. Y más allá de la creatividad individual, está la conexión con otros. La vida se trata de compartir, de crear momentos significativos, de reír y disfrutar sin culpa. Una mujer que encuentra alegría en lo que hace, que se rodea de personas que la inspiran y que valora las pequeñas cosas, deja un impacto imborrable en su entorno.

Transmitir valores esenciales no es solo una tarea, es una responsabilidad. Y aunque a veces pueda parecer que los cambios individuales son pequeños, la realidad es que tienen un efecto dominó. Una mujer que se ama, que enfrenta la vida con valentía y que vive con autenticidad, deja una huella que va más allá de su familia. Influye en su comunidad, en su círculo cercano y en las generaciones que vienen detrás.

Así que si hoy estás leyendo esto, permítete ser esa fuente de inspiración. No tienes que ser perfecta, solo necesitas ser fiel a ti misma. Porque el mundo necesita más mujeres que enseñen con su ejemplo que el amor propio, la resiliencia y la creatividad son los pilares de una vida plena. Y en ese camino, cada paso que des será parte del legado que dejas.

Herramientas prácticas para transformar tu legado

Al comenzar tu viaje hacia la transformación personal, he descubierto que uno de los actos más poderosos que puedes realizar es construir un legado consciente. Uno que refleje los valores y enseñanzas que quieres dejar para las generaciones futuras. Los ejercicios que a continuación compartiré contigo están diseñados para ayudarte a conectar con tu esencia más profunda y comenzar a construir este legado de una manera auténtica y significativa.

Cada uno de estos ejercicios está pensado para que puedas reflexionar sobre los aspectos más importantes de tu vida, de tu historia personal, y de la huella que deseas dejar en quienes te siguen. Es una oportunidad para dar sentido a tu vida y asegurarte de que el impacto que quieres tener en tu familia, en tus hijos o en la sociedad, se construya sobre una base sólida de valores, perdón y amor.

Comenzarás escribiendo tu manifiesto personal, un testamento de los principios que guían tu vida y que deseas transmitir. Luego, a través del "diario de legado", podrás documentar los momentos clave de tu vida, recordando las lecciones más valiosas que podrían inspirar a otras mujeres. Practicar el perdón ancestral te permitirá liberar viejas cargas emocionales y dar paso a una vida más ligera. Finalmente, escribirás una carta a tus hijos, transmitiéndoles un mensaje lleno de amor, gratitud y esperanza para su futuro.

Quiero que sepas que estos ejercicios no son solo tareas que realizarás, sino una invitación a entrar en contacto con tu propósito más profundo, a sanar, a crecer y a dejar una huella que perdure. Este legado es para ti, mujer. Es para que puedas construir una vida llena de autenticidad, conexión y amor, y que el impacto que dejes sea recordado por las generaciones venideras.

A. Escribir tu manifiesto personal

Dedica un tiempo a reflexionar sobre los valores y lecciones que deseas transmitir a tus hijos o a las generaciones futuras. Pregúntate: ¿Cuáles son los principios fundamentales que rigen tu vida? ¿Qué enseñanzas quieres dejar como legado? ¿Cómo quieres ser recordada? Escríbelo en un documento o en una libreta y revísalo periódicamente para asegurarte de que sigues alineada con tus valores.

Ejemplo:

"Creo en la importancia del respeto, la empatía y la resiliencia. Mi deseo es que mis hijos y las generaciones futuras vivan con autenticidad, sin miedo a mostrarse tal como son. Enfrentarán desafíos, pero quiero que recuerden que el coraje no significa ausencia de miedo, sino actuar a pesar de él. A lo largo de mi vida, he aprendido que la verdadera fortaleza reside en la vulnerabilidad y en la capacidad de amar sin condiciones. Quiero que mi legado sea el de una persona que luchó por la justicia, el amor propio y la armonía en sus relaciones."

B. Crear un "diario de legado"

Lleva un diario en el que registres momentos significativos de tu vida: aprendizajes, decisiones clave, cambios importantes y reflexiones personales. No es necesario escribir todos los días, pero sí documentar eventos que han moldeado tu camino y podrían inspirar a tus hijos o a futuras generaciones.

Ejemplo:

"Hoy quiero escribir sobre un momento de transformación en mi vida. Recuerdo cuando decidí cambiar de trabajo, aunque me aterraba la incertidumbre. Sabía que no estaba alineado con mis valores y que seguir ahí me alejaba de mi verdadero propósito. Fue difícil, pero aprendí que la comodidad no siempre es sinónimo de bienestar. Mis hijos deben saber que a veces el mayor acto de amor propio es atreverse a dar el salto hacia lo desconocido."

C. Practicar el perdón ancestral

Este ejercicio consiste en liberar la carga emocional heredada de generaciones anteriores. Para ello, puedes realizar una meditación guiada o escribir una carta simbólica a tus antepasados, expresando tu perdón y gratitud. Reconoce que cada generación hizo lo mejor que pudo con los recursos que tenía y que es tu turno de sanar y continuar el legado desde una nueva conciencia.

Ejemplo:

"Queridos ancestros,

Hoy elijo liberarme de las heridas que, sin querer, han pasado de generación en generación. Comprendo que cada decisión tomada fue el resultado de sus propias luchas y experiencias. No los culpo, los abrazo y les agradezco por la vida que me han dado. A partir de hoy, elijo transformar el dolor en amor y la resistencia en crecimiento. Con todo mi respeto y amor, continúo mi camino con ligereza y gratitud."

Ejercicio guiado: Escribe una carta a tus hijos (reales o futuros) describiendo cómo quieres que recuerden tu impacto en sus vidas

Imagina que estás escribiendo una carta a tus hijos, ya sean reales o futuros. En ella, expresa los valores que deseas que recuerden de ti, las enseñanzas que esperas haberles transmitido y la forma en que quieres que perciban tu influencia en sus vidas. Hazlo desde el corazón, con honestidad y amor.

Ejemplo:

"Mis amados hijos,

Si están leyendo esto, es porque el tiempo ha pasado y quiero dejarles un pedazo de mi esencia en estas palabras. Desde el día en que llegaron a mi vida, supe que mi misión no era moldearlos a mi imagen, sino acompañarlos en el descubrimiento de su propia luz. Espero que hayan aprendido que el amor propio es el cimiento de todo lo que hagan y que no deben conformarse con menos de lo que merecen.

Si alguna vez dudan de su valor, recuerden que son el resultado de generaciones de sueños, esperanzas y luchas. No permitan que el miedo los detenga. Sean valientes, auténticos y compasivos. Aprendan a caer con gracia y a levantarse con fortaleza.

Si en algún momento sienten que han perdido el rumbo, vuelvan a estas palabras. Porque, sin importar dónde esté, mi amor y mi legado siempre estará con ustedes.

Con amor eterno,

Tu madre."

Capítulo 23. El impacto en el mundo: Tu transformación es global

El poder de transformación que una mujer posee va mucho más allá de su propia vida; su crecimiento y sanación generan un impacto profundo en su entorno y en las generaciones futuras. La forma en que una mujer se reconstruye, se fortalece y se descubre a sí misma influye en su familia, su comunidad y en la sociedad en general. La autenticidad, la luz y el amor que cultiva no solo la benefician a ella, sino que también tocan a quienes la rodean, creando un efecto dominó de cambio y evolución.

Este capítulo aborda la importancia del liderazgo femenino consciente, no como un título o una posición de poder, sino como una forma de vida basada en el ejemplo. Más allá de las palabras, la verdadera transformación ocurre cuando una mujer vive desde su plenitud y autenticidad, inspirando a otras a hacer lo mismo. La creación de espacios seguros y redes de apoyo entre mujeres permite la conexión, el crecimiento y la sanación colectiva, reafirmando que cuando una mujer se eleva, muchas más lo hacen con ella.

También se explora el impacto de la transformación personal en el entorno cercano. Sanar heridas emocionales, romper ciclos negativos y adoptar una nueva mentalidad no solo cambia la vida de quien lo hace, sino que reconfigura dinámicas familiares y comunitarias. Este proceso tiene el poder de trascender generaciones, modificando patrones arraigados y ofreciendo a los que vienen después una nueva forma de vivir.

A lo largo de este contenido, se presentan historias de mujeres que han logrado transformar su realidad y la de quienes las rodean. Mujeres que, al sanar sus propias heridas, han cambiado el rumbo de sus familias, han encontrado su propósito y han construido entornos más saludables para las siguientes generaciones. Cada una de ellas es testimonio del impacto que puede tener la decisión de crecer, evolucionar y vivir desde la autenticidad.

La transformación femenina no es un proceso individual, sino un movimiento que se expande y deja huella. Cada paso en el camino hacia la sanación tiene el potencial de generar cambios profundos y duraderos.

Ser una líder femenina consciente: Enseñar a otras a vivir con autenticidad

He visto de cerca lo que ocurre cuando una mujer decide sanar, cuando se mira al espejo con valentía y se enfrenta a sus miedos, sus heridas y sus propias creencias limitantes. He visto cómo, al hacerlo, no solo transforma su vida, sino también la de quienes la rodean. Y, si algo he aprendido en este camino, es que cuando una mujer se encuentra a sí misma, inevitablemente se convierte en una guía para otras.

Tú, mujer, tienes un poder que muchas veces no te permites reconocer. La forma en que enfrentas la vida, cómo te levantas después de cada caída, cómo sigues adelante incluso cuando las cosas parecen imposibles… todo eso deja huella. Tal vez no te des cuenta ahora, pero otras mujeres te están observando, aprendiendo de ti, inspirándose en tu historia.

Ser una líder femenina consciente no significa tener todas las respuestas, ni mucho menos ser perfecta. Se trata de algo mucho más simple y poderoso: ser tú misma. No como la sociedad espera que seas, no como te enseñaron que debías ser, sino como realmente eres. Se trata de vivir con autenticidad, de atreverte a ser vulnerable, de mostrarte con todas tus luces y sombras. Porque cuando lo haces, le das permiso a otras mujeres de hacer lo mismo.

¿Cuántas veces te has sentido sola en tus luchas? ¿Cuántas veces has pensado que nadie entendería por lo que estás pasando? La realidad es que hay muchas mujeres que han sentido lo mismo, que han caminado senderos similares y que, al igual que tú, han necesitado un espacio seguro para compartir sus miedos, sus dudas y sus sueños. Por eso, una parte fundamental de este camino es crear esos espacios.

No estoy hablando de algo complicado o inalcanzable. A veces, basta con una conversación sincera con una amiga, con una reunión donde cada una pueda hablar sin miedo al juicio, con una comunidad en la que todas se sientan vistas y escuchadas. Crear estos espacios significa abrir las puertas a la sanación colectiva, significa recordarle a cada mujer que no está sola.

Conozco mujeres que han cambiado sus vidas simplemente porque alguien más les mostró que era posible. Mujeres que, tras años de sentirse atrapadas en relaciones tóxicas, en trabajos que no las llenaban, en patrones de sacrificio y culpa, encontraron su voz porque otra mujer les dijo: "Yo pasé por lo mismo y salí adelante. Tú también puedes."

Eso es liderazgo. No el que impone ni el que ordena, sino el que inspira desde la propia experiencia, desde la verdad y la empatía. Un liderazgo que no busca reconocimiento, sino transformación.

Y lo más hermoso de todo es que cuando una mujer da este paso, cuando se permite brillar sin miedo, su luz se expande. Su cambio no se queda en ella. Llega a su familia, a sus amigas, a su comunidad. Su autenticidad se convierte en una invitación para que otras mujeres se liberen de las cadenas invisibles que han cargado por tanto tiempo.

Así que aquí estoy, diciéndote esto porque creo en ti, porque sé que dentro de ti hay una líder, aunque todavía no lo veas con claridad. Porque el mundo necesita mujeres que vivan desde la plenitud, desde la verdad y desde la fuerza de su propia historia. Y si en este momento sientes que aún estás en construcción, que todavía hay heridas que sanar, déjame decirte algo: ese proceso es parte del liderazgo.

No necesitas estar "lista" para empezar a inspirar a otras. Solo necesitas dar el primer paso, atreverte a ser quien realmente eres y recordar que, al hacerlo, estás abriendo el camino para muchas más.

El efecto dominó del cambio personal

He sido testigo de lo que ocurre cuando una mujer decide cambiar. No hablo de un cambio superficial, como un nuevo corte de cabello o un par de zapatos diferentes. Hablo de una transformación real, esa que nace desde lo más profundo, que sacude los cimientos y reescribe la historia.

Y lo más poderoso de todo es que este cambio nunca se queda solo en ella. Lo he visto una y otra vez: cuando una mujer sana, cuando se libera de creencias que la limitaban, cuando empieza a verse con amor y respeto, todo a su alrededor comienza a cambiar. Su familia, sus amigas, su entorno... todo recibe el impacto de su transformación.

Tal vez pienses que esto no aplica para ti, que tu vida es solo tuya y que tus batallas internas no afectan a nadie más. Pero déjame decirte algo: cada paso que das hacia tu sanación es un eco que resuena en los demás.

He conocido mujeres que crecieron en hogares donde el amor siempre venía con condiciones, donde ser fuerte significaba callar el dolor y donde la vulnerabilidad era vista como una debilidad. Y, sin embargo, un día decidieron romper con esa historia. Decidieron que ellas serían diferentes, que sus hijos no crecerían con las mismas heridas, que su legado no sería el del miedo, sino el del amor. Esa decisión, aunque parezca pequeña, lo cambia todo.

Piénsalo por un momento. Si una mujer aprende a poner límites, su hija también lo hará. Si una mujer deja de minimizar sus emociones y se permite ser vista en su totalidad, estará enseñando a sus amigas, hermanas y compañeras de trabajo que ellas también pueden hacerlo. Si una mujer deja de castigarse por no ser perfecta y empieza a abrazar su humanidad, está modelando a los demás que el amor propio no es un lujo, sino una necesidad.

Es como lanzar una piedra a un lago. Al principio, solo se ve el impacto en la superficie, pero las ondas se expanden, tocando cada rincón del agua. Así funciona el cambio personal.

Recuerdo una historia que me marcó profundamente. Era una mujer que había pasado años en una relación donde su voz no tenía peso, donde su valor se medía por cuánto podía complacer a los demás. Un día, algo dentro de ella despertó. No fue un gran momento de revelación ni un acto heroico. Fue una decisión silenciosa, tomada en la soledad de su habitación: "Merezco algo mejor."

Ese pensamiento se convirtió en acción. Primero, empezó a hablar con más seguridad. Luego, comenzó a establecer límites. Finalmente, se rodeó de personas que la impulsaban en lugar de desgastarla.

Pero lo más hermoso fue ver cómo esto afectó a su hija adolescente. Sin que ella tuviera que decirle nada, la niña comenzó a hacer lo mismo. Aprendió a decir "no" sin miedo, a valorarse más allá de la aprobación de los demás. Lo que su madre había tardado décadas en aprender, su hija lo absorbió en pocos años.

Ese es el verdadero impacto del cambio. No se trata solo de ti, sino de las generaciones que vienen después, de las mujeres que caminan a tu lado, de la comunidad que creas con cada elección que haces.

No tienes que cambiar el mundo entero. Solo tienes que empezar por ti. Tu transformación es la semilla. Cuando una mujer florece, todo a su alrededor florece con ella.

El día en que Carmen decidió romper la cadena

Conocí a Carmen hace años, en una de esas reuniones donde la conversación fluye entre risas y anécdotas. Era una mujer reservada, con una mirada profunda, como si siempre estuviera observando el mundo desde una distancia segura. No tardé en darme cuenta de que detrás de su silencio había una historia cargada de cicatrices.

Una noche, cuando el resto de los invitados se habían ido, nos quedamos conversando. Fue entonces cuando me contó su historia. Creció en un hogar donde el amor se confundía con el control, donde el silencio pesaba más que las palabras y donde las heridas emocionales se escondían bajo una aparente normalidad. Su padre era un hombre de carácter fuerte, incapaz de mostrar afecto sin ejercer dominio. Su madre, una mujer que había aprendido a callar para evitar conflictos, pasaba sus días en una rutina de obediencia y sumisión.

—Yo pensé que eso era lo normal —me confesó ella, con la voz temblorosa—. Crecí creyendo que el amor era algo que dolía, que para ser querida tenía que complacer a los demás, aunque eso significara hacerme daño a mí misma.

Cuando Carmen se convirtió en madre, algo dentro de ella cambió. El día en que sostuvo a su hija recién nacida en brazos, sintió un miedo profundo, una angustia que la estrujó por dentro. No quería que su hija creciera con las mismas heridas invisibles que ella cargaba. No quería que aprendiera a callar su voz, a aceptar migajas de cariño o a creer que merecía menos de lo que valía.

Pero romper un ciclo no es fácil. Esta mujer había pasado años repitiendo patrones sin darse cuenta. Aún buscaba validación en relaciones dañinas, aún tenía miedo de expresar sus emociones, aún creía que ser fuerte significaba no mostrarse vulnerable.

El punto de quiebre llegó una tarde, cuando su hija, con apenas cinco años, le preguntó por qué siempre estaba triste. Esa pregunta la destrozó. No podía permitir que su hija creciera viendo la tristeza como una constante, como algo normal. Fue en ese momento cuando decidió buscar ayuda.

Empezó terapia. Al principio, se sintió extraña hablando de su vida con alguien más. Le costaba aceptar que había vivido abuso emocional, porque en su casa nunca hubo gritos ni golpes, solo silencios y manipulaciones disfrazadas de amor. Con el tiempo, entendió que el abuso emocional no siempre es evidente, que a veces duele más lo que no se dice que lo que se grita.

Su proceso no fue lineal. Hubo días en los que dudó de sí misma, en los que sintió que estaba traicionando a su familia por cuestionar lo que le enseñaron. Pero cada paso que daba la acercaba más a la mujer que quería ser y, sobre todo, a la madre que su hija necesitaba.

Poco a poco, empezó a poner límites. Primero con su propia familia, luego en sus relaciones. Dejó de justificar conductas dañinas, aprendió a decir "no" sin culpa y, lo más importante, comenzó a tratarse a sí misma con la compasión que siempre le negaron.

Hoy, años después, veo a Carmen y no es la misma mujer que conocí aquella noche. Su mirada sigue siendo profunda, pero ya no hay distancia en ella. Es una madre presente, amorosa, pero firme. Una mujer que aprendió que el amor propio no es egoísmo, sino la base sobre la cual se construyen relaciones sanas.

Su hija crece en un ambiente donde el respeto es mutuo, donde no hay miedo a hablar, donde el amor no es un juego de poder. Y todo eso, porque un día Sofía decidió que la historia de su familia no definiría su futuro. Porque decidió romper la cadena.

El renacer de Elena

Conocí a Elena cuando ya pasaba los setenta, pero su energía era la de alguien mucho más joven. Era de esas personas que iluminan una habitación con su presencia, no porque fuera ruidosa o extravagante, sino porque su tranquilidad y sabiduría envolvían a todos a su alrededor.

Su historia me impactó profundamente porque no siempre fue así. De joven, había sido una mujer de carácter fuerte pero reprimido, atrapada en las expectativas de su época. Casada a los veinte, madre de tres hijos antes de los treinta, su vida giraba en torno al deber. Cocinaba, limpiaba, cuidaba y, sobre todo, callaba. Se había convencido de que su felicidad no importaba tanto como la estabilidad de su familia.

Pero la vida no siempre sigue el guion que imaginamos. Cuando tenía cincuenta y cinco años, su esposo falleció de forma inesperada. Por primera vez en décadas, Elena se encontró a solas consigo misma. Sus hijos ya tenían sus propias familias y ella, de repente, se vio enfrentada a una pregunta que nunca antes había considerado: ¿Y ahora qué?

Los primeros años después de la pérdida fueron difíciles. Se sumergió en la rutina, visitando a sus hijos, ayudando con sus nietos, pero sintiendo un vacío que no lograba llenar. Hasta que un día, su nieta mayor, Paola, le hizo una pregunta inocente pero poderosa:

—Abuela, ¿qué hacías para divertirte cuando eras niña?

La pregunta la tomó por sorpresa. Al principio, no supo qué responder. Pero esa misma noche, mientras estaba sola en su casa, se puso a pensar. Recordó que de niña adoraba pintar. Pasaba horas dibujando con carbón en las paredes de su casa, creando mundos imaginarios que su madre luego se apresuraba a borrar con un trapo húmedo.

Al día siguiente, sin pensarlo demasiado, Elena compró un lienzo y un set de acuarelas. Al principio, se sintió torpe, como si estuviera haciendo algo indebido, pero a medida que el pincel deslizaba el color sobre el lienzo, sintió algo que no había experimentado en años: libertad.

Lo que empezó como un simple experimento se convirtió en una pasión. Se inscribió en un taller de arte local, donde conoció a otras mujeres que, como ella, estaban redescubriendo partes de sí mismas que creían perdidas. Con cada pincelada, con cada color, Elena comenzó a verse de una manera diferente. No solo era madre, ni solo era abuela. Era una mujer con deseos, sueños y creatividad.

Su transformación no pasó desapercibida. Sus nietos comenzaron a verla con nuevos ojos. Paola, la misma que le había hecho aquella pregunta, empezó a experimentar con la pintura también. Su hermano menor, Andrés, que siempre había sido tímido, se atrevió a probar la fotografía, inspirado por la libertad con la que su abuela se expresaba.

Pero lo más impactante fue el efecto en sus propios hijos. Sus hijas, que habían crecido viendo a su madre como la mujer abnegada que todo lo hacía por los demás, comenzaron a cuestionarse sus propias vidas. ¿Estaban viviendo de verdad? ¿Se estaban permitiendo ser quienes realmente eran?

Elena nunca les dio discursos motivacionales ni les pidió que cambiaran. Simplemente, fue el ejemplo. Y a veces, eso es lo más poderoso que uno puede hacer.

Hoy, cuando la veo, sigue teniendo la misma energía vibrante de la primera vez que la conocí. No porque haya descubierto el arte, sino porque se permitió redescubrirse a sí misma. Y en el proceso, inspiró a toda su familia a hacer lo mismo.

El camino de Julia: Sanar para sanar a otras

Conocí a Julia hace algunos años en una conferencia sobre resiliencia y crecimiento personal. Era de esas personas que, sin necesidad de alzar la voz, captaban la atención de todos. Su mirada tenía una mezcla de fortaleza y dulzura, como alguien que ha caminado por el fuego y ha salido del otro lado con una historia que contar. No fue hasta después de la conferencia, en una conversación más privada, que me contó su historia.

Ella había crecido en un hogar donde el amor se sentía condicionado. Su madre, una mujer rígida y perfeccionista, le había enseñado que el valor de una persona se medía por cuánto hacía por los demás. Su padre, ausente emocionalmente, reforzaba esa idea con su indiferencia. Así que Julia aprendió a complacer, a ceder, a poner las necesidades de otros antes que las suyas.

Se casó joven con un hombre que, sin darse cuenta, replicó los patrones de su infancia. Durante años, se convenció de que su relación era "normal", que su esposo no era malo, simplemente distante. Pero con el tiempo, esa distancia se convirtió en control. Sus opiniones fueron perdiendo importancia, sus sueños se fueron apagando. Y ella, sin darse cuenta, se convirtió en una sombra de la mujer que alguna vez había querido ser.

La ruptura llegó de manera inesperada. Un día, después de una discusión en la que él, como siempre, la hizo sentir insignificante, Julia se miró al espejo y no se parecía a quien había sido siempre, aquella mujer alegre. Se dio cuenta de que no era feliz, que estaba agotada, que llevaba años sobreviviendo en lugar de vivir. Y en un acto de valentía que ni ella misma supo de dónde sacó, decidió irse.

Lo que vino después no fue fácil. Al principio, sintió culpa, miedo, incluso arrepentimiento. Pero poco a poco, con terapia, con lecturas y con mucho trabajo interior, ella empezó a reconstruirse. Aprendió a poner límites, a escucharse, a reconocerse como alguien valiosa por sí misma. Descubrió que el amor propio no era egoísmo, sino la base para poder amar a los demás desde un lugar sano.

Y entonces ocurrió algo que cambió su vida para siempre. Un día, en un café, se encontró con una vieja amiga que estaba pasando por una situación similar a la que ella había vivido. Sin pensarlo demasiado, Julia compartió su experiencia. La escuchó sin juzgar, le habló de su proceso, de cómo había aprendido a salir adelante. Su amiga, con lágrimas en los ojos, le dijo que era la primera vez que se sentía comprendida.

Ese momento fue una revelación para esta joven mujer. Se dio cuenta de que su historia, su proceso de sanación, podía ser una guía para otras mujeres.

A partir de ahí, comenzó a formarse como coach de vida. No porque se sintiera una experta, sino porque entendía, en carne propia, lo que era sentirse atrapada y lo que significaba encontrar una salida. Empezó dando charlas pequeñas, luego organizó círculos de mujeres donde compartían sus historias, se apoyaban y crecían juntas.

Hoy, Julia es una referente en su comunidad. No porque tenga todas las respuestas, sino porque se atreve a hacer las preguntas correctas. Su historia no solo la sanó a ella, sino que ha sido la luz para muchas otras mujeres que, como ella, alguna vez pensaron que estaban solas.

Y cada vez que la veo hablar con esa seguridad que antes no tenía, pienso en lo poderoso que es el acto de sanar. Porque cuando una mujer sana, no solo se libera a sí misma: abre un camino para que muchas otras hagan lo mismo.

Capítulo 24. Convertirte en un faro de luz

Luego de dar una conferencia en Virginia, conversaba con mi amiga Esther, una mujer de 45 años, luego de unos minutos, ella me confesó algo que me hizo reflexionar profundamente: "Nuestra generación creció viendo a nuestras madres transformarse en verdaderas heroínas. No porque quisieran, sino porque no les quedó otra opción. Se encargaron de todo: del trabajo, de la casa, de la crianza, sin recibir la ayuda que merecían".

Sus palabras resonaron en mí. Pensé en mi madre, en tantas otras mujeres que vi partirse en mil pedazos para sostenerlo todo. Mujeres que se creyeron invencibles porque la sociedad las convenció de que debían serlo, sin considerar que detrás de esa fortaleza había renuncias y desgaste.

Esther continuó, con una mezcla de admiración y cansancio en la voz: "Nunca les preguntaron si querían asumir esa carga. Simplemente lo hicieron, porque no había otra alternativa. Muchos hombres no se hicieron responsables, y el sistema nunca les brindó apoyo. Por eso, ahora que algunas llegan a la vejez, deberían tener el derecho de decirnos que ya no pueden más".

Y es cierto. Se nos olvida que esas mujeres que parecían poder con todo también se agotaban, también necesitaban un respiro. Fueron celebradas por su entrega, pero pocas veces se les permitió descansar. Hoy, cuando deberían estar disfrutando de una vida más tranquila, muchos siguen esperando que sigan cuidando, dando y sacrificándose, como si nunca hubieran tenido derecho a una vida propia.

Los sacrificios que hicieron por nosotros siguen siendo una deuda impaga. No porque ellas lo exijan, sino porque la gratitud y el reconocimiento son lo mínimo que podemos darles. No esperemos más para decirles que sí, que nos dimos cuenta de todo. Que entendemos que si hoy estamos aquí, es gracias a su esfuerzo incansable. Gracias a sus desvelos, a los platos servidos con amor, a los abrazos que nos daban cuando el mundo se volvía un lugar difícil.

Digámosles que las queremos, que las reconocemos, que las vemos, que agradecemos cada instante que nos dieron. Pero no nos quedemos solo en palabras. Mientras expresamos este reconocimiento, trabajemos en construir una sociedad donde el cuidado no dependa del sacrificio de nadie. Dejemos de perpetuar la idea de que una buena madre es aquella que se entrega hasta quedar vacía. No más supermadres, no más mujeres obligadas a serlo todo para todos.

Construyamos un futuro donde criar no sea una tarea solitaria, sino compartida. Donde los hombres asumamos nuestra responsabilidad sin excusas, donde las estructuras sociales y económicas permitan que tanto madres como padres puedan criar con dignidad. Un mundo donde las mujeres no tengan que elegir entre su vida personal y la maternidad, donde puedan ser madres sin perderse a sí mismas en el proceso.

Mujeres, no dejen que les digan que ser madre significa olvidarse de ustedes mismas. Sus hijos no necesitan heroínas que se sacrifiquen sin descanso, necesitan madres felices, plenas y presentes. Porque una madre que se cuida también cuida mejor a sus hijos.

El secreto de un verdadero hombre

Una tarde de primavera, mi hijo y yo caminábamos por el parque. Era uno de esos momentos en los que la conversación fluía sin esfuerzo, donde cualquier tema podía surgir con naturalidad. Mientras pateábamos una piedra por el camino, él me preguntó:

—Papá, ¿qué significa ser un buen hombre?

Su pregunta me tomó por sorpresa, pero sonreí. Sabía que esta era una oportunidad para compartir con él algo que había aprendido a lo largo de los años, algo que muchas mujeres me habían enseñado sin darse cuenta. Me detuve, lo miré a los ojos y le dije:

—Hijo, ser un buen hombre no se trata solo de ser fuerte o de trabajar duro. No es solo proveer dinero en casa. Un verdadero hombre entiende que su papel va mucho más allá de eso. Hay algo que yo llamo APP: Amar, Proteger y Proveer. Esos son los tres pilares que debes llevar contigo siempre.

Curioso, frunció el ceño y preguntó:

— ¿Amar, proteger y proveer? ¿Eso qué significa exactamente?

Nos sentamos en una banca y le expliqué:

—El primer pilar, Amar, significa respetar, cuidar y valorar a una mujer. No se trata solo de decir "te quiero" sino de demostrarlo con acciones. Es estar presente cuando te necesiten, escuchar sin interrumpir y entender que una relación no es solo recibir, sino dar sin esperar nada a cambio. Una mujer no debe sentirse sola en una relación; debe sentirse acompañada, comprendida y apoyada.

Mi hijo asintió, procesando mis palabras, y yo continué:

—El segundo pilar es Proteger. Pero no se trata solo de defender físicamente a una mujer, sino de ser un refugio para ella. Significa cuidar de su bienestar emocional, hacerla sentir segura a tu lado, nunca ser la causa de su dolor ni de sus preocupaciones. Es crear un ambiente donde pueda ser ella misma sin miedo al juicio ni a la crítica. Un hombre no debe competir con su pareja, sino ser su equipo.

Vi cómo su mirada cambiaba, como si estuviera descubriendo algo que nunca antes había considerado. Entonces, le hablé del último pilar:

—El tercer pilar es Proveer. Y no, no se trata solo de traer dinero a casa. Un verdadero hombre provee estabilidad emocional, apoyo incondicional y tiempo de calidad. Un hogar no se mantiene solo con bienes materiales, sino con amor, paciencia y compromiso. Si algún día decides compartir tu vida con alguien, recuerda que no basta con pagar cuentas; hay que invertir en la relación, en los sueños compartidos, en los pequeños detalles que mantienen vivo el amor.

Mi hijo se quedó en silencio por unos segundos. Luego, con una media sonrisa, dijo:

—Entonces, si un hombre hace todo eso, ¿se convierte en el hombre perfecto?

Me reí suavemente y le revolví el cabello.

—No hay hombres perfectos, hijo. Pero si aprendes a Amar, Proteger y Proveer, estarás mucho más cerca de ser el hombre que cualquier mujer merece a su lado. Y lo más importante, no lo hagas para "conquistar" a alguien. Hazlo porque es lo correcto. Porque un verdadero hombre no necesita demostrar su valor con palabras, sino con hechos.

Se quedó pensativo mientras retomábamos el camino de vuelta a casa. Luego, como quien habla consigo mismo, susurró:

—APP... Me gusta eso.

Y en ese momento supe que, aunque aún tenía mucho por aprender, había sembrado en él una semilla que, con el tiempo, florecería en la clase de hombre que el mundo necesita más. Un hombre que entiende que la verdadera masculinidad no está en la dureza, sino en el equilibrio entre la fuerza y la ternura, entre la protección y el respeto. Un hombre que sabe que dentro de él también fluye la energía femenina, y que aprender a reconocerla y respetarla es lo que lo convertirá en alguien completo.

Porque al final del día, no se trata de ser el hombre perfecto. Se trata de ser el hombre correcto.

Levantarse de las cenizas: La historia de Stephanie

Conversando con mi amiga Stephanie, entendí el verdadero significado de la resiliencia. Ella vivió más de diez años con un hombre que nunca comprendió el poder y el significado de la energía femenina. Durante ese tiempo, tuvo dos hijos y fue víctima de engaños y manipulaciones que la sumieron en una relación tóxica. El precio que pagó por liberarse fue alto, pero hoy, mirando hacia atrás, reconoce que valió la pena cada sacrificio.

Stephanie no solo enfrentó la separación emocional, sino que también se desprendió de lo económico. Para evitar procesos legales desgastantes y proteger su paz mental, aceptó pagar más de 2,000 dólares mensuales a su exesposo durante cinco años. En aquel momento, no comprendía por qué la vida la estaba poniendo en esa situación, pero hoy, al ver su presente, sabe que todo tenía un propósito. Ahora, junto a su nueva pareja, disfruta de un amor sano y equilibrado, lejos de las sombras del pasado.

Mientras hablábamos, Stephanie me contó cómo logró reconstruirse. "Cuando finalmente me alejé de él, me sentí perdida. No sabía quién era sin esa relación. Pero entendí que si quería una vida diferente, debía hacer un trabajo profundo en mí misma". Se sumergió en la sanación, asistió a terapias, leyó libros y se rodeó de personas que la impulsaban hacia adelante. Así fue como encontró su propósito: ayudar a otras mujeres a liberarse de sus propias cadenas.

Hoy, Stephanie es una conferencista reconocida que inspira a miles de mujeres a través de sus talleres y eventos. Su historia resuena porque muchas han vivido algo similar. "Cuando cuento mi historia, veo lágrimas en los ojos de las asistentes. No porque me compadezcan, sino porque encuentran en mis palabras un eco de sus propias experiencias". Su mensaje es claro: el amor propio es la clave para cualquier transformación.

En mis eventos, también he escuchado a muchas mujeres compartir sus vivencias. Me buscan porque sienten que mis palabras reflejan su sentir. No es casualidad. Desde hace años, he dedicado mi vida a comprender la esencia femenina, a escucharla y a aprender de ella. Mi intención inicial era escribir un libro para que los hombres entendieran mejor a las mujeres, pero con el tiempo comprendí que este camino era mucho más profundo.

Stephanie me enseñó que la verdadera fortaleza de una mujer no está en aguantar lo inaguantable, sino en reconocer cuándo es momento de soltar. Su historia es una prueba de que es posible renacer, que el amor propio puede abrir puertas que parecían cerradas para siempre. "Si hoy estoy aquí, viviendo en plenitud, es porque un día decidí que merecía más". Y esa decisión cambió su vida.

Su historia es una invitación a todas las mujeres que aún dudan de su capacidad de salir adelante. Sí, habrá miedo, incertidumbre y dolor. Pero también hay una vida esperando al otro lado de la valentía. Y como bien dice Stephanie: "Nunca es tarde para elegirte a ti misma".

El poder de una mujer consciente: Un legado que transforma comunidades

He visto con mis propios ojos cómo una mujer consciente de su propio valor puede cambiar no solo su vida, sino la de quienes la rodean. En mis años de trabajo con personas en procesos de transformación, he sido testigo de cómo la fortaleza, la resiliencia y la claridad de una sola mujer pueden irradiar luz a toda una comunidad. No hablo solo de liderazgos visibles o figuras de autoridad, sino de esas mujeres que, desde la cotidianidad, impactan su entorno con pequeñas acciones que terminan por generar cambios profundos y duraderos.

Vivimos en un mundo que históricamente ha intentado silenciar las voces femeninas, minimizando su influencia más allá del hogar. Pero la verdad es que cuando una mujer despierta a su verdadero poder, su impacto es imparable. Lo he visto en madres que han criado hijos con valores sólidos, en maestras que han inspirado generaciones, en emprendedoras que han generado oportunidades para otras mujeres, en líderes comunitarias que han cambiado las reglas del juego para todos.

Una mujer que se reconoce a sí misma como valiosa y capaz no solo transforma su vida; su presencia resuena en su familia, en su comunidad y, eventualmente, en la sociedad en su conjunto. No es solo una cuestión de empoderamiento individual, sino de un efecto dominó que se expande y redefine lo que significa vivir en comunidad.

Cuando una mujer se reconoce, todo cambia

El primer paso para cualquier transformación es el reconocimiento. Una mujer que se permite verse con honestidad, que reconoce sus talentos, su fortaleza y su capacidad de impactar, deja de vivir en función de expectativas ajenas y empieza a actuar desde su autenticidad. Y cuando esto sucede, su entorno responde.

He conocido a mujeres que han tomado la decisión de romper ciclos de violencia y, al hacerlo, han creado espacios de seguridad y respeto para sus hijas e hijos. Otras han dejado trabajos que las hacían sentir pequeñas para iniciar negocios que no solo les dieron independencia, sino que también generaron empleo para otras mujeres. Hay quienes, con su sola presencia, han cambiado la dinámica de sus comunidades, demostrando que se puede vivir con dignidad y con propósito, incluso en medio de las adversidades.

El impacto en las comunidades

Las comunidades reflejan el estado emocional, social y espiritual de quienes las conforman. Cuando las mujeres dentro de una comunidad comienzan a reconocerse y a tomar decisiones basadas en su valor y no en el miedo, la estructura de esa comunidad cambia. Se fomenta el apoyo mutuo, la colaboración y el crecimiento.

He visto cómo barrios enteros han cambiado cuando un grupo de mujeres ha decidido unirse para crear redes de apoyo. En algunos casos, han formado colectivos para educarse mutuamente, compartir recursos o defender sus derechos. En otros, han impulsado proyectos de impacto social, desde programas de alimentación hasta iniciativas de educación para las generaciones futuras.

Pero el cambio no siempre es inmediato ni sencillo. Hay resistencia, tanto interna como externa. Muchas veces, las propias mujeres han sido condicionadas a creer que su rol es secundario, que su voz no es necesaria o que su lucha no tiene sentido. Pero cuando una mujer rompe esa barrera mental, su crecimiento se convierte en un faro para otras que aún no han dado el paso.

El legado que dejamos

Pensar en el legado puede parecer algo lejano, pero la verdad es que todos lo construimos cada día con nuestras acciones y nuestras decisiones. Cuando una mujer elige hablar con amor y respeto en lugar de callar o ceder al resentimiento, está marcando la diferencia en la forma en que sus hijos y su comunidad aprenden a comunicarse. Cuando una mujer decide priorizar su bienestar y su crecimiento, está enseñando a quienes la rodean que cuidarse no es egoísmo, sino una responsabilidad.

El legado de una mujer consciente no se mide solo en lo que deja materialmente, sino en cómo transforma la mentalidad de quienes la rodean. Son sus acciones diarias, sus palabras y su ejemplo lo que genera un cambio real. Y esto no solo beneficia a otras mujeres, sino a toda la comunidad, incluyendo a los hombres que, al ver y reconocer este poder, también tienen la oportunidad de evolucionar y crecer.

Un llamado a la acción

Si eres una mujer leyendo esto, quiero que sepas que tu impacto es mucho mayor de lo que imaginas. Cada decisión que tomas, cada palabra que dices y cada límite que estableces está moldeando el mundo a tu alrededor. Nunca subestimes el poder de tu presencia.

Si eres un hombre, te invito a que observes con atención. Acompaña y apoya a las mujeres en tu vida, no desde la condescendencia, sino desde la admiración y el respeto. Escucha, aprende y actúa en consecuencia. Ser aliados en este camino no solo es una cuestión de justicia, sino de inteligencia: una comunidad donde las mujeres florecen es una comunidad más fuerte, más próspera y más humana.

El mundo necesita mujeres que se reconozcan, que se atrevan a ocupar su espacio y que se sientan seguras de su poder. Necesita hombres que sepan acompañarlas en este proceso sin miedo ni resistencia. Y, sobre todo, necesita que entendamos que el cambio no comienza en grandes discursos o revoluciones, sino en las pequeñas decisiones diarias que, acumuladas, transforman sociedades enteras.

Hoy, más que nunca, es momento de reconocer, honrar y potenciar ese legado. Porque cuando una mujer consciente actúa, su eco resuena mucho más allá de su propia vida: deja una huella imborrable en la comunidad y en las generaciones que vendrán.

El legado femenino y su impacto global: Un llamado a la grandeza

Para culminar este capítulo, me dirijo a ti, mujer luchadora, para recordarte que tu presencia en este mundo es poderosa y transformadora. La historia nos ha mostrado que las mujeres han sido pioneras en la construcción de un futuro más equitativo, desde la lucha por los derechos civiles hasta el liderazgo en el mundo de los negocios y la tecnología. Y hoy, más que nunca, tu papel es fundamental para continuar ese legado.

A lo largo de la historia, ha habido mujeres que, con su valentía, determinación y visión, han cambiado el rumbo de la sociedad. No importa el ámbito en el que se hayan desempeñado—política, negocios, tecnología, justicia o educación—todas han dejado una huella imborrable y han abierto caminos para que otras puedan seguir avanzando. Hoy quiero hablarte de algunas de ellas, mujeres que con su liderazgo han transformado el mundo y cuya historia puede inspirarte a escribir la tuya.

- Emmeline Pankhurst fue una pionera del movimiento sufragista en el Reino Unido. En una época en la que las mujeres no tenían derecho a votar, lideró una lucha incansable para cambiar esta realidad. A través de protestas, discursos y acciones directas, desafió al sistema y logró que las mujeres fueran reconocidas como ciudadanas con voz y voto. Su legado nos recuerda que ningún derecho ha sido concedido sin esfuerzo y que el cambio comienza con la determinación de una sola persona.
- Indra Nooyi es un referente en el mundo empresarial. Como ex CEO de PepsiCo, rompió barreras no solo por ser mujer,

sino también por ser una líder de origen indio en un entorno dominado por hombres. Con visión estratégica y liderazgo innovador, transformó la compañía y al mismo tiempo promovió políticas de equidad dentro de la industria. Su historia demuestra que no hay límites cuando se combinan el talento, la preparación y la valentía para desafiar lo establecido.

- Melanie Perkins ha revolucionado la tecnología con Canva, una plataforma de diseño que democratizó el acceso a la creatividad. Antes de su creación, el diseño gráfico estaba reservado para expertos con herramientas costosas y complicadas. Perkins cambió esto al ofrecer una alternativa accesible, intuitiva y al alcance de cualquier persona, permitiendo que millones de usuarios puedan expresarse visualmente sin barreras técnicas.
- Michelle Obama ha dedicado su vida a la educación y al empoderamiento de las mujeres. Como primera dama de Estados Unidos, impulsó iniciativas como "Let Girls Learn", promoviendo el acceso a la educación para niñas en todo el mundo. Su liderazgo, basado en la empatía y el compromiso social, nos enseña que el verdadero poder está en elevar a los demás y abrir oportunidades para quienes más lo necesitan.
- Ruth Bader Ginsburg fue una voz incansable en la lucha por la igualdad de género y la justicia. Como jueza de la Corte Suprema de Estados Unidos, desafió leyes discriminatorias y defendió los derechos de las mujeres, dejando un legado que aún inspira a quienes buscan un mundo más equitativo. Su historia nos recuerda la importancia de la perseverancia y de nunca aceptar un "no" cuando se trata de defender lo que es justo.
- Sheryl Sandberg, ejecutiva de tecnología y autora del libro Lean In, ha impulsado a las mujeres a ocupar con confianza puestos de liderazgo. Como una de las figuras más

influyentes en Silicon Valley, ha promovido la equidad de género en el ámbito laboral y ha trabajado para derribar los prejuicios que impiden a muchas mujeres avanzar en sus carreras. Su mensaje es claro: el liderazgo no es solo para unos pocos, sino para quienes se atreven a dar el paso.

Quizás pienses que estas mujeres son figuras inalcanzables, pero la verdad es que cada una de ellas empezó desde un punto de partida común: el deseo de generar un cambio. Y tú, desde tu propio camino, tienes la misma capacidad de transformar vidas. Ser líder no significa únicamente dirigir una empresa o estar en la esfera política; ser líder es impactar a quienes te rodean, educar con amor, construir con esfuerzo y levantar la voz cuando sea necesario.

Si eres madre, estás formando la próxima generación de seres humanos íntegros y comprometidos. Si trabajas en cualquier ámbito, tu dedicación y profesionalismo dejan huella en quienes te rodean. Si emprendes, estás abriendo caminos para otras mujeres que seguirán tu ejemplo. La verdadera influencia no está solo en los grandes escenarios, sino en cada acción cotidiana que inspira a otros a crecer.

El mundo necesita tu voz, tu inteligencia y tu coraje. No subestimes el impacto que puedes generar con tu esfuerzo, con tus sueños y con tu convicción. Tienes en tus manos la capacidad de cambiar vidas, de desafiar los límites y de escribir tu propio legado. El futuro está esperando que lo conquistes, y el momento de hacerlo es ahora.

"Tu luz no solo ilumina tu camino; es el faro que guía a quienes vienen detrás de ti."

– Autora Anónima

Conclusiones

Esta obra es para ti, mujer. Para cada una que ha dudado de su valor, que ha sentido que su voz no es escuchada o que ha cargado con el peso de un mundo que no siempre le ha sido justo. Pero también es para aquellos que, como yo, somos hijos, esposos, padres, amigos, compañeros de vida. Porque todos estamos rodeados de mujeres, y es nuestra responsabilidad no solo reconocer su grandeza, sino devolverles el lugar que jamás debieron perder.

Durante este viaje, he aprendido algo fundamental: el amor propio no es un lujo, es una necesidad. El mundo nos ha enseñado que las mujeres deben sacrificarse, adaptarse, ceder para encajar en moldes impuestos por generaciones. Pero hoy quiero recordarte algo esencial: no estás aquí para encajar, estás aquí para brillar. No necesitas pedir permiso para ser quien eres ni para reclamar el espacio que mereces.

Quiero que sepas que tu identidad no está definida por las expectativas de los demás. No es tu físico, tu estado civil, tu éxito profesional o el rol que desempeñas en la familia lo que te da valor. Eres valiosa simplemente por existir, porque tu esencia es única e irrepetible. Deja de medir tu valor en función de lo que das a los demás y empieza a reconocer la luz que llevas dentro. Porque cuando tú te ves con amor y respeto, el mundo también empieza a hacerlo.

No confundas amor propio con egoísmo. Amarte a ti misma es el primer paso para amar verdaderamente a los demás. Es poner límites, decir "no" cuando es necesario, cuidar de tu bienestar emocional y físico. Es mirarte al espejo y aceptar cada parte de ti con gratitud. Es darte el tiempo y la paciencia que mereces. No permitas que nadie te haga sentir que no eres suficiente, porque lo eres, y siempre lo has sido.

Cada paso que das en tu crecimiento y sanación no solo impacta tu vida, sino también la de quienes vienen detrás de ti. Las niñas que hoy te observan aprenderán de tu ejemplo. Si te ven fuerte, aprenderán a ser fuertes. Si te ven amándote, aprenderán a amarse. Tu camino no es solo tuyo, es el sendero que deja huella para quienes vendrán después.

Por eso, enséñales que no necesitan ser perfectas, sino auténticas. Que su valor no depende de la aprobación externa, sino de lo que sienten en su interior. Que merecen respeto, amor y dignidad simplemente por ser quienes son. Que su voz importa y que el mundo necesita escucharla.

Este mensaje también es para los hombres, es hora de desaprender patrones que han perpetuado la desigualdad y el menosprecio. Es momento de ser aliados en la verdadera transformación, de reconocer el poder de la energía femenina y entender que honrar a una mujer no es un acto de condescendencia, sino de justicia.

Aprendan a valorar y respetar sin condiciones. No basta con no ser parte del problema, es necesario ser parte activa de la solución. Escuchen a las mujeres en su vida, apoyen sus sueños, compartan la responsabilidad en el hogar y la crianza. Enseñen a sus hijos que una mujer no es menos por ser sensible, fuerte o independiente. Eduquen desde el respeto, desde la igualdad, desde el amor.

Por último, si has llegado hasta aquí, quiero que te lleves un compromiso contigo misma: nunca más dudes de tu valor. Nunca más aceptes menos de lo que mereces. Nunca más pongas tu amor propio en manos de quienes no saben cómo cuidarlo. Esta obra ha sido un viaje de lágrimas y sonrisas, de aprendizaje y transformación. Y lo que quiero que recuerdes es que tú no estás rota. Solo necesitas el amor, el tiempo y el respeto que siempre debiste recibir.

Así que sigue adelante. Ámate, valórate, celébrate. Porque el mundo necesita más mujeres que se amen a sí mismas y más personas que las honren como lo que realmente son: pilares fundamentales de la sociedad, guardianas del amor y la vida, creadoras de futuro.

Esto no es un adiós, es un nuevo comienzo. Para ti, para todas y para cada una de ustedes.

Gracias por existir y por ser parte de este cambio.

Con amor y respeto,

Alexander Vásquez...

Alexander Vásquez

Nació el 28 de noviembre de 1980. Casado con la Venezolana Carla Arguello desde hace 11 años, madre de dos de sus tres hijos.

Proviene de una familia humilde, pero con muchos valores y principios, siempre soñó con viajar y ser una persona reconocida en el mundo, pero la vida le demostró que para lograrlo debía pasar muchas pruebas, a la edad de 14 años tuvo que comenzar a trabajar en el campo en una hacienda de su familia y desde ese momento entendió que había nacido para algo mejor que ser un empleado.

En el 2018 llega a Estados Unidos donde comienza como cualquier persona, como conductor de Uber y trabajando construcción, logrando aprender el oficio del electricista y abriendo su propia compañía la cual hoy día cuenta con más de 60 personas a las que él llama asociados.

A pesar de su éxito con el V-TEAM, cómo suelen llamar él y su socio a su empresa, Alexander decide comenzar el mundo de Bienes Raíces pasando por diferentes escuelas donde no consigue lo que busca.

Hasta que encuentra "Ganadores Inversiones Bienes Raíces", dónde aprendió cómo funciona el negocio y en su primer año logró involucrarse en 14 deals (negocios) y es así como obtiene su oportunidad de ser mentor dentro de esta comunidad liderada por el Sr. Richard Álvarez.

Luego pasa a ser consultor del equipo de expertos de esta hermosa comunidad de latinos, hoy en día Alexander Vásquez es uno de los speaker de esta comunidad que se dedica ayudar a cientos de personas semanas tras semanas y su único objetivo es despertar al latino y que todos puedan ser Ganadores.

También es dueño de varias empresas de inversión en bienes raíces dedicadas a la estrategia de fix and flip y Rentas.

Alexander Vásquez es abogado de profesión, posee diplomados como consultor empresarial, líder estratégico y liderazgo empresarial. Así como cursos en el área de formación de equipos de alto rendimiento, entre muchos otros.

En la actualidad se encuentra realizando un máster en Administración de Empresas y Finanzas en Florida, EE.UU.

Alexander Vásquez es el autor de los libros:

- El poder de enfrentar tus miedos: 13 claves para superar todos tus temores e inseguridades.
- Secretos de una mente exitosa: una guía definitiva para lograr una transformación integral y alcanzar tus metas.
- 13 claves para gestionar tu tiempo de manera efectiva: alcanza tus metas y atrae el éxito.
- Transformación tr3ce: Controla el poder de tu mente.
- Espejo: Como te ves te ven

Made in the USA
Coppell, TX
10 March 2025